Copyright

Bibliografische Information der Deutschen Nationalbibliothek
Die Deutsche Nationalbibliothek verzeichnet diese Publikation
in der Deutschen Nationalbibliografie, detaillierte
bibliografische Daten sind im Internet über http.//dnb.dnb.de
abrufbar

Texte © 1996 - 2024 by Rolf Gänsrich
Verlag: BoD • Books on Demand GmbH, In de Tarpen 42,
22848 Norderstedt
Druck: Libri Plureos GmbH, Friedensallee 273, 22763
Hamburg

ISBN: 978-3-7597-2418-2

Rolf Gänsrichs
Prenzlberger Ansichten
2. Nachschlag

Vorwort

Himmel, dass das solche Mengen an Texten für die Zeitung sind, die ich im Laufe der Jahre so geschrieben habe, hätte ich nicht gedacht.

Hier also die gedruckten Artikel von 1996 – 2015

Und wieder zeitlich bunt gemischt nach dem jeweiligen Dateinamen auf meinem Rechner geordnet. Die Überschriften in der Zeitung waren auch andere, als die hier angegebenen. Aber auch hier kann es wieder zu kleinen textlichen und inhaltlichen Differenzen zu den in der Zeitung tatsächlich erschienenen Artikeln geben, weil ich auf meinem PC nur die Originalfassungen habe, aber von der Redaktion manch Spitze von mir entfernt wurde. Außerdem sei mit der Hinweis gestattet, dass Sie hier drei deutsche Rechtschreibungen finden, die alte, die neue und meine. Die Interpunktion erfolgt dem Klangbild nach aus dem Bauch heraus.

Und nun, auf geht's! Lassen Sie uns in meinen alten Texten stöbern.

Rolf Gänsrich am 18.5. + 25.6.2024

*

Arnimplatz - Januar 2011 – geschrieben am 22.12.2010

Endlich! Bernd hatte uns Monate lang gebeten, jetzt also Arnimplatz. Als ich bei knöcheltiefem Neuschnee Mitte Dezember entlang der Schivelbeiner Straße zum Arnimplatz stapfe, ist das auch ein Weg in meine eigene Vergangenheit.

In Nr. 41 wohnte bis etwa 1994 meine Patentante Else, "unsere" „Gold-Else", wie wir sie in der Familie nannten, denn sie war mit ihrem, Mitte der achtziger Jahre verstorbenen Mann leider, kriegsbedingt, kinderlos geblieben und so erstreckte sich ihre Kinderliebe vor allem auf mich, ihr Patenkind, was sich in Form reichhaltiger Bescherung vor allem zur Jugendweihe, aber auch in Form sehr vieler, sehr feuchter Küsse auf die Wangen in meinen Kinderjahren äußerte. ... Buäh ... knutschende Tanten ... !!! Tante Elsens Mann arbeitete gemeinsam mit meiner Oma Ilse, die 1980 in Rente ging und leider schon 1982 verstarb, im damaligen Finanzamt des Berliner Magistrats in der Klosterstraße in Mitte und, wie sie sich damals ausdrückte „verknackte Steuersünder".

Ich hab da noch so manch Bild im Kopf von langen Familienfeiern und von der, für mich unerhört hell erleuchteten Schönhauser Allee, die mich als damaliger Randberliner aus dem alten Hohenschönhausen, mit Vorstadtbebauung und Rieselfeldern in Riechweite, immer wieder beeindruckte. Ich erinnere mich auch an nächtliche Heimfahrten mit den runden EMW-Taxis (EMW = Eisenacher Motorenwerke – enteignetes BMW-Werk – gewissermaßen Vorgänger zum legendären „Wartburg") und an das dunkle Gruseln bei Spaziergängen bis zur Ecke Malmöer Straße, um dort „Grenze zu kieken".

Ganz andere Erinnerungen hab ich an die Schivelbeiner 43, damals Willi-Bredel-Straße 43, in der ein Wehrkreiskommando untergebracht war. Mit gut dreiundzwanzigeinhalb Jahren musste ich hier am 12.März 85 zur Einberufungsmusterung, absolvierte dann vom 2.Mai 85 – 31.Oktober 86 meinen Grundwehrdienst bei der NVA und bekam in diesem Wehrkreiskommando am 17.Oktober 1988 meinen „M-Befehl", den ich am 14.März 90 wieder zurück geben durfte. Der „M-Befehl" war ein Einberufungsbefehl als Reservist, den man schon bei sich zu hause herum zu liegen hatte. Leute, die diesen „M-Befehl" hatten, waren Spezialisten, ... wie ich, der ich als Vermesser in der Geschosswerferabteilung 1 der NVA, dort im Stabsführungszug, gedient hatte. Wer diesen „M-Befehl" hatte, konnte kurzfristig für wenige Tage Nachts von zu hause oder aus dem Urlaub oder direkt von Arbeit weg für den Reservistendienst in der NVA eingezogen werden.

Nun aber zum Arnimplatz. Er war bereits im Hobrechtplan vorhanden. Die Bäckerei Siebert in der Schönfließer Straße ist, meines Wissens nach, die älteste noch von der gleichen Familie, wie bei der Eröffnung, betriebene Bäckerei im Prenzlauer Berg, 1906 gegründet.[1]

In dem, auch als „Skandinavisches Viertel" bezeichneten Kiez, lebten von der Kaiserzeit bis in die Weimarer Republik hinein einige der „feineren Kriminellen", die vor allem im damals herunter gekommenen Scheunenviertel in Mitte ihre Bordelle hatten.

Auf dem Arnimplatz selbst fallen einem zunächst einmal zwei Gebäude ins Auge. An der Ostseite ist es eines mit Rauputz, das der GASAG gehört, an der Westseite steht ein verklinkertes, von Vattenfall. Letzteres hat nicht nur äußerliche Ähnlichkeit mit dem Abspannwerk auf der anderen Seite der Ringbahn in der Kopenhagener/Sonnenburger Straße sondern der Architekt ist auch derselbe. Auch ein einstiger technischer Zusammenhang ist zu vermuten. Hans Heinrich Müller (* 20. April 1879 in Grätz (Provinz Posen) (heute Grodzisk Wielkopolski, Polen; † 7. Dezember 1951 in Berlin) war ein deutscher Industriearchitekt, der viel für die damalige BEWAG (Berliner Elektrizitätswerke AG − falls der Name jüngeren Lesern nicht bekannt sein sollte − wurde vor einigen Jahren vom Land Berlin an Vattenfall verkauft) projektierte und baute.

Der Arnimplatz selbst wurde errichtet 1905 − 1907 nach Plänen von Hermann Mächtig (* 18. August 1837 in Breslau; † 1. Juli 1909 in Berlin). Dieser war Gärtner und von 1878 bis zu seinem Tode 1909 Stadtgartendirektor in Berlin. Er war maßgeblich beteiligt an der Anlage des Treptower Parks, des Zentralfriedhofs Friedrichsfelde, des Pariser Platzes und zahlreicher weiterer Berliner Stadtplätze. Es war ja nie so ganz leicht, entlang der Schönhauser Allee

---

1   ... angeblich sogar die älteste Bäckerei Berlins ...

einen Parkplatz für sein Auto zu bekommen, aber durch die „Parkraumbewirtschaftung", ich schreib das absichtlich in Gänsefüßchen, innerhalb des S-Bahn-Rings ist der Parkdruck im „Skandinavischen Viertel" noch größer geworden.

In den siebziger Jahren erfolgte mit viel öffentlichem Interesse die Rekonstruktion des Wohngebietes am Arnimplatz und im April 1975 wurde mit großem Propagandaeinsatz die eintausendste modernisierte Wohnung am Arnimplatz gefeiert. Dabei stieß die Volkswirtschaft der DDR aber auch an ihre Grenzen. Die Berichte zum Bauablauf aus den Jahren 1972 – 78 spiegeln dies wieder. So wird von mangelnder Baukapazität und Baufreiheit genauso berichtet, wie von fehlendem Material und nicht vorhandenen Handwerkern. Die Freude der Bewohner der modernisierten Häuser wurde bald getrübt durch Risse in den Wänden, blätternden Putz, Mängel in der Trockenlegung und anderes.

Ich hatte es oben im Text bereits erwähnt, dass die Schivelbeiner Straße eine Zeit lang einen anderen Namen trug. Sie hieß vom 14.4.1971 bis 1.2.1993 Willi-Bredel-Straße. Willi Bredel (* 2. Mai 1901 in Hamburg; † 27. Oktober 1964 in Berlin) war ein deutscher Schriftsteller und Präsident der Deutschen Akademie der Künste. Er gehörte zu den Pionieren der sozialistisch-realistischen Literatur.

Schivelbein, heute Świdwin ist eine Kreisstadt in Hinterpommern, heute in der polnischen Woiwodschaft Westpommern gelegen. Sie hat etwa 15.000 Einwohner und ist Verwaltungssitz einer Landgemeinde (gmina wiejska) mit über 6.000 Bewohnern.

Die Verlängerung der Straße, die Behmstraße, mündet in der Behmbrücke, welche gleichfalls noch komplett zum Prenzlauer Berg gehört. Während der Zeit der Berliner Mauer war bereits die komplette Behmstraße militärisches Sperrgebiet. Die Behmbrücke blieb zwar erhalten, wurde aber nicht, im Gegensatz zur Boese-Brücke an der

Bornholmer Straße, zu einem Grenzübergang nach Westberlin ausgebaut, sondern verrottete und wurde schließlich in den 90er Jahren komplett neu gebaut.

Unter der Behmbrücke hindurch fuhr während der Teilung Berlins die S-Bahn von Schönhauser Allee kommend bis Pankow, ohne Zwischenhalt, durch den Mauerstreifen hindurch. Die Westberliner S-Bahn, die bis 1983 durch die Ostberliner Deutsche Reichsbahn mitbetrieben wurde, fuhr von Gesundbrunnen kommend in den Prenzlauer Berg hinein, unter der Behmbrücke hindurch, auch mitten durch den Mauer-Todesstreifen, hielt nicht am Bf. Bornholmer Straße, hielt dann aber an dem auf Pankower Gebiet liegenden, aber nur von Weddinger Seite aus zugänglichen Bahnhof Wollankstraße und fuhr dann weiter Richtung Norden. Bis in die achtziger Jahre hinein konnte man von der Ostberliner S-Bahn während der Fahrt noch relativ ungehindert in den Wedding hinein ausschauen, da die Berliner Mauer hier nur aus mehreren, allerdings sehr, sehr hohen Maschendrahtzäunen bestand.

Erst Anfang der 80er Jahre wurden diese allseits bekannten Betonmauerteile auch zwischen die Gleise der Ost- und West-S-Bahn gesetzt, so dass man dann aus der Ost-S-Bahn hinaus nur noch das Dach der Weddinger Schule in der Ellenbecker Straße (?) sehen konnte.

Die gleichfalls den Arnswalder Platz streifende ursprünglich Stolpische Straße ist seit 1978 benannt nach Paul LeRoy Robeson (* 9. April 1898 in Princeton, New Jersey; † 23. Januar 1976 in Philadelphia, Pennsylvania). Er war ein US-amerikanischer Schauspieler, Sänger, Sportler, Autor und Bürgerrechtler mit einer unheimlich tollen tiefen Stimme. Als einer der ersten schwarzen Amerikaner bekam er 1936 in dem eigentlich weißen Universal-Film-Musical „Show Boat" eine Rolle. Es war dies eine Zeit der Rassentrennung in den USA, bei der es noch separate Radio- und Fernsehsender für Schwarze oder Weiße gab, Weiße eigentlich nie zusammen mit Farbigen auf einer Bühne standen, und nun einem schwarzen Mann in diesem Musical gleich einen ganzen Song zum singen zu geben („Ol' man river") war in dieser Zeit eigentlich schon etwas ganz Unerhörtes und Revolutionäres.[2]

In der damaligen Sowjetunion wurde übrigens eine Tomatensorte nach ihm benannt („Pol Robson").

Erwähnen möchte ich an dieser Stelle auch noch die Katholische Augustiniuskirche in der Dänenstraße17/18 die mit ihrem großen güldenen Kreuz zur Ringbahn hin sehr dominant wirkt. Der Komplex wurde 1927/28 von Josef Bachem und Heinrich Horvatin erbaut.

In der Schönfließer Straße 7 befindet sich ein imposanter Schulgebäudekomplex, der 1913/15 als Doppelschule nach Plänen von Ludwig Hoffmann, nach dem wohl die meisten Schulgebäude in Prenzlauer Berg gebaut wurden, geplant war. Noch vor wenigen Jahren wurde das Gebäude u.a. auch vom Kulturverein Prenzlauer Berg genutzt. Und noch immer befinden sich im Vorderhaus kulturelle inrichtungen.

Auf der heute riesigen Brache zwischen Bornholmer, Malmöer, Finländische, Norweger Straße befanden sich bis 1990 die Abfertigungsanlagen des Grenzübergangs, der am 9.November 1989 als erster und in aller Panik geöffnet wurde. Ich war damals mit unter den Tausenden, „die nur mal kieken wollten". Kurz vor der Brücke befindet sich ein Gedenkstein, an dem auch ich alle Jahre wieder am 9.November eine kleine Kerze abstelle, zum Gedenken vor allem an die Ideale, an die wir damals glaubten, und auf der anderen Straßenseite der Bornholmer ist nun auch ein kleiner Gedenkpark an diese Zeit im Entstehen.

*

---

2   es gab von "Show Boat" mehrere Versionen. Die bekanntere ist sicher die Farbversion von 1951. Die erste Verfilmung dieses Musicals von 1936 mit Paul Robeson ist leider etwas in Vergessenheit geraten, weil sie „nur" in schwarz-weiß und obendrein nicht ganz so pompös war ...

Unbekannte Ecken im Prenzlauer Berg – heute: unbekannte Fakten über den Nahverkehr – am 10.7.2014

Ich hab heute mal all das zusammen gefasst, was man sonst nirgends so gebündelt findet.

Beim Öffentlichen Personennahverkehr bewegt man sich am Prenzlauer Berg vor allem auf der Schiene, wozu auch bis 1972 der Bus der Linie O30 – Oberleitungsbus-Ostring 30 – zählte.

Wobei erwähnt werden sollte, dass man, so lang man sich nur innerhalb des Prenzlauer Berg bewegt, mit dem Fahrrad in jedem Falle wesentlich schneller und billiger fährt und für die meisten Wege damit nur 15 – 20 min braucht. Die S-Bahn am Prenzlauer Berg gehörte bis zum 31.Dezember 1993 zur Deutschen Reichsbahn, dann für ein Jahr lang direkt zur Deutschen Bahn und seit dem 1.1.1995 zur DB-Tochter S-Bahn-Berlin-GmbH. Es gibt sechs S-Bahnhöfe (größter Teil Ostring und ein Teil der Nordbahn), die in unserem Stadtteil liegen und die von den Linien S 1, S 2, S 25, S 41, S 42, S 8, S 85 und S 9 angefahren werden. Viele von Ihnen werden jetzt sicher grübeln! Die Auflösung ist: der Bahnhof Bornholmer Straße liegt komplett am Prenzlauer Berg!

Dafür gibt's mit der U 2 nur eine U-Bahnlinie (Schmalprofil) mit drei Stationen.

Buslinien gab es bei uns mal zwei mehr, die Linie 30 über Greifswalder und John-Schehr-Straße und die Linie 9, die durch die Bötzowstraße rumpelte.

Die BVG wurde am 1.August 1949 in einen autonomen Ost- und Westteil aufgeteilt und erst zum 1.Januar 1992 wieder zusammengeführt.In den Jahren der Trennung entwickelten sich beide Netze auseinander und so kam es, dass zur Wiedervereinigung es bei den Bussen viele Liniennummern im Stadtgebiet doppelt gab. Deshalb führte man zu diesem 1.Januar 1992 dreistellige Buslinien nummern ein.

Die Einführung der „Metrolinien" am 12.Dezember 2004 bei der mit „M" sowohl Straßenbahn-, als auch Buslinien bezeichnet werden, verwirrt selbst mich als Ureinwohner! Am Prenzlauer Berg fahren aktuell die Buslinien 156, 158 und 200.

Das Straßenbahnnetz am Prenzlauer Berg ist dagegen das dichteste ganz Berlins. Wir haben hier die Linien M 1, 12, M 10 (mit der dichtesten Taktfrequenz) M 13, 50, M 2, M 4 (mit dem höchsten Fahrgastaufkommen im Netz), M 5, M 6, M 8, (letztere drei in der Landsberger Allee) und es tangiert noch die Linie 21. Es existieren drei Wendeschleifen für die Tram: Björnsohnstr., Jahn-Sportpark, Kniprodestraße und das Gleislager und Depot für die Arbeitstriebwagen in der Kniprodestraße / Conrad-Blenkle-Str.. Highlight für Straßenbahnfans aus aller Welt ist die Kreuzung am U-Bahnhof Eberswalder Straße mit drei Linien aus fünf Richtungen die zu sechs verschiedenen Endhaltestellen fahren (M1, M10, 12)!

*

Bötzow – Februar 2013 - über schmale Einkaufsstraßen und zu breite Autos – am 15./16./18./20.1.2013

Früher fuhr die Buslinie 9 ab Ecke John-Schehr-Straße über die Bötzowstraße, Alexanderplatz und Französische Straße bis Friedrichstraße / Unter den Linden. Das Rumpeln der schweren Ikarus-Busse ließ Kaffeetassen mindestens bis in den zweiten Stock der alten Häuser erbeben. Aber relativ schnell nach der Berliner Wiedervereinigung wurde der Bus durch die Bötzowstraße eingestellt und vor etwa zehn Jahren ordnete man die einstige Hauptstraße ins Zone-30-System des Viertels ein und änderte auch die Parkordnung. Ursprünglich wurde auf beiden Fahrbahnseiten parallel zur Fahrtrichtung geparkt, nun stehen auf einer Straßenseite die Autos quer zur Fahrbahn. Dadurch erschuf man viel mehr Parkflächen und beruhigte den Verkehr sehr. Für Lieferfahrzeuge ist die Bötzowstraße dadurch extrem eng geworden. Ein weiterer Grund für diese Enge ist sicherlich, dass die PKWs selbst breiter geworden sind. Wobei ich mich dann jedes mal frage, wozu man in einer Stadt unbedingt einen fetten Off-Roader braucht. So schlecht sind die Straßen Berlins doch bei weitem noch nicht.

Fast schon ulkig ist die riesige Baustelle in der Dietrich-Bonhoeffer-Straße. In Höhe des Sportplatzes sind die Bäume auf beiden Straßenseiten eingehaust, der Fußweg auf einer Seite gar ganz gesperrt. Gebaut werden soll dort eine „Querungshilfe", so beschreibt es ein großes Schild von STERN. Ist die da wirklich nötig? Bauzeit sollte übrigens Oktober bis Dezember 2012 sein. Fertig sieht anders aus. Vielleicht hätte man dann dort doch eher einen Tunnel bauen sollen … illegale Tunnelbauten gibt's doch schnell mal in Berlin.
Auch direkt vor der Hausnummer 11, die Stammleser wissen, dass dort jahrelang unser Redaktionssitz war, ist der Fußweg aufgerissen. Auf der Brache gegenüber des Sportplatzes, dort wo nun die „Querungshilfe" gebaut worden sein soll, hängen fröhlich winkende Fähnchen einer Kita! Sollten dort und auf den angrenzenden Garagenhöfen nicht mal neue Wohnblocks hin?

Für die, die sie nicht kennen, habe ich mal als geheimen Erkundungstipp: die Hans-Otto-Straße. In Höhe des Stierbrunnens hat sie eine „Ausstülpung" durch die man zu einer Kita, an der gerade gebaut wird, aber auch von hinten an die Häuser des angrenzenden Karree's kommt.
Apropos Arnswalder Platz. Den Wochenmarkt gibt's es noch immer, weshalb ein Teil der Pasteurstr. jeden Samstag von 7.00 – 18.00 Uhr gesperrt ist.
Ungeachtet jeder aufgehobenen Hauptstraßenregelung ist die Bötzowstraße eine Einkaufsstraße mit vielen kleinen Läden geblieben. Der einzige Supermarkt der Gegend ist in der Pasteurstr. zur Greifswalder Str. hin. Selbst die

Pasteurstraßen-Ladenzeile kurz vor „Am Friedrichshain" ist mittlerweile durch Kleingewerbe belegt. Von dort kommt man zu Fuß ganz prima durch die Wohnblöcke hindurch bis zur Liselotte-Herrmann-Str.

An der Einmündung Hufelandstr. / Am Friedrichshain sind die metallenen Sperrgitter entfernt. Zur Querung der Hauptstraße wurden sowohl dort, als auch an der Einmündung zur Käthe-Niederkirchner-Straße in den letzten Monaten neue Fußgängerinseln gebaut, die an der Seite zum Volkspark gelegenen Bushaltestellen sind bis an die Fahrbahnkante heran gezogen und Behindertengerecht neu gebaut worden.

Endlich gibt es Am Friedrichshain nun auch einen Radweg in beide Fahrtrichtungen auf der gesamten Länge der Straße. Noch nie aufgefallen ist mir bisher die gigantische Fassade der Hufelandstr. 44. Wenn man vor dem Haus steht, erschlägt sie einen regelrecht. Die Beletage hat wuchtige Balkone, hoch aufragende Säulen, und die ganze Fassade zeugt vom einstigen Reichtum seiner Besitzer.

An der Hufelandstr / Hans-Otto-Straße standen einst Garagen. Vor einigen Jahren wollte man das Eck mit Wohnungen bebauen, aber die Anwohner wehrten sich, wie man sieht, erfolgreich und so gibt es nun einen schönen, großen Spielplatz.

Überhaupt, Hufelandstr. … Anwohner berichten, dass Ulrike Poppe 1977 mal in der Straße einen antiautoritären Spielzeugladen eröffnete, der aber nach wenigen Wochen wieder geschlossen wurde. „Antiautoritär" und dass preußisch-stramme Bildungssystem in der DDR passten wohl nicht wirklich zusammen.

Auf einem relativ langen Stück des Fußweges an der Hufeland / Bötzowstraße, direkt vor dem Waschhaus, hat die Deutsche Bahn ihre Mietfahrräder aufgestellt. Ist also die Bötzowstraße doch nicht ganz vom öffentlichen Personennahverkehr abgekuppelt.

Das Eckgrundstücke Bötzowstraße / Käthe-Niederkirchner ist noch immer ein Spielplatz. Witzig ist der alte Schriftzug „Fleischerei" an einem Haus in der K.-Niederkirchner-Str. zu Am Fr. hain hin. Unter den Efeuranken ist noch gut die typisch DDR-Fleischer gekachelte Fassade zu erkennen.

Eine Ecke weiter, Am Friedrichshain / Bötzowstraße, ist die ehemalige Verkehrsinsel verschwunden. Die uralte Bötzoweiche können die Rentner der anliegenden Seniorenstätte nun ohne Straßenüberquerung erreichen, weil man in langer, sehr, sehr langer Bautätigkeit die gesamte Straßenecke umbaute und verkehrstechnisch entschärfte.

Kurz hinter dem Filmtheater, da wo es einen Abzweig der Straße Am Friedrichshain zu den „Huss-Medien" hin gibt, ist aus einem schlichten Seniorenheim nun ein schickes „Residenz-Hotel" geworden.

Über die durch hohe Zäune offensichtliche Selbstabschottung der „Schweizer Gärten" möchte ich heute kein Wort verlieren. Interessant ist vielleicht noch, dass dieser Durchgang vom „Residenz-Hotel" an dem Mediengebäude und an den Wohnblocks aus den 50-er Jahren[3] und auch an der hinteren Front der Schule vorbei zur Greifswalder Straße hindurch noch immer existiert. Im Gegenteil hat die „Kurt-Schwitters-Oberschule" einen neuen Hintereingang mit einem extra umzäunten Fahrradabstellhof bekommen.

Berlinisch für Anfänger:
Brötchene = Schrippen
Berliner = Pfannkuchen
Pfannkuchen = Eierkuchen
Wischmob = Feudel
Chef = Meesta
Arschloch = Meesta
und Kohlrabi wird in Berlin mit seinen Blättern zubereitet!

*

---

3 ... war unsauber recherchiert von mir! Die Wohnbauten sind Ende der 1930er Jahre gebaut.

Warum heißt es „Königstor"? – am 18.2.2013

Nähert man sich dem Bötzowviertel aus Richtung Westen, vom Alexanderplatz aus, fällt einem rechter Hand eine Kirche ins Auge. Weil hinter der Kirche die Georgenkirchstraße und ihr gegenüber an der Ecke Greifswalder Str. / Prenzlauer Berg der Georgen-, Parochialfriedhof ist, sollte man meinen, dass auch das Kirchgebäude so heißt. Aber nein, es handelt sich dabei im die Bartholomäuskirche!

Die Georgenkirche stand einst in etwa dort, wo heute die östliche Einfahrt zum Autotunnel am Alexanderplatz ist.

Die Greifswalder Straße war die mittlere von drei vom Georgentor, an der Georgenkirche am Alexanderplatz ausgehenden Straßen. Nach Links ging es nach Prenzlau, nach rechts nach Landsberg. Nach Anlage der Königstadt im Bereich des Georgentores im 18. und 19. Jahrhundert hieß diese Straße innerhalb der Akzisemauer „Bernauische Straße", außerhalb davon „Straße nach Bernau" „..nach Werneuchen" oder „....nach Weißensee".

Der Name „Greifswalder Straße" ist erst seit 1868 gebräuchlich. Das „Bernauische Tor" in der Akzisemauer wurde 1809 in „Königstor" umbenannt. Hintergrund war, dass auf dieser Straße im Jahre 1701 der erste preußische König, Friedrich I, aus Königsberg kommend, wo er sich gekrönt hatte, nach Berlin einmarschierte. Die Greifswalder Straße ist heute Teil der B 2 und reichte als ehemalige Reichsstraße 2 bis Königsberg. In die andere Richtung geht es über „Unter den Linden", Potsdam, Leipzig und München hinaus bis Gartz. 1800/03 wurde sie befestigt und zur Chaussee ausgebaut. Beidseitig bepflanzt wies sie schon der „Oesfeldsche Plan" von 1778 aus. Carl Ludwig von Oesfeld (* 4. März 1741; † 4. November 1804) war Königlich Preußischer Geheimer Rat und ein deutscher Kartograph. Eine Karte von ihm aus dem Jahre 1779 findet man im Internet.

Von der allerersten ab 1814 einsetzenden Bebauung, haben sich bis heute die Hausnummern 15/19 + 200 erhalten, wobei letzteres schon durch seine geringe Höhe mit nur zwei Etagen auffällt.

Direkt neben dem „Haus der Demokratie" in der Greifswalder Str. 4, wurde in Nr. 5 1910 eine Wäschefabrik eröffnet. Zu DDR-Zeiten war dort „VEB Modische Herrenanzüge". An die ehemalige Textilindustrie erinnert heute nur noch der Laden mit Berufsbekleidung.

Überhaupt war die Greifswalder Straße immer etwas schmucker und ansehnlicher, die Häuser waren, zumindest nach vorn hin, gestrichen und es gab wesentlich mehr kleine Läden, als anderswo. Damals war die Greifswalder Straße „Protokollstrecke". Morgens und abends „schwebte" auf ihr die Partei- und Staatsführung der DDR von Wandlitz in Richtung Berliner Innenstadt.

Die Ampeln wurden deshalb morgens und abends durch Polizisten von Hand bedient, was zur Folge hatte, dass der kreuzende Verkehr manchmal bis zu einer dreiviertel Stunde nicht durchgelassen wurde. Auch ein links abbiegen von der Greifswalder Straße aus war wegen der Protokollstrecke nirgends (!!!) möglich. Die aufgehübschten Fassaden endeten übrigens abrupt dort, von wo aus man sie in der Greifswalder Straße aus nicht mehr einsehen konnte. Potemkinsche Dörfer halt.

Die Häuser 9/12 wurden 1879 von Maurermeister W. Koch erbaut, die Wohnhäuser in Nr. 15/19 bereits 1863.

Der katholische „St. Katharinenstift" ist durch einen Zugang in der Greifswalder Straße 18 zu erreichen. Die mit Klinkern abgesetzten Putzbauten des Stifts entstanden 1892/1902 nach Plänen von August Menken, die Kirche wurde 1896 errichtet. Wer den Hof des Stifts betritt, staunt erst einmal über die Größe des Areals. Als „gläubiger" Atheist hatte ich bis zu dieser Vor-Ort-Rechere hier niemals Veranlassung, das Gelände des „St. Katharinenstifts" zu betreten und so war meine Verwunderung echt! Ein

Parkplatz für Anlieger, ein Spielplatz, eine kleine parkähnliche Anlage, umgeben von Kleingewerbe, einschließlich eines Cafés, sind in diesem großen Innenhof. Ein mir bislang vollkommen unbekannter Stadtteil.

Die Schule in der Greifswalder Str. 25 wurde 1913/14 nach Plänen von Ludwig Hoffmann als „Königstädtisches Oberlyzeum" gebaut.

Während der DDR befand sich darin die „Albert Lau Oberschule" und eine Betriebsberufsschule, die den „Wirtschaftskaufmann" (als solche habe ich diese Schule in meiner Lehre selbst besucht), „Lageristen" und „Einzelhandelskaufmann" ausbildeten.

Heute ist darin die „Kurt-Schwitters-Oberschule" mit Schwerpunkt deutsch-portugiesisch.

Meine Lehrzeit erinnert mich auch an die Dauerläufe im Sportunterricht, die uns über die Käthe-Niederkirchner-Straße und „Am Friedrichshain" bis in den Park selbst führten und die dann immer etwas erhoben am „Ehrenmal für den gemeinsamen Kampf der polnischen Soldaten und deutschen Antifaschisten" endete.

Auf der Stehle findet man einzig hier ein noch nicht abgerissenes oder zerstörtes DDR-Emblem, auf der anderen Seite das des polnischen Staates. Der Schriftzug ist in deutsch und polnisch, das bronzene Teil soll ein Fahnentuch darstellen. Ältere Publikationen geben für dieses Denkmal als Adresse „Am Friedrichshain / Virchowstraße" an. Auf abwechslungsreichem Weg erreicht man über diese Abkürzung als Fußgänger oder Radfahrer sehr schnell die erst 1981 eingerichtete Straßenbahn-wendeschleife in der Langenbeckstraße und die Richard-Sorge-Straße.

Über eine kleine Merkwürdigkeit möchte ich aus der Käthe-Niederkirchner-Straße berichten. Die Nummer 10 ist ein noch nicht saniertes Haus. Es fällt auf, dass rechts oben in der dritten und vierten Etage auf einem Drittel der Hausbreite die Wohnungen fehlen. Es sieht aus, als wäre an dieser Stelle im II.Weltkrieg eine Bombe ins Haus gekracht, jedoch nicht explodiert und man habe dann einfach nur die zerstörten Wohnungen abgerissen und dann diese Wunde am Haus nur schnell und provisorisch wieder vermauert.[4]

Genau so muss man sich viele Häuser nach dem Krieg in Berlin vorstellen.

Da, wo Bomben nicht explodiert waren, wurden Etagen- oder Hausteile einfach nur abgetragen und Löcher in den Wänden nur mit dem, was man noch an Steinen in den Trümmern fand und halt mit schlechtem Material überwiegend von Leuten, die nicht vom Baufach waren (denn die meisten Männer waren ja in Kriegsgefangenschaft), gewissermaßen vorübergehend geschlossen. Dass diese Provisorien teilweise noch heute halten, ist da ein halbes Wunder.

Die Höfe sind überall in der alten Miethauskasernen- bebauung sehr eng. Nach der Baupolizeiordnung von 1853 brauchten Innenhöfe nur 5,5 m im Quadrat groß zu sein, ausreichend, dass sich eine von Pferden gezogene Feuerleiter darin drehen ließ. Die Häuser waren fünf Geschosse hoch, im allgemeinen zwanzig Meter breit, durchschnittlich sechzig Meter tief und konnten drei- bis vierhundert Menschen beherbergen, plus Gewerbe und Ställe für Pferde, Rinder und Schweine.

Die Straßenbahnendhaltestelle in der Kniprodestraße, heute über die Schlaufe Hans-Otto-, John-Schehr-Straße zu befahren, mit einem Abzweiggleis zum BVG-Bauhof in der Conrad-Blenkle-Straße, war einst Endpunkt der Linie 74, die aus Lichterfelde und Am Friedrichshain kommend, dort endete.

Mit der Trennung des Straßenbahnnetzes 1953 fuhr sie in zwei Teilen, aus Osten kommend bis Hausvogteiplatz, und dann wieder weiter ab dort, wo heute in etwa die Philharmonie steht.

---

4 ... ist mittlerweile alles repariert und wieder aufgebaut

Entlang der Greifswalder Straße fuhr die Linie 72 aus Weißensee kommend.

Die Linie 64 kam aus Hohenschönhausen und fuhr ab Landsberger Allee/Friedenstraße weiter über Andreasstraße, Schillingbrücke und Spittelmarkt bis Zehlendorf, nach Netztrennung nur bis Spittelmarkt und ab Mauerbau verkürzt nur noch bis Andreasstraße/Ostbahnhof. 1970 stellte man den Straßenbahnverkehr über Friedenstraße / Andreasstraße komplett ein und ließ bis 1976 die dann wieder neu geschaffene Linie 74 aus Weißensee kommend über Greifswalder Straße und Landsberger Allee bis Hohenschönhausen/Gehrenseestraße als Verstärker für die Linie 72 aus Weißensee und 63 aus Hohenschönhausen / Gartenstadt fahren.[5]

Mit Inbetriebnahme der ersten Tatra-Züge, wurden die Straßenbahnlinien neu geordnet und entlang der Greifswalder Straße verkehrten die Linien 24 ab Pasedagplatz, 28 ab Zingster Str. und 58 (ab 1987) ab Falkenberg. Die Linie 63 nach Alt-Hohenschönhausen wurde im Berufsverkehr durch die Linie 14 verstärkt, die ab Kniprodestraße über Danziger (damals Dimitroffstr.) und Landsberger (damals Lenin-) Allee verstärkte.

Während des Neubaus der Kniprodebrücke über die Ringbahn verkehrte auch die Buslinie 56 (heute 156) von dieser Schlaufe aus und am Bf. Landsberger Allee (Leninallee) vorbei.

Was ich heute nicht verstehe, ist, warum die BVG alle möglichen Experimente mit Energiezellen- und Hybridbussen veranstaltet, wo es doch das System des Busses mit Elektromotor in Berlin bis 1972, unter anderem entlang von Greifswalder Straße, John-Schehr- und Conrad-Blenkle-Straße, in Form von Oberleitungsbussen gab.

*

---

5 .... fast richtig ... die Linie 64 fuhr bis 9.10.66 noch am Alexanderplatz vorbei, ohne ihn zu queren

Die Brauerei Königstadt AG - Überarbeitung meines Artikels aus der Juli 2004 Ausgabe - am 16.6.2014

Zwei persönliche Sätze vorab! Ich hab ja alles Mögliche als Datensicherungen von meinen PCs über die Jahre hinweg angesammelt (soll ich mal ein OKbeat-Sendemanuskript von 2001 auf meinem Blog veröffentlichen?), nun ausgerechnet diese Brauerei-Artikel von 2003/04 aber nicht. Bloß gut, denn so muss ich ab- und kann gleichzeitig gut und gehaltvoller umschreiben.

Die „Brauerei Königstadt AG" wurde 1849 als „Wagner's Bairisch-Bier-Brauerei" ab 1849 auf einem der ehemaligen „Windmühlenberge" am Rande Berlins gegründet und durch „d'Heureus & Busse" 1861 übernommen. Schon 1871, nach dem Deutsch-Französischen-Krieg, wurde diese Brauerei in eine Aktiengesellschaft überführt. Sie produzierte zwischen 1851 und 1921 Bier. Der Andrang auf diese Aktien war so groß, dass deren Ausgabe auf nur drei Tage beschränkt war.

Erstaunlicherweise war Berlin bis 1740 vor allem ein Weinanbaugebiet. Im Berliner Urstromtal mit Spree und Havel herrschten mildere Temperaturen als anderswo in der norddeutschen Tiefebene, und die Hügel gerade des heutigen Prenzlauer Berg, mit ihren Hängen in Richtung Südwest, wurden von der Sonne relativ intensiv beschienen. Noch heute erinnern Namen wie „Weinbergsweg", „Weinmeisterstraße", „Weinstraße" an diese Weintradition. Im genannten Jahr kam es zu einem sehr, sehr harten Winter, und die wenigen Weinstöcke, die diesen überlebt hatten, fielen schließlich in zwei darauf folgenden Jahren hinter einander einer parasitären Krankheit zum Opfer. Nur so kam es zum anschließenden Bierboom in Berlin.

Die Brauerei Königstadt AG prosperierte ab 1871 und wurde zu einer der größten Berlins. Ihr Name leitete sich von der Bezeichnungen „Königsstadt" bzw. „Königstor" für weite Teile des heutigen Prenzlauer Berg ab, nachdem der erste preußische König Friedrich I. nach seiner Krönung in

Königsberg 1701 durch diese Vorstadt und das „Königstor",
gelegen an der Ecke Greifswalder Straße / Prenzlauer Berg,
in seine Berliner Residenz eingezogen war.

Im Jahre 1903 wurden ein Restaurationslokal, ein Saalbau,
eine Ladenpassage, weitere Restaurants, Kegelbahnen und
ein Musikpavillon errichtet und die Brauerei C. Habel (in
einem der nächsten Teile werden wir auch über diese
berichten) wurde 1906 von der Brauerei Königstadt AG
eingegliedert.

Nach der Übernahme durch die „Kindl-Brauerei" 1921
wurde in der Saarbrücker Straße der Braubetrieb still
gelegt. „Warum?", werde ich immer bei meinen
Sonntagsstadtführungen, die genau an dieser Ecke
Saarbrücker Straße / Schönhauser Allee enden, gefragt. Na,
so entledigte sich Kindl, nicht nur in diesem Falle, auf
simple Art und Weise seiner Konkurrenz.

Das Grundstück und einige der Gebäude verblieben jedoch,
und das unterstreicht die „Theorie von der Entledigung der
Konkurrenz", vorerst im Besitz der Königstadtbrauerei.
1927 wurden allerdings gut fünfzig Prozent des
Grundbesitzes verkauft.

Der große Saal wurde ab 1925 zum „UFA-Lichtspieltheater
Königstadt" umgebaut und angeblich mit Fritz Langs
„Metropolis" eröffnet. Wobei sich hier meine historischen
Quellen widersprechen, denn „Metropolis" erschien erst
1927, so dass mir die Eröffnung mit Fritz Langs „Die
Nibelungen 1 + 2" von 1924 wahrscheinlicher erscheint.

Auf das ehemalige Brauergelände zog in der Folge
„Kleingewerbe" ein. Kleingewerbe, das hieß: kleine
Handwerksbetriebe wie Hufschmiede, Autowerkstätten,
Klempner, Glaser, Schreinereien, Schreibstuben usw.

In den 1950er Jahren wurde ein neues Verwaltungsgebäude
errichtet. Der Abriss des kriegsgeschädigten Saalgebäudes
erfolgte in den 60er Jahren.

Das Gelände unterliegt noch heute einer sogenannten
„Mischnutzung". Nur Weniges fiel der Abrissbirne zum

Opfer, weil ein Großteil der Gebäude unter Denkmalschutz steht. Die Mälzerei, die Schankhalle, die Darre, ein Lagerhaus, das Kesselhaus, der Flaschenkeller und das Eismaschinenhaus existieren noch.

Viele Medienfirmen, herausragend ist „Studio Mitte" („Das Adlon" - ZDF-Dreiteiler mit Josefine Preuß / auch viel Filmsynchron) sind heute auf dem Gelände. In der „Kulturkantine" soll das Essen, so mal ein Tourteilnehmer bei mir, hervorragend sein.

Der „Roadrunners Paradise Club" ist Stadt bekannt. Auch ein Jugendhaus , ein Club, existiert noch.

Insgesamt gibt es Arbeitsräume für ca. vierhundert Menschen auf dem einstigen Brauereigelände.

Das Areal ist bereits seit den 50ern zwei geteilt, lediglich große Stahltore, die eigentlich immer verschlossen sind, ermöglichen theoretisch den direkten Weg.

Dem entsprechend hat man auch zwei separate Eingänge von der Saarbrücker Straße aus. Von der Straßburger Straße aus existiert eine Einfahrt zu einer in einstigen Lagerkellern eingerichteten Tiefgarage, die aber leider nur für dort ansässige Gewerbetreibende zugelassen ist.

Die seit vielen Jahren andauernde Sanierung der Königstadtbrauerei ist noch immer nicht abgeschlossen. An den Gebäuden an der Ecke Saarbrücker / Straßburger Straße kleben noch immer Baugerüste und -planen.

*

Die Bötzow-Brauerei - am 18.8.2014

Während noch 1860 rund 340.000 hl Weißbier und 150.000 hl untergäriges Bier in Berlin gebraut wurden, kehrte sich das Verhältnis in nur 15 Jahren um. Obergärige Hefe benötigt höhere Temperaturen (15–20 °C) als untergärige Hefe (4–9 °C) und ist daher anfälliger für Verunreinigungen mit Fremdpilzen und Bakterien. Die Vergärung verläuft jedoch dafür wesentlich schneller und war schon möglich, als noch keine Kühltechniken existierten. Die mit obergäriger Hefe gebrauten Biere sind zum Beispiel Kölsch, Alt, Weißbier, Gose, Dampfbier, Berliner Weiße und Ale.

Das Geschlecht der Bötzows ist ein alteingesessenes aus der Mark Brandenburg. Das heutige Oranienburg (Endpunkt der S 1) geht auf eine steinzeitliche, slawische Siedlung zurück, die im Jahre 1232 als „Bochzowe" das Stadtrecht erhielt und bis bis 1683 Bötzow hieß.

1650 schenkte der brandenburgische Kurfürst Friedrich Wilhelm seiner Frau Louise Henriette von Oranien die Domäne Bötzow. Der alte Name Bötzow wurde 1694 dem nahe gelegenen bis dahin Cotzebant benannten Ort neu verliehen.

Die Berliner Großgrundbesitzer stammten aus diesem Geschlecht. Die Julius-Bötzow-Brauerei wurde 1864 in der Alten Schönhauser Allee 23/24 im Berliner Scheunenviertel gegründet. Einige Jahre später wurde das Areal in der Prenzlauer Allee 242 – 247 gekauft und als erstes ein viertausend Quadratmeter großer Lagerkeller und ein Brauereiausschank für bis zu sechstausend Menschen errichtet. Hört sich viel an, hat aber, im Vergleich mit der ehemaligen Schultheiß- und heutigen Kulturbrauerei (rund 25.000 m²) nur ein sechstel deren Fläche. Im Jahre 1884 wurden die Anlagen auf dem Windmühlenberg an der Saarbrücker Straße weiter ausgebaut und ab 1885 kam das Bötzow-Bier direkt von hier. Es war damals noch allgemein üblich, dass die Besitzer nah bei ihrer Firma wohnten und so wurde die Villa der Familie um 1900 herum auf dem Hügel[6] fertig gestellt.

1891 war die evangelische Gemeinde der Bartholomäuskirche am Königstor so weit gewachsen, dass sie sich teilte. Julius Bötzow schenkte ihr das Grundstück, auf dem dann am 12.Juni 1892 die Grundsteinlegung für die Immanuelkirche statt fand.

---

6   ... direkt neben dem Personaleingang

Im Jahre 1906 wurde die mechanische Bottlerei (Lagerkeller – eigentlich auf Schiffen!) der Bötzow-Brauerei aus rotem Klinker in der Saarbrücker Straße gebaut. 1920 erfolgte eine Modernisierung der gesamten Brauerei auf automatische Maschinen. Die Brauerei war damit auf dem neuesten technischen Stand. Fehlende Grundstücks- und Kapitalreserven minderten aber dennoch ab 1918 die Konkurrenzfähigkeit der Firma, die schon mit Beginn des Ersten Weltkrieges in eine Offene Handels- und ab 1918 in eine Kommanditgesellschaft umgewandelt worden war. 1927 wurde sie von der Familie in eine Aktienbrauerei verwandelt. In den dreißiger Jahren galt sie als größte Privatbrauerei Berlins.

Im Zweiten Weltkrieg wurden die Villa der Bötzows und einige Produktionsanlagen zerstört, nach der Kapitulation Berlins bis 1949 ein weiterer Teil der Anlagen demontiert, als Reparation in die Sowjetunion verbracht und das, was dann noch von der Brauerei übrig war enteignet und deren Betrieb eingestellt. Es gab nachweislich Bügelflaschen und Bierdeckel mit dem Bötzowbrauereiaufdruck bis 1948. Das relativ unscheinbare und bescheidene Grab von Julius Bötzow befindet sich auf dem Georgen-Parochial-Friedhof in der Greifswalder Straße.

Nach der Auflösung der Brauerei wurde das Areal vom „Vereinigung Volkseigener Betriebe Fischwirtschaft" und als Spirituosen-Waschmittel-Großhandelslager der HO WtB Berlin genutzt. Seit 1990 steht das Gelände unter Denkmalschutz. Die Treuhandanstalt verkaufte es 1993 an die Unternehmensgruppe OMG/Kriegbaum, die veräußerten es 1995 an die Metro-AG, die 1998 die OMG selbst übernahmen und die auf dem Areal einen Großmarkt vorsahen. Im Jahr 2000 wurde das Gelände dann von der DIVACO und Ende 2010 vom Unternehmer Hans-Georg Näder übernommen. Am 21. Mai 2014 stellte Näder den Masterplan 2019 für das Areal vor, den der englische Architekt David Chipperfield entworfen hat. Die Pläne

Chipperfields orientieren sich an der früheren Struktur und Gestaltung des Brauereigeländes. Unter anderem soll es weiterhin große Freiflächen geben. Im neuen Biergarten sollen 1.500 Besucher Platz finden. An der Prenzlauer Allee werden drei Häuser neu gebaut.

Seit etwa acht Wochen ist ein Backsteinbau in der Saarbrücker Straße eingerüstet und mit blauen Bauplanen überhängt. Am ehemaligen Haupteingang fristet ein trister Imbiss sein Dasein. Der Rest des Geländes ist durch Bauzäune großflächig abgesperrt und sieht nur verwahrlost und nicht nach „reger Bautätigkeit" aus. Was aus dem verwitterten und nicht mehr erkennbaren Liebknecht-Gedenkstein wird, der zwischen 1958 und 1959 der an der Stelle der ehemaligen Villa aufgestellt wurde, ist unklar.

*

Die Groterja(h)n-Brauerei - am 13.11.2014 überarbeiteter Text aus der Märzausgabe 2004

In unserer kleinen Reihe von ehemaligen Großbetrieben, insbesondere der Brauereien am Prenzlauer Berg, möchte ich mich heute um die Groterja(h)n-Brauerei aus der Milastr. 1 – 4 bis Schönhauser Allee 129 - 130 kümmern, die in unterschiedlichen Quellen mal mit, mal ohne „h" geschrieben wird.Die Front der ehemaligen Brauerei zur Cantianstraße hin ist für die Berliner Architektur relativ untypisch, da sie englischen und und holländischen Vorbildern entlehnt ist. Die Fassade wird durch geschwungene Giebel gekrönt, die Ecke zur Milastraße durch einen mit Kupfer gedecktem Turmhelm. Durch die unterschiedlichen Gebäudehöhen und Dachformen, sowie den Wechsel von Trauf- und Giebelstellung wirkt die Fassade besonders abwechslungsreich. Trotz größerer baulicher Veränderungen in den letzten einhundert Jahren hat die ehemalige Groter-janbrauerei noch heute eine gewisse Bedeutung für die Geschichte im Stadtbild.

Ab 1835 stand an Stelle der Brauerei eine Eisengießerei, ab 1839 eine Gold- und Silber-Scheide-Anstalt des Besitzers „Schwan".

Die Brauerei wurde in drei Bauabschnitten 1896/97 in der Cantianstraße errichtet, nachdem Christoph Groterjan 1894 ein von ihm hergestelltes Malzbier zum Patent angemeldet hatte.

Die Verlegung der Brauerei in die Schönhauser Allee erfolgte 1897. Der Restaurations- und Saalbau wurde 1905/07 errichtet. Nach dem Tod Christoph Groterjans 1909 ging das Gelände in den Besitz der „Aktiengesellschaft Malzbierbrauerei Groterjahn & Co" über.

Die Wohnanlage auf dem Gelände wurde 1910/11 gebaut.

Ein weiterer Umbau geschah 1912, als im Erdgeschoss der Brauerei Treppen und Trennwände eingezogen wurden.

Ab dieser Stelle habe ich mehrere einander oft widersprechende Fakten aus unterschiedlichen Quellen.

Einmal heißt es, der Brauereibetrieb sei am Prenzlauer Berg 1914 bereits eingestellt worden, nachdem der Konsum von Malzbier ab 1908 soweit eingebrochen war, dass die Brauerei Zahlungsunfähig geworden sei und sie deshalb (wegen der Zahlungsunfähigkeit?) im Jahre 1914 in die Prinzenstraße am Wedding umgezogen war.

Eine weitere Quelle berichtet, nach dem Verkauf von Groterjan an Engelhardt 1918 wurde der Brauereibetrieb 1921 an dieser Stelle eingestellt.

In der Geschichte der Kulturbrauerei heißt es, Schultheiß hätte 1920 Groterjan aufgekauft und sei damit zur Weltgrößten Lagerbierbrauerei geworden.

An anderer Stelle ist zu lesen, dass am 1. 9. 1961 die Schultheiß-Brauerei AG die Groterjan-Brauerei in der Weddinger Prinzenstraße übernahm und Groterjan eine Abteilung derselben wurde, die 1978 ihren Betrieb einstellte. Bis zur Übernahme von Schultheiß durch die Oetker/Radeberger-Gruppe 2004 war der Name „Groterjan" für das alkoholfreie Bier von Schultheiß erhalten geblieben.

Aber die Radeberger-Gruppe stellte nicht nur dieses, sondern auch die leckerere hefetrübe Weiße von Schultheiß mit ein.

Die nächsten Fakten sind wieder „hart". Nach der Schließung der Brauerei in der Milastraße zog in die Produktionshallen die „Schokoladen- und Zuckerfabrik Joseph Szlagowski" ein. Eine weitere Veränderung gab es 1928 mit der Errichtung einer Brotbäckerei in den Teilen der früheren Brauerei und im Saalbau durch das Kino „Mila-Lichtspiele".

Eine „Tankanlage" (Tankstelle?) wurde 1929 auf dem Hof der ehemaligen Groterjan-Brauerei eingerichtet. Nicht mehr nachvollziehbar sind diverse Umbauten aus den Jahren 1930/31, da diese Umbauten ohne Genehmigung durchgeführt wurden. Mit entsprechender Genehmigung wurde 1932 der Schornstein erhöht und 1934 eine Garage gebaut. Diese Garage war Teil der Fahrschule, die in diesem Jahr 1934 ihren Kundendienst aufnahm. Die Fahrschule wurde nach dem Krieg enteignet und dem „VEB Taxi" unterstellt, die ihrerseits ein Betriebsteil der Ost-Berliner BVG (in den späten 60er Jahren in BVB umbenannt) waren. Wer in der DDR seinen Führerschein (hier sinnigerweise „Fahrerlaubnis" genannt, denn „Einen Führer haben wir hier nicht!") nicht bei der Nationalen Volksarmee oder bei der „Gesellschaft für Sport und Technik" (paramilitärische Vereinigung) machte, musste zu dieser staatlichen Fahrschule, mit oft monatelangen Wartevoranmeldungslisten die oft genug durch „blaue Fliesen"[7] „frisiert" wurden.

Nach dem Krieg nutzte von 1948 – 1883 „Sowexport" einen Teil des Brauereigeländes. Das Kino im Saalbau wurde 1963 enteignet und geschlossen.. Von 1966 an war der Saalbau Probebühne der Volksbühne am Rosa-Luxemburg-

---

7   ... "blaue Fliesen" = Umschreibung für die West-Mark ...
     der 100 DM-Schein war blau

Platz, wurde aber 1990 wegen Baumängeln geschlossen. In der Restaurations- und Wohnanlage waren von 1983 – 1990 Büros und Lagerräume des Außenhandels der Filmgesellschaft DEFA. Der einstige Saalbau wurde nach einer Modernisierung 1996 als Gaststätte „Ribbeck" wieder in Betrieb genommen. Das Gedicht des „Herrn Ribbeck aus Ribbeck im Havelland, in dessen Garten ein Birnbaum stand" von Theodor Fontane war der Namensgeber dieser sehr mondänen Gastwirtschaft. Einzig eine in der Einfahrt auf das Geländer angebrachte kaum noch als solche erkennbare stählerne Birne erinnert an das Restaurant. Es wurde vor einigen Jahren wieder geschlossen. Das Lager eines Möbelhandels befindet sich dort heute. Erhalten geblieben sind auch kleine Krane aus DDR-Zeiten, die einst die Kohle zum heizen in die Keller der Restauration beförderten. Heute gibt's dort die Restauration der Villa Groterjan, die Einblicke in die einstige Braukunst bietet und das Buddhistische Zentrum.

*

Die Aktienbrauerei Friedrichshain - Bearbeitung meines Textes aus der Februarausgabe 2004 – am 20.1.2015

In unserer kleinen Reihe von ehemaligen Großbetrieben, insbesondere der Brauereien am Prenzlauer Berg, möchte ich mich heute um die Aktienbrauerei Friedrichshain kümmern.

In Erwartung des zunehmenden Ausflugsverkehrs zu dem 1848 entstandenen Volkspark Friedrichshain und auf Grund der günstigen topografischen Lage für die Errichtung einer „Kellerei zur Aufbewahrung von bairischem Bier", erwarb der Brauereibesitzer Lipps ein Hanggrundstück am „Verlorenen Weg", der heutigen „Straße am Friedrichshain". „Günstige topografische Lage" heißt, dass man in jenen Zeiten kühlende Kellergewölbe zur Lagerung des Bieres benötigte, weil die mechanische Kühlung noch nicht erfunden war. Am „Verlorenen Weg" entstanden bis 1849 ein Lagerkeller, eine offene Bierhalle, Remisen und eine Schankstube. Der Brauereibetrieb wurde an dieser Stelle indes erst 1859 aufgenommen. Im Jahr 1867 wechselte die Lippssche-Brauerei in den Besitz der „Aktienbrauerei Friedrichshain", um mehr Fremdkapital in die Firma zu holen. Neben zahllosen Erweiterungsbauten der Braustätte selbst, entstanden bis 1890 ein großes Restaurationsgebäude mit Prunksaal, ein Orchesterpavillon, Hallen und eine Sommerkegelbahn.

Der von Regierungsbaumeister Max Schilling entworfene 43 m lange, 25 m breite und 16 m hohe Festsaal mit gut tausend Plätzen wurde im Stil der italienischen Renaissance ausgeführt und war seinerzeit der größte Saal Europas. Nach der Einstellung des Brauereibetriebes 1921 im Zuge der Nachkriegskrise, wurde das Gelände an kleine Gewerbebetriebe vermietet. Im Saalbau fanden Veranstaltungen statt. 1924 entstand das heutige „Filmtheater Am Friedrichshain" vom Architekten Otto Werner mit gut eintausend-einhundert Plätzen. Im Jahr 1936 wurde das Gelände an die Stadt Berlin verkauft und ein Teil davon ins Eigentum der NSDAP überführt.

Für die Errichtung der „Dr. Goebbels-Heimstättensiedlung II" wurde 1937/38 das Brauereigebäude gesprengt. Auf noch vorhandenen Kellerteilen der Brauerei entstand dann das „Kreishaus der NSDAP". Der renovierte Saalbau wurde im Krieg dann vollständig zerstört.

Am Rande erwähnt sei eine große Wahlveranstaltung im April des Jahres 1932, in der Joseph Goebbels von der NSDAP gegen Walter Ulbricht von der KPD gegeneinander antraten. Das Verwaltungsgebäude der NSDAP überstand den Krieg nahezu unbeschadet und beherbergte nach 1954 den Verlag „Die Wirtschaft", der u.a. Schulbücher für die Berufsausbildung, aber auch große Kontenbücher für die Buchhaltung in den Betrieben der DDR herstellte. Der Verlag „neues leben", der von der FDJ gelenkt wurde und in dem u.a. ab 1982 die Werke von Karl May oder ab 1959 die „Kompass-Buchreihe" erschien, saß hier ebenfalls. „Neues Leben" gehört heute zur „Eulenspiegel-Verlagsgruppe". Man erreichte das Areal bis in die 70er Jahre unter anderem durch die Straßenbahnlinie 74 zur Kniprodestraße und mit der Buslinie 9 bis in die 90er über die Bötzowstraße.[8]

Nach der Enttrümmerung des Saalbaugrundstückes 1949 wurde in den 50er Jahren ein Gartenlokal in Leichtbauweise auf der Sockelzone und unter Einbeziehung der noch vorhandenen Keller des einstigen Saalbaus errichtet. Und genau dieser recht niedrige Keller, kaum 2,30 m hoch, in dem sich rasend schnell bei Veranstaltungen stickiger Zigarettenqualm sammelte, war als „Saalbau" stadtbekannt. Betriebsfeiern zum „Tag der Mitarbeiter des Handels" wurden hier genauso ausgetragen wie der wöchentliche Schwof für die reiferen Semester. Ich bin in meiner Jugend da einige male sternhagelvoll raus, denn das Bier war billig und floss schnell.

Hinter dem Saalbau ein Kinderheim, das später als Kindergarten genutzt wurde. Die Wohnanlage aus den 30ern wurde in den 70ern durch Plattenbauten ergänzt. Die meisten erhaltenen Gebäude auf dem Gelände der ehemaligen „Aktienbrauerei Friedrichshain" sind nach 1990 saniert worden. Das älteste Gebäude ist das 1996 wieder eröffnete Kino. Der ökologische Umbau der Kinder-tagesstätte wurde 1999 begonnen und 2001 abgeschlossen. Auf dem Saalbaugrundstück entstand in den darauf folgenden Jahren ein Neubaukomplex aus 45 Seniorenapartments, einem Pflegebereich mit 156 Betten und einem Gästehaus mit 88 Zimmern mit dem schönen Namen „Ambiente". Noch bis weit nach Beginn der

---

8   ... nicht ganz richtig ... die Straßenbahn Linie 74 fuhr hier nur bis 1946, spätestens seit 2.1.1957 fuhr statt dessen vom heutigen Gleishof in der Kniprodestraße entlang der heutigen Buslinien 100 + 200 die Buslinie 57 Richtung Pariser Platz und weiter bis zur Scharnhorststraße

Neubauarbeiten wohnten auf dem Gelände einige Versprengte einer Wagenburg aus Kreuzberg, sogenannte „Rollheimer". An den legendären Saalbau erinnert heute nichts mehr. Im Verlagshaus ist heute die HUSS-Mediengruppe zu finden. Bestseller sind z. B. „Das PKW-Fahrtenbuch", Software für „die Planung und Berechnung von Elektroanlagen" oder Fachpublikationen für Messen. Das Gelände der „Aktienbrauerei am Friedrichshain" ist nicht zu verwechseln mit der Brauerei „Schweizer Gärten", die sich dem Areal anschloss und auf die ich demnächst in dieser Serie kommen werde.

*

Brauereien am Prenzlauer Berg Teil 5 von 12
Die Berliner Stadtbrauerei - Überarbeitung meines Textes der Ausgabe vom Dezember 2003[9] – 15.3.2015

Die Informationen zu der „Berliner Stadtbrauerei GmbH" sind dürftig, wenngleich auch die Geschichte dieser sehr kleinen Brauerei recht bewegt ist. Sie wurde im Jahr 1884 mit dem Aufstellen eines Kupferkessels in einem Raum des Fabrikgebäudes von Bolle, Belforter Straße 4, gegründet. Anno 1891 wurde an dem Gebäude ein weiterer, neuer Seitenflügel angebaut. Der nun auch neue Eigentümer, „Brauerei Lehmann", errichtete im gleichen Jahr eine Kelleranlage und eine Mälzerei. Einige Jahre später, 1907, erfolgte die Übernahme der Brauerei, Braumeister war D'Heureuse, in der „Subhastation" (Zwangsversteigerung) durch Hubert Ditsch. Die Engelhardt-Brauerei, ein letztes Gebäude dieser steht noch gegenüber vom Bahnhof Ostkreuz und dort unter Denkmalschutz, übernahm die „Berliner Stadtbrauerei GmbH" im Jahre 1917. Bis 1925 (die Quellen sind da unsicher), erfolgte nach und nach die

---

9   ... erschienen Dezember 2003, das heißt ursprünglich geschrieben im November 2003 ... das war nur ein gutes Vierteljahr nach meinem Suizidversuch ...

Stilllegung der Brauerei in der Belforter Straße. Die Brauereigebäude wurden zu einer Bleirohrfabrik umgebaut. Im Jahr 1936 wurde diese Fabrik, wie sie dann hieß „für Blei- und Zinnwaren", durch die „offene Handelsgesellschaft Kremnitz & Ulrich" übernommen. Während des Krieges wurden die Betriebsgebäude und der gesamte Häuserblock bei einem Bombenangriff auf Berlin schwer zerstört. Wir haben entsprechende Bilder im Archiv des Museums Pankow gefunden.

Der Block rund um die ehemalige „Berliner Stadtbrauerei GmbH" ist einer von nur zweien, die während des Krieges von den alliierten Bomberstaffeln am Prenzlauer Berg komplett zerstört wurden. Ansonsten wurden eher einzelne Häuser getroffen und vieles vor allem in den letzten Kriegstagen durch Artillerie und Panzer zerstört. Dort, wo sich die einstige Brauerei befand, in der Belforter Straße 4, steht heute ein ab Mitte der 50er Jahre gemauerter, fünfgeschossiger Wohnblock. Die Gebäude in der Belforter Straße bis um die Ecke der Kollwitzstraße hin wurden erst in den letzten Jahren errichtet, der letzte Lückenbau gar erst dieses Jahr fertig gestellt. Vor dem war dort auf diesem einst zerbombten Areal eine große Brache.

*

Berliner Brauereien – Teil 6 von 12
Die Brauerei J.M. Ley - am 15./18.5.2015 Aufarbeitung meines Textes aus der Ausgabe vom November 2003

In unserer kleinen Brauereien-Reihe muss ich heute mal etwas abschweifiger werden, denn hier ist die Daten- und Faktenlage wieder relativ dünn und so beachten Sie bitte meine teils recht vorsichtigen, vagen Formulierungen im ersten Abschnitt.
Um 1845 wurde in der Neuen Schönhauser Allee 12 durch Johann M. Ley (wofür das „M." im Namen steht, hab ich leider nicht heraus bekommen) die „Bairisch Bierbrauerei"

gegründet und Kellereien dazu eingerichtet. In der Schönhauser Allee 162, einem Gelände, das damals dem Rittergutsbesitzer Herrn Gilka (der seinerseits „Likörfabrikant" und „k.u.k. Hoflieferant" war) gehörte, wurde für diese Brauerei ein Gartenausschanklokal errichtet. Wie auch die legendären Braumeister Lipps und Pfeffer, so war auch Ley in der ältesten Bockbierbrauerei Berlins, auf dem Tempelhofer Berg, tätig, bevor er seine eigene Brauerei eröffnete. Bereits um 1895 wurden sowohl die Brauerei, als auch das Ausschanklokal von J.M. Ley wieder geschlossen. Im gleichen Jahr kam es auf dem Gelände zur Errichtung der „Baruch-Auerbachschen Waisen-Erziehungsanstalt" für jüdische Kinder.

Und genau dies ist der Grund, weshalb die Brauerei J.M.Ley so sehr in Vergessenheit geriet: an eben ihrer Stelle fand Geschichtsträchtigeres statt.

Baruch Auerbach (* 14. August 1793 in Inowraclaw in Westpreußen; † 22. Januar 1864 in Berlin) war ein deutscher Pädagoge. Bereits 1833 hatte Auerbach in der Rosenstraße in Mitte ein Waisenhaus für Knaben gegründet, welches später in die Oranienburger Straße umzog. Am alten Standort Rosenstraße gründete er 1844 das erste Waisenhaus für Mädchen. Diese Waisenhäuser waren seiner Zeit beispielgebend für gleichartige Einrichtungen in den deutschsprachigen Ländern. Beide Einrichtungen leitete er bis zu seinem Tod im Jahre 1864.

Baruch Auerbach und seine Frau Emma (1816-1878) wurden auf dem Jüdischen Friedhof Schönhauser Allee bestattet. Im Jahr 1887 wurden die Waisenhäuser zu den „Baruch Auerbach´schen Waisen-Erziehungs-Anstalten für jüdische Knaben und Mädchen" zusammengefasst. Dafür wurde ab 1895 in der Schönhauser Allee 162, auf dem Gelände der ehemaligen Brauerei J.M.Ley, ein Neubau errichtet, der 1897 eingeweiht wurde. Unter Leitung der Architekten Höniger und Sedelmeier entstand ein Ensemble von Backstein-Gebäuden im neogotischen Stil. Für die

„Zöglinge" gab es das Knaben- und das Mädchenhaus, die durch die Turnhalle und andere Gemeinschaftsräume miteinander verbunden waren. Den Vorplatz schmückte ein Standbild Kaiser Friedrichs III. In dem Neubau konnten mehr als 80 Waisen aufgenommen werden, die Rosenstraße blieb als „Außenstelle" erhalten. 1923 erhielt auch die von Hermann Falkenberg neugegründete Liberale Synagoge Nord ihren Sitz in dem Gebäude. Nach der Machtergreifung der Nazis wurden dann mitten im II.Weltkrieg 1942 die letzten 89 Lehrer und Zöglinge in das Rigaer Ghetto deportiert. Die Gebäude des Waisenhauses wurden 1945 in den letzten Kriegstagen im Häuserkampf zerstört und 1950 abgetragen. Ein Mauerrest blieb zur Mahnung erhalten. Das Grundstück wurde später mit einer Wohnanlage überbaut. Eine Informationstafel erinnert an die Geschichte des Grundstücks und die mutwillige Zerstörung eines zwischenzeitlich installierten „Denkzeichens". Seit Mitte des 20. Jahrhunderts befindet sich an der Stelle ein sechsgeschossiges Wohngebäude dessen typischen „50er Jahre-Stil" man auch heute noch, nach der Sanierung der Gebäude, erkennen kann. Am 24. Juni 2014 fand durch die „Schwarzkopf-Stiftung" die Einweihung des „Erinnerungsortes Auerbach'sches Waisenhaus" statt.
In die letzte vom Waisenhaus noch stehende Wand sind 140 Namen ermordeter Berliner Juden eingraviert.

Anmerkung: Veröffentlichung November 2003 heißt, spätestens geschrieben im Anfang Oktober 2003, das war kurz nach meinem Suizidversuch am 25.7.2003. Bei einem Suizidversuch knallt man regelrecht im Kopf durch. Es ist, als sei die Festplatte im eigenen Kopf voll. Von den Wochen vor und nach so einem Versuch behält man so gut wie nichts mehr in der Erinnerung und man braucht psychische Hilfe. Um so erstaunlicher ist es für mich, dass ich da bereits wieder lesbare Texte verfassen konnte.

*

Brauereien – Teil 7 / 12 - **Brauerei „Bayerische Malzbier Brauerei - Königstor Max Böhm"** - am 10.11.2015 nach einer eigenen Textvorlage aus der Ausgabe Juli 2003[10]

Liebe Leser, irgendwo ist mir bei der Durchnummerierung der Teile hier ein Fehler unterlaufen. Und so folgt auf Teil 9 / 12 nicht 10 / 12 sondern der verlorene Teil 7 / 12 in dieser Reihe.

Die Brauerei von Max Böhm stand ursprünglich in etwa da, wo in der Marienburger Straße heute hinter Kaisers die Einfahrt zu dem großen Hof mit Boesner und diesem Minikundenparkplatz für den Supermarkt ist und wurde später bis an die Winsstraße hin vergrößert. An den Geländen solch kleiner Brauereien kann man ermessen, wie verhältnismäßig groß die Schultheiß-Kultur-Brauerei damals wirklich war. Auch darf man nicht vergessen, dass es mit dem Abfüllen des Bieres allein ja nicht getan ist. Man braucht Darr-Räume für das entstehende Malz, Lagerräume für das Getreide, die Hefe und den Hopfen, einen eigenen Tiefbrunnen, ein Sud- oder Kesselhaus, Platz für die Bierreifung, und damals wurde Bier ja nicht wie heute in Edelstahltanks, sondern noch in Holzfässern gereift. Dann brauchte man Räume für die Abfüllung des Bieres, Pferdeställe, möglichst eine eigene Schmiede, einen eigenen Böttcher (für die Jüngeren, weil ich diese Frage oft bei meinen Führungen gestellt bekomme, der Böttcher das ist der, der die Fässer herstellt oder repariert), einen Heuboden für die Gäule, etwas zum unterstellen für die Lieferwagen, natürlich noch Laderampen, nicht zu vergessen die Umkleide und das Klo für die Angestellten und, ganz wichtig, die Büroräume für die Verwaltung und den Boss.

Der Name „Bayerische Malzbier Brauerei - Königstor Max Böhm" irritiert an dieser Stelle sicher. In der Marienburger

---

10 ... siehe oben! Es erstaunt mich, dass ich kurz vor meinem Suizidversuch überhaupt noch sowas schreiben konnte!

Straße 17, damals „Am Königstor 24" (!!!), wurden 1897 ein Sudhaus, ein Fabrikgebäude und ein Lagerraum durch den ehemaligen Eigentümer Schauwerkers eingerichtet. Es wurde ausschließlich obergäriges Braunbier hergestellt. Braunbier mit seiner rötlichen Farbe produziert man seit 1520 in Franken, es wurde dort aber im 17. Jahrhundert zunehmend durch Weißbier verdrängt. Es schmeckt süßlich-sauer und erinnert an Gewürze oder Rosinen.

Die süßen Braunbiere können zum Erstellen von Süßspeisen herangezogen werden. Zu den obergärigen Bieren gehört u.a. die Berliner Weiße.

Bis 1906 wurde das Gelände „Am Königstor 24" durch das eigentliche Brauerei- und ein Stallgebäude ergänzt. Max Böhm übernahm 1906 diese Anlagen und erweiterte sie nochmals kontinuierlich. Die Brauerei hieß aber erst 1913 „Bayerische Malzbier Brauerei Max Böhm".

Zusätzlich ließ Max Böhm einen Kühlraum und einen Dampfkessel aufstellen. Zahlreiche Hofüberdachungen folgten bis Anfang der 1930er Jahre. Bereits 1937 wurde die Produktion wieder eingestellt.

Das Gelände gelangte 1939 in das Eigentum der Deutschen Hypothekenbank. Ob durch Druck der Nazis oder nur durch wirtschaftlichen, ist für mich hier nicht nachvollziehbar. Während des Zweiten Weltkrieges wurden die Gebäude bei einem Bombenangriff zerstört.

Auf dem nun freien Areal wurde später, nach der Beseitigung der Trümmer, eine Filiale des „Kaufhallenverbandes" der staatlichen, volkseigenen HO errichtet. Mit der deutschen Wiedervereinigung wurde diese „Kaufhalle" von Kaiser's – Tengelmann übernommen und modernisiert.[11]

*

---

11 ... die ehemalige HO-Kaufhalle ist mittlerweile
     verschwunden und wurde durch ein Wohnhaus mit einem
     Supermarkt im Erdgeschoss ersetzt

Berliner Brauereien – Teil 8 von 12
die „Berliner Weißbierbrauerei AG"
Überarbeitung meines Textes aus der September 2003-
Ausgabe mit Einarbeitung von Fakten aus einem darauf
gerichteten Leserbrief vom Oktober 2003, ergänzt durch
Textteile aus der Hörfunksendung „OKbeat" (Ausgabe 675)
vom 16.7.2015 - am 16.7.2015

In dieser Folge geht es um eine weitere, längst
verschwundene Brauerei.
Erst verschwanden die Brauereien, jetzt die Bierkultur.
Das Bier aus Berlin hatte immer eine ganz besonders hohe
Qualität wegen des hervorragenden Grundwassers. Weil vor
hundert Jahren jede Brauerei ihren eigenen Brunnen, ihr
eigenes Rezept, ihren eigenen Braumeister, ihre eigenen
Gärhefestämme hatte, darum schmeckte das Bier einer jeden
Brauerei etwas anders.
In der DDR war es darüber hinaus eher unüblich, Bier quer
durchs ganze Land zu kutschieren und so gab es z.B. das
"Rostocker Hafenbräu" nur in Rostock, das Garley-Bräu aus
Gardelegen nur in der Altmark, das gute Mecklenburger
Lübzator fast nur in der Bundesrepublik oder in den
Mitropa-Speisewagen der Reichsbahn und die "Berliner
Weiße" nur in Berlin.
In unserer heutigen Zeit, in der Dr. Oetker mit der
Radeberger Gruppe den Biermarkt beherrscht und fast alle
Berliner Biersorten mit dem Wasser aus einem einzigen
Brunnen gemacht werden, es nur noch ein paar wenige
Hefestämme und kaum noch unterschiedliche Hopfensorten
gibt (es ist auch so schade, dass die leckere hefetrübe Weiße
nicht mehr gebraut wird!), schmecken die Biere nun
natürlich alle auch irgendwie gleich ... langweilig.
Ich kann mich noch daran erinnern, dass wir in meiner
Jugend noch ausgedehnte "Kneiptouren", echte "Ziehungen"
regelmäßig als so'ne Art Sport, gemacht haben. In der
Prenzlauer Allee ab der Wisbyer Straße in Richtung

Innenstadt in jeder Kneipe nur ein kleines Bier, das in jeder Kneipe anders schmeckte und du warst spätestens an der Metzer Straße breit!

An jeder Ecke gab es mindestens zwei bis drei Kneipen!

Mal abgesehen davon, dass diese Biermenge heute schon gar nicht mehr bezahlbar wäre, gibt es heute pro Fahrtrichtung nur noch je eine echte Kneipe!

Schade um diese Kiezkultur!

Die „Berliner Weißbierbrauerei AG" befand sich auf dem Gelände der Straßburger Str. 6 – 9, auf dem bis vor ca. zweieinhalb Jahren noch die Reste der ehemaligen Fahrbereitschaft der ZK der SED[12] standen.

Die Brauerei wurde 1856 durch Carl Landré in der Münzstraße 4 gegründet. Im selben Jahr wurde auf dem „Windmühlenberg", später Straßburger Str. 6 – 9, eine Mälzerei errichtet. Die komplette Verlegung der „Berliner Weißbierbrauerei" erfolgte 1870/71. Einhergehend mit dieser Verlegung wurde die Brauerei in eine Aktiengesellschaft umgewandelt, um mehr Kapital zu haben. Gründer Landré gehörte dem Aufsichtsrat bis zu seinem Tode 1886 an.

Wann die „Berliner Weißbierbrauerei" in „Landré – Breithaupt-Brauerei" bzw. komplett in „Breithaupt-Brauerei" umbenannt wurde, habe ich leider nicht feststellen können. In den Jahren 1917 – 1921 wurde die Brauerei massiv durch Erweiterungen, An- und Umbauten modernisiert und auf den damals aktuellsten Stand der Technik gebracht.

Nach 1945 kam es trotz einiger Kriegsschäden zur Wiederaufnahme des Brauereibetriebes. Im Jahr 1947 wurde jedoch die „Berliner Weißbierbrauerei AG" beschlagnahmt. Einige Quellen sprechen nun von einer Enteignung und Stilllegung im Jahr 1949, andere Quellen schreiben, dass unter dem Namen „Breithaupt-Brauerei K.G." (K.G. =

---

12 SED = Sozialistische Einheitspartei Deutschland

Kommanditgesellschaft = in der DDR kam es dabei zur Staatsbeteiligung an Privatbetrieben) an dieser Stelle bis 1968 weiter gebraut wurde.

Der Fuhrpark, die Fahrbereitschaft des „ZK der SED" (ZK = Zentralkomitee) kam mit seiner Kfz -instandhaltung dort ab 1952 unter. In den 70er Jahren wurden die letzten ehemaligen Brauereigebäude abgerissen und durch Neubauten mit der entsprechenden Infrastruktur für den genannten Fuhrpark ersetzt.

Nach der deutschen Wiedervereinigung kam es über Jahrzehnte zu einer sogenannten „Zwischennutzung" durch kleinere Betriebe, so u.a. aus dem KfZ-Instandhaltungsgewerbe, die Unterkunfts- und Diensträume, in denen sich dereinst Teile des Wachregiments Felix Dserschinski befanden, das hierher zur Objektwache abkommandiert war, wurden durch Bildungsträger genutzt. Es gab teilweise temporäre Ausstellungen. Auch wurden Lagerräume auf dem Gelände an Künstler vermietet. Im Januar 2013 begann man mit dem Abriss der einstigen Fahrbereitschaft. Nun wird dort fleißig an einem neuen Wohnquartier gebaut. Die Rohbauten ragen bereits in den Himmel.

*

Brauereien Teil 9 von 12 - **Die Kulturbrauerei**
am 19.9.2015 (vermutlich komplette Neufassung)

Mit „Heimspiel" könnte ich diese Folge über die Brauereien am Prenzlauer Berg auch übertiteln, denn die Kulturbrauerei ist ein Stopp nach dem Treffpunkt Knaackstr. 99 / Danziger Straße auf meiner Kollwitzkiezführung. „LIEBE" ist das erste, was einem, natürlich neben den Gebäuden, auf dem Gelände, nach Betreten durch den Eingang an der Knaackstraße, auffällt. Die mannshohe Skulptur aus rostigem Stahl ist, so meine Quelle, von Martin Schlobach. Das Gelände der späteren Schultheißbrauerei wurde 1842 durch den Apotheker Heinrich Prell erworben, der in

Kreuzberg bereits einen kleinen Betrieb besaß und sich in besagtem Jahr vergrößern wollte. Eine „Tinkturei" sollte entlang der Schönhauser Allee errichtet werden. Recht schnell aber merkte Prell, dass er sich mit dem Areal von ca. 25.000 qm, was etwa der Fläche von fünfzig bis sechzig Kleingartenparzellen entspricht, übernommen hatte. So verkaufte Prell sein Gelände 1853 an den Jobst Schultheiß, der hier die nach ihm benannte Brauerei errichtete. Wann welches Gebäude gebaut wurde, lässt sich aus meinen Quellen nicht mehr nachvollziehen. Auch nicht, ob die farblich unterschiedlichen Gebäude wegen der rein optischen Trennung von Produktion und Abfüllung geschah. Um mal die Frage eines Kindes zu beantworten: in gelben Ziegeln ist im Lehm mehr Kalk. Wenn darin mehr Eisen enthalten ist, werden die Ziegel rot. Wie es das Kind bei dieser Tour sagte: „Die Ziegel rosten dann."

Unterschiedliche Quellen sagen mir für die weitere Geschichte jetzt unterschiedliche Daten. Manche Daten tauchen dabei häufiger auf. So besagen meine Quellen folgendes:

Im Jahr 1899 kaufte Schultheiß die Tivolibrauerei in Kreuzberg und so wurde Schultheiß zur größten Lagerbierbrauerei Deutschlands. „Lagerbier" ist Pils. 1920 wurde der Groterjan-Brauereistandort in der Milastraße übernommen. Damit wurde Schultheiß zur Welt größten Lagerbierbrauerei. Während des Zweiten Weltkriegs wurde weiter gebraut, wobei auch Zwangsarbeiter eingesetzt wurden. Bier war ein „kriegswichtiges Produkt". In den Lagerkellern wurden Funkgeräte für die Wehrmacht hergestellt.

Sowohl vom Kleindarsteller Dieter Dost, der vor einigen Jahren mal für uns geschrieben hat, als auch von meinem Vater, die leider beide viel zu früh gestorben sind, konnte ich erfahren, dass dort, wo heute neben dem Kino dieser Möbelladen[13] ist, damals ein Waffenlager der Wehrmacht

---

13 .... im Jahr 2024 ist es ein Tanzstudio

war, das noch nach der Kapitulation Berlins am 2.Mai 1945 durch Wehrmachtssoldaten geplündert wurde. Die Soldaten unternahmen einen Ausbruchsversuch durch die Keller der Pappelallee, um von Nordosten aus den Widerstand gegen die sowjetische Besatzung fort zu führen.

Auf Befehl der sowjetischen Militäradministration wurde der Brauereibetrieb am 30.Oktober 1945 wieder aufgenommen. Der Betriebsteil Schultheiß an diesem Standort wurde 1967 stillgelegt, weil man zu jenem Zeitpunkt die Kindl Brauerei am Weißenseer Weg zur modernsten Brauerei Ostberlins ausgebaut hatte. Die tolle, riesige, offene Computerwand, kann man dort noch heute erahnen. Es kam dann sogenanntes „Kleingewerbe" auf das Gelände an der Schönhauser Allee. Das Areal wurde 1972 unter Denkmalschutz gestellt, aber nichts saniert. Im Jahr 1990 kam die Übernahme durch die Treuhandanstalt, die das Gelände 1994 an eine Entwicklungsgesellschaft übergab und erst diese sanierte in den dann folgenden Jahren.

Empfehlenswert ist heutzutage der Lucia-Weihnachtsmarkt. Er ist Nachmittags in der Woche sehr familiär. Weit weniger kann ich die Silvesterparty empfehlen, denn da ist es dann mehr als „kuschelig" auf dem Gelände und die Generation Ü40 findet den ständig noch lebenden Holzmichel im Schlagerzelt sicher gleichfalls recht anstrengend.

Der Sodaclub ist bekannt durch den Türstehermord vor gut zwei Jahren, als ein solcher durch ein Mitglied eines „Motorradclubs" erschossen wurde. Der Fall ging durch die Presse. Hin und wieder tagt auch die GEMA im Soda. Der Musikrechteeintreiber hat offensichtlich und sicher nicht ganz grundlos, Angst vor denen, die Musik benutzen, wie Kleinkunstbühnen, Kindergärten usw. usf.

Dort, wo jetzt das Möbelhaus neben dem Kino ist, s.o., befand sich ab 1967/68 eine Filiale des staatlichen Möbelhandels der DDR. Das Abhollager befand sich in der „Bahnladehalle". Auch unser Vater kaufte hier in den 70ern die Standartanbauwand „Carat". Was es mit der „Bahnladehalle" auf sich hat, habe ich bislang nicht eindeutig klären können. Einige Quellen besagen, dass von hier aus Pferdefuhrwerke, später Lkws, sowohl Rohstoffe als auch in Flaschen und Fässer abgefülltes Bier zum Güterbahnhof Greifswalder Straße transportierten. Andere Quellen sprechen davon, dass Güterstraßenbahnen diese Aufgabe übernahmen und die Waren von und zur Tegel-Friedrichsfelder-Industriebahn oder zum Güterbahnhof auf dem Gelände der AEG in der Brunnenstraße transportierten. Unwahrscheinlich scheint dies nicht, wurden doch zum Beispiel Särge und Leichen für die Friedhöfe in der Hohenschönhauser Konrad-Wolf-Straße bis 1976 durch Straßenbahnen transportiert.

Der Franzz-Club, mal benannt nach Erich Franz, wurde 1970 als „Jugendclub der FDJ" gegründet, später privatisiert und musste 1997 Insolvenz anmelden. An gleicher Stelle eröffnete 2004 das Restaurant Franzz mit angeschlossenem Club. Es war in den ersten zwanzig Jahren des Clubs eine große Ehre als staatlich geprüfter „Schallplattenunterhalter" hier „auflegen" zu dürfen. Ich durfte ab 1982. Mir machte aber, ausführlicher erzähle ich Ihnen das gern bei meinen Führungen, die Vorschrift max. 40 % Westmusik, aber mindestens 60 % Musik aus der DDR und dem Ostblock spielen zu müssen, arg zu schaffen. Ständige diesbezügliche Kontrollen durch die AWA, dem Pedant zur GEMA, ließen bald den Papierkram, vor allem die Musik-Listen, zu einem solch großen Zeitfaktor werden, dass ich 1984 bereits wieder aufgab.

Das Geläut an der Uhr am Haupthaus der ehemaligen Brauerei ist noch in Betrieb, allerdings konnte mir noch niemand verraten, welche Melodie es ist, die gespielt wird. Es soll wohl „üb immer Treu und Redlichkeit" sein. Ob dafür GEMA gezahlt werden muss, ist mir auch nicht bekannt.

*

Das „Volksbrauhaus" - am 18.1.2016 – überarbeiteter und stark gekürzter Text der Ausgabe vom Juni 2003

Von dieser Brauerei sind heutzutage weder Gebäude noch Bilder in Archiven zu finden. Das „Volksbrauhaus" wurde 1897 auf dem Gelände Pappelallee 87 bis hinüber zur Schönhauser Allee 48 – in unmittelbarer Nachbarschaft des U-Bf. Eberswalder Straße – gegründet. Mit der Aufstellung einer Dampfpfanne in einem bereits bestehenden Fabrikgebäude aus dem Jahr 1890, einer kleinen Braustätte von Hischberg, kam der Betrieb in Gang. Es wurden nur Weiß-, Malz- und Werderschbiere hergestellt. Werderschbiere wurden ab 1617 in Werder (genau der Ort, den man sonst vom Baumblütenfest her kennt) gebraut. Es war bernsteinfarben, süffig, malzbetont und mit 4,8 Prozent Alkohol. Theodor Fontane in seinen „Wanderungen durch die Mark Brandenburg" über das Werdersche:

»_und ehe dich,
o Bayrische, wir hatten,
Erschien ankündigend
In braunem Schaum
Die Werdersche.
Ihr Leben war ein Traum.«

Infos zum Werderschbier von der Brauereimanufaktur Potsdam. „Werdersches" wurde fast ausschließlich für den Hausgebrauch produziert, weil es nicht lange haltbar war.
Auf Grund des Brauverfahrens waren für das „Volksbrauhaus" außer der Dampfpfanne keine weiteren Brauanlagen erforderlich. Bereits wenige Jahre Später, 1904, wurde die Brauerei von Adolph Kaje übernommen. Die einzige Eintragung zu Adolph Kaje finde ich im „Amtsblatt zu Danzig" in dem aufgeführt ist, dass der „unbekannt wohnende Zimmergeselle Adolph Kaje" am

4.Mai 1843 zum „Königlichen Land- und Stadtgericht Elbing" vorgeladen wurde. Die Stilllegung des Brauereibetriebes erfolgte bereits fünf Jahre später, 1909. Ab 1914 wurden neue Gewerberäume für Kleingewerbetreibende im Gebäude eingerichtet. Das Gelände wurde 1998 / 1999 neu bebaut. Es entstand ein Wohngebäude mit zwei Gewerbeeinheiten für die WIP an der Pappelallee und ein privates Wohn- und Geschäftshaus an der Schönhauser Allee.

*

Ehemalige **Brauereien** am Prenzlauer Berg - Teil 11 von 12 **Brauerei Pfeffer** - am 16.3.2016 - Textüberarbeitung des eigenen Artikels aus der 133.Ausgabe – Mai 2003

Kennen Sie noch den „Berliner Maibock"? Als der Weg zum Werderschen Baumblütenfest noch lang war, gab es dieses Berliner Starkbier. Vaddern freute sich im Mai auf Himmelfahrt mit Kremser, Krückstock und Mai-Bock und Muddern war nach Pfingsten froh, wenn ihr „Göttergatte" körperlich halbwegs unversehrt Himmelfahrt und Pfingsten und Mai-Bock überstanden hatte.

Dass der Pfefferberg als Gelände von dem bayrischen Braumeister Joseph Pfeffer einst gegründet wurde, dürfte bekannt sein. Dass dieser einen Verwandten (Sohn oder Enkel) Namens Wolfgang Pfeffer hatte, ist wohl nicht mehr im kollektiven Gedächtnis. Dieser braute noch um 1900 im Bayerischen Wald weiter. Wolfgang Pfeffer braute ein hervorragendes obergäriges „Dampfbier". Er verwendete kein Weizen-, sondern Gerstenmalz mit einer leicht bräunlichen Farbe. Mit Hopfen wurde gespart. Die Gärung mit obergäriger Hefe verlief sehr rasch, oft fast schon spontan, in hölzernen, offenen Bottichen bei 18°C – 20°C. Dadurch kam es zu einer recht heftigen Kohlensäureentwicklung, die an der „Decke" (Schaum über der Flüssigkeit) große Gasblasen entstehen ließ. Diese zerplatzten von Zeit zu Zeit, so dass der Eindruck entstand, dass „das Bier dampft".

Bereits 1842 wurde auf dem Hügel hinter dem Schönhauser Tor durch Joseph Pfeffer die älteste Brauerei auf den Barnimausläufern gegründet. Zunächst nur als handwerklicher Betrieb. Der kreuzförmige Umriss des Betriebes entstand noch vor dem Hobrechtschen Bebauungsplan von 1862 und wurde dann in ein Straßenkarree zwischen Christburgerstraße 18/19 und Schönhauser Allee 176 eingebunden. Innerhalb von zehn Jahren nach 1851 wechselten die Eigentümer mehrfach und erst 1861 wurde das Gelände durch die Brauerei Schneider & Hillig übernommen. Der Name Pfefferberg blieb. Ab 1887 wurde die Brauerei in eine Aktiengesellschaft umgewandelt. In den kommenden zwanzig Jahren wurde der vormals handwerkliche Betrieb kontinuierlich bis auf den heutigen Stand vergrößert und zeitgemäßer ausgestattet. So konnte ab 1907 auch Flaschenbier abgefüllt werden. Zwischen 1880 und 1914 war auch das Gelände des Prater, Kastanienallee 6 – 7 dazu gekauft worden. Der Prater war bereits davor der erste Berliner Bierausschank außerhalb der Berliner Stadtmauern. Nach dem Kauf des Geländes durch die Brauerei Schneider & Hillig vom Pfefferberg wurde der Prater zu einer der größten und beliebtesten Vergnügungsstätten Berlins. Nach dem Zusammenschluss der Brauerei vom Pfefferberg mit der Schultheißbrauerei 1915 und mit Patzenhofer 1920, musste 1922 die Produktion auf dem Pfefferberg schließlich eingestellt werden.[14]

Um- und Ausbauten mit Übergang an die „Gesellschaft Hoffmann's Schokoladen" folgten. Drei Aktiengesellschaften siedelten sich auf dem Gelände an, die „Einkaufsgenossenschaft Bäcker & Konditoren von Groß-

---

14 ... die meisten anderen Quellen die ich habe besagen hingegen, dass die Pfefferbrauerei 1922 von Kindl gekauft und stillgelegt wurde

Berlin GmbH", die „Germania-Brot-Bäckerei Pfefferberg GmbH" und die „Pfefferberg Grundstücke KG".

Den Zweiten Weltkrieg überstand des Gelände halbwegs unversehrt. Nachdem es erst 1949 auf Befehl der sowjetischen Militäradministration enteignet war, ging es 1950 in Volkseigentum in Rechtsträgerschaft der „Zentrag" über. Im Jahr 1973 wurde der Pfefferberg dann der Kommunalen Wohnungsverwaltung KWV übereignet. Kleinere Firmen und Ämter, darunter das bezirkliche Hochbauamt (bis 1994) und auch die Druckerei „Neues Deutschland" wurden von da an hier untergebracht.

Bereits 1987 entstand an der Bauakademie der DDR ein Konzept für ein Jugendzentrum mit einer teilweisen gewerblichen Nutzung.

Die Gesamtanlage der Brauerei Pfeffer mit ihren einundzwanzig erhaltenen Gebäuden steht seit 1990 unter Denkmalschutz. Der Restaurtionsgarten ist seit 1997 als Gartendenkmal eingetragen. Eine erneute Ausarbeitungen eines Gesamtkonzeptes für das ehemalige Brauereigelände folgte 1990 aus Anwohnern, Künstlern und Gewerbetreibenden und dem von diesen gegründeten „Verein Pfefferberg". Nach 1991 gab es teilweisen Leerstand. Ab 1992 gehörte das Areal je zur Hälfte dem Land Berlin und dem Bund.

Die folgende Sanierung zog sich, wegen der nicht klaren Eigentumsverhältnisse. Erst 1999 wurde ein Kaufvertrag zwischen der Oberfinanzdirektion und der „Pfefferberg gGmbH" unterzeichnet und erst 2001 mit der Sanierung, deren Kosten auf ca. 51 Mio. DM kalkuliert wurden, ab 2003 begonnen. Im Mai 2008 eröffneten u. a. ein Restaurant und ein Hostel auf dem Gelände, im November 2009 ein weiteres Restaurant.

Im Juni/Juli 2012 hatte das von der Stiftung Guggenheim mit dem Autohersteller BMW entwickelte Guggenheim-Lab, ein „Forschungslabor", in dem in verschiedenen Großstädten weltweit Fragen des modernen städtischen

Lebens diskutiert werden sollten, nach dessen Ablehnung in Berlin-Kreuzberg seinen Berliner Standort auf dem Pfefferberg. In der ehemaligen Schankhalle am Biergarten eröffnete im Herbst 2013 das Pfefferberg Theater, zudem wird hier nun Pfefferbräu, ein in Handarbeit hergestelltes Bier angeboten. Das Erdgeschoss der Häuser 8 und 8a beherbergt die Ausstellungsräume des Architekturforums Aedes, das wechselnde Ausstellungen zur internationalen Baukultur und Architektur bietet. Dem angeschlossen sind Seminar- und Veranstaltungsräume in Haus 10/11.

*

Brauereien am Prenzlauer Berg – Teil 12 von 12
letzter Teil - **„Schweizer Garten"** - am 17.5.2016
Überarbeitung meines Textes aus Ausgabe vom April 2003[15]

Auf dem Gelände Am Friedrichshain 29 – 32, direkt hinter der Greifswalder Straße 23, wurde bereits vor 1867, wann genau, lässt sich den mir vorliegenden Unterlagen leider nicht entnehmen, eine Trinkhalle und eine Kegelbahn im Lokal „Schweizer Garten" auf einem lang gestreckten ehemaligen Ackergrundstück, direkt gegenüber zum damals schon existierenden Volkspark Friedrichshain (angelegt 1846 – 1848) eingerichtet.
Nach 1867 kam eine Restaurationsküche hinzu, so dass warme Speisen wie z.B. Eintöpfe, aber auch Kaffee angeboten werden konnten. Nach und nach entwickelte sich dieser Kaffee- und Biergarten zum Vergnügungspark mit eigenem Orchester, einem Konzertgarten, offenen Hallen und dem Anbau eines Tanz- und Konzertsaals. Im Jahr 1887 übernahm das ganze Areal die Familie Schneider, die in den folgenden fünf Jahren den Bauten im „Schweizer Garten" ein Sommertheater in Holzkonstruktion hinzu fügte.

---

15 ... die Originaltexte zu dieser Serie lagen mir nur noch in
der gedruckten Zeitung von damals selbst vor und nicht
mehr als Datei

Die Brauerei Schneider wurde 1892 errichtet. Gebraut wurde ausschließlich obergäriges Bier, bei dem nach dem Brauvorgang die restlichen festen Bestandteil oben auf der Flüssigkeit schwammen. Vergleichbar dem Brauprozess bei heutigen Sorten wie Kölsch, Alt- oder den bajuwarischen Weizenbieren. Weil die Brauerei Schneider fast ausschließlich für den Eigenbedarf braute, hatte der Schweizer Garten sein, neumodisch ausgedrückt, eigenes „Craft-Beer".

Nur zweiundzwanzig Jahre später, im Frühjahr 1914, wurde der Brauereibetrieb bereits wieder eingestellt.

Da sich der Schweizer Garten indes weiterhin großer Beliebtheit erfreute, übernahm 1921 der Pächter Willibald Paeschke dieses Etablissement und erbaute auf dem Gelände ein weiteres Restaurationsgebäude mit 730 Plätzen und einer sechzig Quadratmeter großen Bühne. In den Jahren 1924/25 wurden die bereits vorhandenen Gebäude nochmals erweitert und Filmvorführanlagen eingebaut. Einen echten, eigenständigen Kinosaal gab es jedoch nicht, so dass man davon ausgehen kann, dass hier eher, in Form von Jahrmarktsvorführungen, Klamaukfilme gezeigt wurden. In dem erweiterten eigenen Saalbau, nicht identisch mit dem legendären „Saalbau Am Friedrichshain", fanden diese Vorführungen, aber auch Boxkämpfe statt. Ab 1938 nutzte die NSDAP das Areal für Propagandaveranstaltungen.

Im Zweiten Weltkrieg wurde das gesamte Gelände, bis auf das ehemalige Brauereigebäude, zerstört. Ironie des Schicksals: dies ist die letzte mir bekannte erhaltene Weltkriegsruine hier am Prenzlauer Berg. Allerdings ist es nur von außen noch Ruine, innen ist alles saniert und es gibt Zentralheizung. Ein weit über die Grenzen Berlins bekanntes Tonstudio nutzt heute das Gebäude.

Nach 1945 wurden Teile der Brauereiruine durch eine Autowerkstatt, eine Kohlenhandlung für Lagerzwecke und als Heizzentrale genutzt. Auf dem Grundstück des früheren Schweizer Gartens wurden in den 70er und 80er Jahren ein

Kindergarten und mehrere Bürogebäude in Leichtbauweise errichtet. Ab 1997 kam es zu einer sanierungsrechtlichen Zwischennutzung für fünf Jahre. Ein Investor übernahm im Jahr 2000 das Gelände und wollte dort eine Sporthalle errichten. Zur damaligen Zeit war auch im Gespräch, die Ruine als Jugendclub und für die bestehende Kita zu nutzen. Auch sollte das auf dem Areal bestehende Kastanienwäldchen erhalten bleiben. So der Stand bei der Erstveröffentlichung dieses Artikels vor gut dreizehn Jahren. Seitdem ist alles anders gekommen. Im Jahr 2005 sprach man noch von „Am Schweizer Garten", heute heißt es „Wohnanlage Prenzlauer Gärten" und hat als Straßenbezeichnung „Am Schweizer Garten 1 – 75". Das Areal ist 1,5 ha groß. Bebaut wurde das Gelände zwischen 2005 und 2008. Der Tagesspiegel wusste am 17.8.2008 zu berichten: „ ... Rund 60 Reihenhäuser und 40 Etagenwohnungen schmiegen sich um die rostrot asphaltierte Straße >Am Schweizer Garten<. Um das Dorf herum ist ein mannshoher Zaun gezogen, am Eingang gibt es ein Rolltor zum Abschließen und ein Pförtnerhäuschen. ..."

Dass dieses abgeschottet sein zu Ärger, aber auch zu Häme und Spott bei den Ureinwohnern des Prenzlauer Bergs führte, brauche ich sicherlich nicht extra heraus zu stellen. Jedenfalls gibt es dort seit der Eröffnung dieses Wohnquartiers keinen sichtbaren Pförtner und auch die eingerichteten Tore zum Areal sind zumindest Tagsüber, zur Nachtzeit weiß ich es nicht mit Sicherheit, geöffnet.

*

am 10.12.2006 - **Das Diplomatenviertel**

Hallo liebe Leser! Auch in diesem Jahr setzen wir unsere Reihe über Viertel und Gegenden im Prenzlauer Berg fort, die nicht allzu bekannt sind oder etwas an der Peripherie liegen. Behandeln wir in dieser Ausgabe die Gegend zwischen Wedding, Bornholmer Str. und Esplanade, das sogenannte „Diplomatenviertel". Auf Satellitenbildern sieht man, dass diese Gegend von Kleingärten dominiert wird. Beginnen wir am nordwestlichen Ende dieses Gebietes.

Will man vom Wedding, aus der Grüntaler Str. zur Esplanade, so gelangt man als Fußgänger und Radfahrer über den "Berliner Mauerweg" unter den Bahnstrecken nach Wollankstr. und Pankow hindurch. Hier scheint die Zeit stehen geblieben.

Man hat das Gefühl, der Mauerfall sei erst vor wenigen Wochen geschehen. Neben einem Feldweg zu einem ... ich vermute Umspannwerk der Bahn, lagern dort noch alte Mauerteile. Herrlich abgelegen diese Ecke. Wer vielleicht seine böse Schwiegermutter um die selbige bringen möchte, dies wäre ein guter Platz.

Zwischen Esplanade und Bornholmer Str. dann die Kleingartenanlage „Bornholm 1", aus dessen Vereinshaus wir als BeTonWerker[16], bei unserm, von den Leuten dort ursprünglich erwünschten Auftritt im September 2006, hinaus flogen. Naja ... „Gartenzwerge" halt! Nixe Kultur! ... Zwischen Esplanade und Ipsenstr. dort anschließend die KGA „Bornholm II".

Ich hoffe, dass es sich jetzt nicht wieder zu „ostig" liest, wenn ich hier in meinen Erinnerungen krame. Zu DDR-Zeiten „leisteten die KGA's einen entscheidenden Beitrag zur Versorgung der Bevölkerung mit frischem Obst und Gemüse", so ICKE in meiner Facharbeiterabschlussarbeit 1980. Dies sah dann im Einzelnen so aus, dass jeder einzelne Parzellenpächter eine gewisse Menge an selbst gezogenem Obst/Gemüse in den Aufkaufstellen abzuliefern hatte. Auch musste in den einzelnen Gärten eine gewisse prozentuale Fläche mit Beeten und Obstbäumen bestellt werden. Kein Platz für Rasen. Diese Aufkaufstellen für das Grünzeug befanden sich in den einzelnen Vereinssparten, aber auch jeder Gemüse-Händler, sei es die

---

16 Kleinkunstgruppe, zu der ich einst gehörte

Gemüseabteilung einer HO-Kaufhalle oder auch der halbstaatliche Kommissionshändler musste von jedem Kleingärtner, der ihn aufsuchte, aufkaufen. Da viele Preise staatlich gestützt wurden, trieb dies oft Blüten. So wurde beispielsweise das Kilogramm Walnüsse für 9,00 Mark aufgekauft und für nur 6,00 Mark vorn wieder verkauft. Doch trotz aller staatlichen Preisregulierung war der Gemüse-Aufkaufbereich jedoch der einzige, bei dem man mit einem gewissen Gewinn arbeiten konnte, wenn man sich als Einzelhändler nicht ganz dämlich anstellte. So kaufte man zum Beispiel Fall-Äpfel als minderen Standard „B II" auf, mischte sie dann zum Teil mit Tafeläpfeln der Güteklasse „A I" und verkaufte sie dann alle als Klasse „A II", wobei man dann diesen speziellen Gewinn erzielte. Aber dies nur nebenbei.

Nun gut. Zwischen Björnsonstr. mit der Straßenbahn-End-Schlaufe, Ibsenstr. und Bornholmer Str. ist die „normale", typische Bebauung des Prenzlauer Bergs zu finden: Altbauten. Etwas besonderes ist die Stavanger Str., die, von der Bornholmer Str. kommend, erst die Ibsenstr. kreuzt, dann im rechten Winkel abknickt, die vorher parallel verlaufende Gotlandstr. streift und sich dann in weitem Bogen zur Esplanade schlauft. Eine äußerst ungewöhnliche Straßenführung! Und genau entlang der Stavanger Str. befinden sich die Botschaften von Bosnien-Herzegovina, Kapverdische Inseln, Cuba und Eritrea. Man erkennt sie schon von weitem an den Fahnenmasten vor den Gebäuden. Hübsche, kleine Neubauten, niedrige Zäune, niedliche Gärtchen drum herum und nicht einsehbare hintere Gebäudeteile.

Einzig die Botschaft von Cuba scheint nochmals extra gesichert. Das macht sicherlich auch ein Stück des Lebensgefühls am Prenzlauer Berg aus, dass man neben „Gartenzwergen" auch eine florierende Kultur in den Kneipen hat und daneben, gleichberechtigt, die hohe Diplomatie steht. Und so lassen Sie mich, liebe Leser, an dieser Stelle einmal ausdrücklich die Völker grüßen, die im Prenzlauer Berg ihre diplomatische Vertretung in Deutschland eingerichtet haben, verbunden mit den besten Genesungswünschen an den „Commandante" Cuba's, Fidel Castro!

*

am 4.4.2005 - **Der Friedrichshain**

Der "Wahrig" bezeichnet als "Hain" einen "kleiner, lichter Wald" (in Lexika von 1954, 72, 88 und 98 ist kein "Hain" zu finden). Als ich in der 10.Klasse, nach Abschluss der Prüfungen im Juni 1978, eine 1.Klasse bei ihrem Wandertag als Aufsichtsperson begleitete, fragte mich eine Erstklässlerin, nachdem wir nirgends einen Papierkorb gefunden hatten, ob sie ihre Bananenschale "... hier ordentlich an den Rand ..." eines Weges legen dürfe.
Der Friedrichshain, Familienbuddelkiste und Sportparadies in einem. Nicht nur an lauen Sommerabenden findet man hier ganze Heerscharen von Joggern, verliebten Pärchen, Krabbelkindern, Grillexperten, freundlichen Rentnern, Radfahrern, Skatern, Hunden, ...
Doch der Hain, an der Grenze zu Prenzlauer Berg gelegen, sah nicht immer so aus, wie heute! Ursprünglich war er ein flaches, ebenes Gelände wie der Tiergarten. Vorbild für den Friedrichshain war der "Central Park" in New York. Er sollte für frische Luft in den, von Mietskasernen umbauten und total übervölkerten Stadtteilen bieten und natürlich auch Erholung für die Anwohner.
Der Hain hat viel mitgemacht. Im II.Weltkrieg wurden in ihm mehrere Flakstellungen und große Bunker errichtet, ähnlich wie im Humboldthain, wo man zum Bf. Gesundbrunnen hin noch Bunkerreste findet.
Diese ließen sich jedoch nach Kriegsende nicht abtragen. Also wurden die Bunker zugeschüttet ... mit dem Schutt der Hauptstadt eines zum Glück sehr kurzen tausend-jährigen

Reiches. So entstanden die Hügel des Parks. Schutthaufen! Darum auch der Beiname "Mont Klamott"! Man munkelt, Teile des alten Stadtschlosses seien hier mit vergraben!

In der Gegend unterhalb der Friedenstrasse sind die Außenaufnahmen zum DDR-Movie "Die Legende von Paul und Paula" entstanden.

Problematisch bis heute ist die Nicht-Bebauung des Karrees Kniprodestr., Danziger Str. Die Tankstelle ist der einzige jahrelang Nutzer. Ursprünglich sollte auf diesem Gelände der Berliner Fernsehturm gebaut werden. Später dann war die Rede davon, hier den Pionierpalast zu errichten, der dann in die Wuhlheide kam (das heutige FEZ). Dann war schließlich 1988 die Rede von einem FDJ-Palast! Ich hab keine Ahnung, was heute dort geplant ist! Das Gelände gehört dem Prenzlauer Berg!

An etwas sehr Positives entsinne mich in Bezug auf den Volkspark Friedrichshain immer wieder gern zurück: an die Volksfeste! Jedes Jahr zu Pfingsten veranstaltete hier das „Zentralorgan" "Neues Deutschland" sein Pressefest! Im gesamten Park spielten Bands, es gab Luftballons, heiße Würstchen und Bier aus Pappbechern, und es war immer eine tolle Stimmung! Im Jahr 1983 dröhnte schon von weitem der Song "Mont Klamott" von der Gruppe Silly mit ihrer unnachahmlichen Sängerin Tamara Danz durch die angrenzenden Straßen der Stadt. Der Text des Liedes (geschrieben von Werner Karma) bringt die Stimmung von damals noch heute rüber.

*

Gleim-Kiez – Dezember 2012 – am 6./9./13.11.2012

An einem trüben Herbsttag, „schön" grau, mit nicht enden wollendem Hochnebel, kann man sich auch am Falkplatz nicht erfreuen. Man merkt bei solcher Stimmung noch deutlicher, dass viele ambitionierte Projekte unter akutem Geldmangel leiden. Der Wildwasseranlage an der Ecke

Gleimstr. / Schwedter, mit Sonnenkollektoren als Energielieferanten für den Strom der Wasserpumpen, ist der Verfall am deutlichsten anzusehen. Hier plätschert schon lange nichts mehr.

Der Falkplatz heißt im Volksmund „Exer", weil es sich bei ihm um einen ehemaligen Exerzierplatz der preußischen, später der deutschen kaiserlichen Armee handelte.
In historischen Filmaufnahmen der Wochenschau, an dieser Stelle gedreht, absolvierten nach Beginn des I.Weltkrieges am 1.August 1914 Freiwillige ihre ersten Schritte in der soldatischen Grundausbildung. Zu diesem Zeitpunkt wurde der Platz offiziell seit langem nicht mehr zum Exerzieren genutzt, aber auf Grund der Kriegsbegeisterung in der Bevölkerung und der vielen Freiwilligen wurde dann doch nochmals an der Ecke Gleimstraße / Am Falkplatz trainiert. In den historischen Filmaufnahmen sieht man die Schule an der Ystadter Str. (Architekt Ludwig Hoffmann) noch nicht ganz hochgezogen – sie wurde von 1913 – 1916 gebaut.

Bereits 1892 wurde auf dem Falkplatz der Fußballverein „Hertha BSC", damals noch als „BFC Hertha 1892" gegründet und der Sportplatz ab 1904 zur ersten Spielstätte. (Wer zum Teufel war eigentlich mal „Hertha BSC"?[17])

Unmittelbar nach dem II.Weltkrieg wurde der Platz zum Acker für Gemüse umgepflügt und im Hunger-Winter 1945/46 weitgehend abgeholzt.
In der DDR erweiterte man die bestehenden Sportanlagen, die sich bis zur Eberswalder Str. hin ziehen, und baute 1951 das „Friedrich-Ludwig-Jahn-Stadion". Es wurde bis 1990 für Länderspiele genutzt. So gewann beispielsweise die DDR-Auswahl am 13.März 1974 gegen Belgien mit 5 : 2.
2008/09 nutzte der „1.FC Union" während des Umbaus seines Stadions an der Wuhlheide, das Areal an der

_____
17 Satire

Cantianstraße Seit dem ist es Heimstätte anderer Vereine.

Die Max-Schmeling-Halle wurde dagegen erst am 14.Dezember 1996 in Anwesenheit des Namen gebenden Ausnahmesportlers eröffnet. Sie war Teil der Berliner Bewerbung für die Olympiade im Jahr 2000.

Die erste große Veranstaltung in der Halle war ein Boxkampf von Henry Maske, der im Fernsehen, aber auch im Rundfunk übertragen wurde. Radio-Kommentator auf dem kommerziellen Sender „r.s.2" dafür war der ehemalige Chef-Sport-Reporter der DDR, Heinz-Florian Oertel. Der Kampf war mäßig, der Hörfunk-Kommentar aber ein echter Genuss!

Liegewiesen und eine Plansche wurden nach dem Mauerbau am 13.August 61 direkt und unmittelbar an der Hinterlandmauer an der Gleimstraße / Am Falkplatz eingerichtet. Man sieht an Hand der Größe der Bäume in der Gleimstraße, bis wohin der Grenzstreifen mit der Hinterlandmauer einst ging. Die Wohnhäuser in der Schwedter Str. lagen bereits im Grenzbereich und konnten nur über die Hinterhöfe begangen werden. Man gelangte über die Korsörer Str. dort hin – die Baulücken für diese Zugänge sind noch vorhanden.[18]

Joseph Weißenberg war ursprünglich Maurer, der recht bald Stein und Kelle beiseite legte und allein durch Handauflegen die Menschen heilte. Geboren wurde er am 24.August 1855 in Fehebeutel im Landkreis Schweidnitz in Schlesien. Nach Militärdienst und Jahren der Wanderschaft ließ er sich 1882 als Schankwirt im heutigen Ortsteil Prenzlauer Berg nieder. Schon seit 1870 heilte er nebenbei., im Jahr 1903 folgte er dann seiner inneren Berufung, Menschen zu helfen und behandelte hauptberuflich ca. fünfzig Patienten pro Tag in seiner Praxis in der Gleimstraße 42 (das ist heute gegenüber vom Edeka[19]). Am 26.März

---

18 ... im Jahr 2024 sind sie das schon lange nicht mehr
19 ... der leider auch nicht mehr existiert

1926 verließ er die evangelische Kirche und nannte am 15.April 1926 seinen bisherigen Verein in „Johannische Kirche" um.

Diese wurde am 17.Januar 1935 als staatsfeindlich verboten. Seine Siedlung „Friedensstadt" in den Glauer Bergen bei Trebbin südlich Berlins gelegen und ab 1920 erbaut, wurde auf Geheiß der Gestapo in die Zwangsliquidation getrieben und 1941 ans Deutsche Reich verkauft. Von 1942 bis Januar 1945 befand sich in der Siedlung eine Außenstelle des KZ Sachsenhausen. Nach Ende des II.Weltkrieges erwirkte Weißenbergs Tochter Frieda Müller 1946 die Aufhebung des Kirchenverbots. Die Siedlung war von 1945 bis 1994 durch die sowjetische Armee besetzt und wurde der Johannischen Kirche am 14.Juni 1994 wieder rückübertragen.

Joseph Weißensbergs verstarb am 6.März 1941 in Bernigk bei Breslau im Beisein seiner Tochter.

An der Ecke Sonnenburger Str. / Kopenhagener Str., geraten bei meinen Führungen viele „aus dem Häuschen". An dieser Stelle steht das ehemalige Abspannwerk, das 1924 – 26 nach Entwürfen von Hans-Heinrich Müller in dunkelrotem Backstein erbaut wurde. Es war nur bis 1993 in Betrieb und wurde danach nicht mehr benötigt. In ursächlich-technischem Zusammenhang mit diesem Komplex gibt es ein kleines Gebäude im gleichen Baustil aus den gleichen Materialien errichtet, das auf der anderen Seite der Ringbahn auf dem Arnimplatz steht.

Nach vielen Zwischennutzungen wurde das Abspannwerk 2007 durch Vattenfall verkauft. Heute befinden sich in dem Gebäudekomplex ausschließlich Büros und die Verwaltung des Internetversandhändlers „Zalando", der 2008 in Berlin gegründet wurde.[20]

*

---

20 Zalando war der Grund für das "aus dem Häuschen sein" einiger Teilnehmer meiner Führungen – Zalando ist, Stand 2024, nicht mehr an diesem Standort zu finden – war eh nur die Verwaltung

Helmholtzkiez – Januar 2013
am 12.11.7., 10., 17.12.2012
„Leute, die ihr Geld im Handumdrehen verdienen …."
oder „Schlagerorgeln auf Hinterhöfen"

Mich hatte jemand angerufen und geklagt: „Du, am S-Bf.
Schönhauser Allee vertreiben sie die Mieter!"
Ich klemmte mich dahinter und erfuhr folgendes. Der
Berliner Senat fördert Neubauwohnungen nach ihrer
Errichtung noch zehn bis fünfzehn Jahre.
Danach werden auch die Sozialwohnungen auf dem freien
Markt angeboten. Der Senat bewegt sich gewissermaßen in
einem Hamsterrad und ist so gezwungen, ständig
Neubauten mit neuen Sozialwohnungen zu errichten. So
erzählte man mir.
Im konkreten Fall der Greifenhagener 48, 48a und 48b
würden durch den Wegfall der Senatsförderung die Mieten
um durchschnittlich fünfzig bis sechzig Prozent steigen.
Kein Jobcenter bezahlt aber solche Summen! In der Folge
werden Altmieter massiv verdrängt. Deutschlandweit fehlen
mindestens eine viertel Million Sozialwohnungen, so der
deutsche Mieterbund.
Ich kann dieses Thema hier leider nur anreißen und möchte
deshalb auf meine Hörfunksendung „OKbeat" bei „alex" am
24.Januar um 13 Uhr verweisen, in der ich mich der
Betroffenen intensiver annehme.

Ein weiteres Problem stellen die „wilden Ferienwohnungen"
dar, wie mir bei Führungen durch den Gleimkiez immer
wieder berichtet wird. Kein Mensch im Pankower
Bezirksparlament weiß genau, wie viele es davon annähernd
gibt, denn kaum eine davon ist offiziell angemeldet, aber es
sind wohl sehr viele.
So viele, dass normale Lebensmittelhändler um ihre
Existenz bangen oder bereits aufgegeben haben.

Im Gegensatz zu bergigen Regionen, wo feste Gebäude aus dort geschlagenem Stein errichtet wurden, findet man im norddeutschen Flachland überwiegend Ziegelbauten. Steine, die man auf den Äckern fand, wurden meist zu Wallanlagen und Stadtmauern verbaut – siehe die Reste der Berliner Stadtmauer in der Littenstraße in Mitte oder die Stadtmauer von Bernau, nördlich Berlins.

Aus diesem Grunde findet man bei uns im Flachland viel, viel mehr Gebäude aus Backstein oder Ziegeln. Einfache Mauerziegel können bei nur 900°C gebrannt werden, müssen aber wegen der besseren Wetterfestigkeit anschließend verputzt werden. Tonziegel werden bei etwas höheren Temperaturen gebrannt und sind etwas beständiger, aber auch sie sollten verputzt werden. „Klinker" sind bei 1200°C gebrannt, nehmen deshalb weniger Wasser auf und sind wetter- und frostbeständiger, weshalb man sie für Außenfassaden nimmt.

Nun ist Lehm und Ton von der Farbe her meist gelb.Wie kommt es nun, dass es auch rote Ziegel gibt, wie wir ja an unserem Berliner Rathaus so schön erkennen können? Die Klasse 5c der Grundschule an der Marie gab mir bei meiner Führung mit ihnen Ende November die richtige Antwort: „Vielleicht rosten sie?"

Gar nicht mal so falsch. Durch Zugabe von Eisen(III)-Silikaten oxydieren, rosten, sie. So bekommt man den roten Farbton hin. Mehr Kalk macht die Ziegel dagegen gelber.

Zu Häusern gehören Fenster und gern auch Jalousien. Diese gab es einst bei Castorf, Pappelallee Ecke Stargarder Straße. Mein Großvater, der in der Pappelallee 62 wohnte, war schon vor dem Krieg Bauleiter und vergab bereits in jener Zeit den einen oder anderen Auftrag an Castorf. Der große, übersichtliche Eckladen schloss bereits vor zehn Jahren, weil die Gewerbemiete zu hoch war, und zog in einen schmalen „Behelfsverkauf" in die Pappelallee, gegenüber vom Kundenparkplatz um. Bei Castorf gab es alles, die passenden Jalousien mit entsprechenden Schrauben und Zubehör und dazu immer die beste Beratung. Was mal nicht passte, wurde passend gemacht. Das „Gentleman's Agreement" zwischen Castorf und seinem Vermieter, das vorsah, die Miete aus den Umsatz schwachen Wintermonaten im Sommer nach zu zahlen, galt plötzlich nicht mehr und so schloss Werner Castorf (geboren 1922) am 8.Mai diesen Jahres sein Geschäft und überlebte es gerade um ein halbes Jahr. Am 14.12.2012 stand sein Nachruf im Tagesspiegel.

Auch der Seniorentreff „Herbstlaube" in der Dunckerstraße mit seinem „Gründerzeitmuseum" im ersten Stock wird wohl bald schließen. Die Mietverträge laufen nur noch bis Mai.[21]

An einem Samstag stand plötzlich einer der letzten Leierkastenmänner am S-Bf. Schönhauser Allee vor mir. „Leute, die ihr Geld im Hand umdrehen verdienen.", wie mein Vater immer zu sagen pflegte.
Die Gegend um den S-Bahnhof war einstmals ein Zentrum der Drehorgelbauer.
Giovanni Battista Bacigalupo gründete am Prenzlauer Berg sein Familienimperium, das zwischen 1891 und 1975 „Leierkästen" produzierte und in die ganze Welt auslieferte.
Der Italiener hatte schon mit zehn Jahren seine Heimat verlassen und ließ sich 1873 in Berlin nieder, wo er zunächst Teilhaber der Firma „Frati & Co." in der Buchholzer Straße 1 wurde.
Ab 1891 gründeten er und seine Nachkommen mit wechselnden Teilhabern eine Nachfolgefirma nach der anderen, sie hießen „Cocchi, Bacigalupo & Graffigna", „G. Bacigalupo", „Bacigalupo & Co." oder „Bacigalupo & Söhne". In der einstigen Italienischen Kolonie zwischen Schönhauser Allee, Buchholzer Straße und Pappelallee

---

21 ... existiert Stand 2024 noch

produzierten sie die Drehorgeln. Bis 1975 existierte das Unternehmen noch an den Firmensitzen in der Schönhauser Allee 74a und 79, beidseitig des Ringbahnhofs Schönhauser Allee.

In den Zeiten, als die Mietskasernen vor Einwohnern barsten und Detektorradioempfänger, sofern es sie schon gab, selbst in der Beletage noch reiner Luxus waren, waren die Leierkastenmänner, häufig Kriegsinvaliden, die einzigen, die auf den weitgehend lichtlosen Hinterhöfen für ein paar Minuten Abwechslung sorgten. „Muttern der Mann mit den Koks ist da ...", „Im Grunewald ist Holzauktion" oder das „Bolle-Lied" waren die Hits und wurden durch in Zeitungspapier gewickelte Pfennige, Groschen und „Sechser", die dem Leierkastenmann aus den Fenstern hinunter geworfen wurden, vergolten.

*

Gleimkiez – Dezember 2010 - am 15.11.2010

Das ist ein netter Zufall, dass ich in unserer Zeitung im Dezember über den Gleimkiez schreiben darf, eingedenk der Tatsache, dass ich am 30.Oktober für „Nächste Ausfahrt Wedding e.V." hier eine Führung machen durfte, ich somit quasi voll im Thema stehe und diesen Text hier mitten im November verfasste. Aufgrund der für mich überraschend hohen Besucherzahl werde ich diese Tour im nächsten Jahr für den Verein wiederholen! War ein ausgesprochen tolles und aufmerksames Publikum, was wir da hatten! Vielen Dank!

Ich hatte diese Kiezführung am Kino Colosseum in der Schönhauser Allee, direkt an der Hochbahn angefangen und stolperte in den ersten Sätzen dabei, ich war fürchterlich aufgeregt, über den Unterschied zwischen den beiden unterschiedlichen Berliner U-Bahnnetzen. Hier nun die kurze Erläuterung:

Beide Netze sind normalspurig, einzig die Wagenkästen sind unterschiedlich breit. Die Linien 1 – 4 sind das sogenannte „Schmalprofilnetz", wegen der vom Wagenkasten her geringeren Abmessungen, 2,30 m breit, 3,10 m hoch[22]. Diese Linien wurden bis Ende des I. Weltkrieges gebaut. Der Vorteil dies Schmalprofilnetzes ist, dass man bei Kurven kleinere Gleisradien bauen kann. Das „Großprofilnetz", wegen der dann größeren Fahrgastkapazität in den breiteren Wagen, 2,65 m breit, 3,40 m hoch, entstand ab den 20er Jahren bis heute.[23] Beim Schmalprofilnetz wird der Fahrstrom (+) von der Stromschiene von oben herab abgegriffen und durch die Fahrschiene (-) zurück geleitet. Beim Großprofilnetz bezieht der Wagen dagegen den Fahrstrom aus den Gleisschienen (+) und führt ihn durch die von unten abgegriffene Stromschiene (-) wieder zurück. Das ist dasselbe System, wie bei der Berliner S-Bahn, weshalb man nach 1961 im RAW Schöneweide S-Bahnen der ersten Generation, gebaut 1920 – 23, relativ schnell in U-Bahnwagen für die Linie E (U 5) umbauen konnte. Hingegen baute man die Linie AI (U 2) nach 1961 so um, dass der Stromabnehmer die Stromschiene von unten abgriff, man beließ es aber bei der alten Polung. Unter anderem auch deshalb dauerte die Wiedervereinigung der U 2 in den 90er Jahren so lange. Bei der BVG gibt es übrigens nur eine handvoll Zugführer, die auf beiden U-Bahnnetzen geschult sind und auf ihnen fahren dürfen.

Gut, nun aber die Gleimstraße. Benannt ist sie nach dem Dichter Johann Wilhelm Ludwig Gleim. Sie beginnt am Kino Colosseum. Das Denkmalgechützte Gebäude war ursprünglich ein Betriebshof der Straßenbahn. In einen nur selten zugänglichen Hof gelangt man von der Gleimstraße aus. Dort kann man noch die Reste von Pferdeställen für diese Bahn entdecken. Später waren Busse untergebracht.

---

22 ... die neuen Baureihen sind 2,35 m breit
23 ... die Berliner S-Bahn ist 3,00 m breit

Das Kino eröffnete am 12.September 1924 seinen Betrieb. Es hatte 1000 Plätze für Besucher, und neben Filmvorführungen fanden auch Varietéveranstaltungen statt. Im II.Weltkrieg wurde es geschlossen und als Lazarett benutzt. Danach war es für eine Zeit lang die Spielstätte des Metropoltheaters, dessen Gebäude im Krieg zerstört worden war.. Bis Zur Errichtung des Kinos International (da müssen sie mal reingehen ... noch das komplett alte DDR-Flair!), war das Colosseum bis 1963 das DDR-Premierenkino.

Die Gleimstraße endet nach dem Gleimtunnel im Wedding an der Ecke Swinemünder Straße. Der Gleimtunnel selbst, er ist kein Tunnel im bergmännischen Sinne, sondern eigentlich nur eine Unterführung der Bahngleise des ehemaligen Nordbahnhofs! In einer Beilagekarte zum S-Bahnfahrplan aus dem Jahre 1932, den ich noch habe (das Fahrplanheft ist weg, nur die Karte existiert noch) ist der heutige Nordbahnhof als Stettiner Bahnhof verzeichnet. Erst nach dem Krieg gab es diese Namensänderungen und das Gelände, unter dem sich der Gleimstraßentunnel erstreckt, hieß fort an Güterbahnhof Eberswalder Straße. Der Personenverkehr wurde von diesem Bahnhof 1952 eingestellt, der Güterbetrieb 1982. Im Jahre 1988 wurde, mit Einverständnis der vier Berliner Besatzungsmächte, ohne die ging ja nichts, ein Gebietsaustausch von einigen Grundstücken zwischen Ost- und Westberlin ausgehandelt. Dabei bekam zum Beispiel Westberlin das Lenné-Dreieck am Potsdamer Platz und Ostberlin die Hälfte des Geländes des ehemaligen Güterbahnhofs Eberswalder Straße, womit der Grenzstreifen entlang der Schwedter Straße verbreitert werden konnte.
Die einstige Hinterlandmauer existiert übrigens noch immer am oberen Ende des Jahnsportstadions! Nur auf Grund dieser Lage im absoluten Grenzgebiet, die Gleisanlagen des Güterbahnhofs Eberswalder Straße gehörten damals zur Deutschen Reichsbahn, die in ganz Berlin die Betriebsrechte

besaß und allein von Ostberlin verwaltet wurde, konnte der Gleimtunnel sein ursprüngliches Gründerzeitambiente bewahren. Der Tunnel ist 130 m lang, 23 m breit und wird von 80 Hartungschen Säulen getragen.

Bis zum Bau der Berliner Mauer am 13.August 1961 stand, nach Berichten meiner einzigen wirklichen Tante, am damaligen Grenzübergang Gleimstraße, also an der Innerberliner Zonengrenze, auf DDR-Seite wohl immer ein recht bärbeißiger VoPo[24], der immer sehr penibel die Passanten beim „kleinen Grenzverkehr" kontrollierte und auch meine Oma Hedwig, die bereits 1962 verstarb und an die ich mich nicht mehr bewusst erinnern kann, wurde von diesem VoPo nach ihren kleinen Einkäufen, meist erwarb sie im Wedding Kleinigkeiten, die es in Ostberlin nur schwer gab, wie zum Beispiel Mayonnaise oder Nähgarn, leider immer wieder gefilzt.

Der Tunnel, heutzutage halb im Prenzlauer Berg, über ihm der Mauerpark, halb im Wedding mit einem Gewerbegebiet, steht unter Denkmalschutz.

Gerade Initiativen aus dem Prenzlauer Berg wehren sich derzeit gegen eine geplante Wohnbebauung auf Weddinger Seite und verlangen, dass das gesamte ehemalige Bahngelände zum Park umgestaltet wird.[25]

Erwähnen möchte ich in der Gleimstraße selbst noch das Haus mit der Nr. 42, in dem einst der Wunderheiler Joseph Weißenberg (24.August 1855 – 6.März 1941) seine Praxis- und Wohnräume hatte. Er heilte allein durch Hand auflegen (Geistheiler) und meldete sein Gewerbe als „Heilmagnetiseur" an. Am 25.März 1926 trat er aus der evangelischen Kirche aus und gründete am 15.April 1926 seine evangelisch-johannische Freikirche, die seit 1975 den Namen „Johannische Kirche" trägt. Von den Nazis wurde sie am 17.Januar 1935 als „staatsgefährdend" verboten und

---

24 VoPo = Volkspolizist = Polizei der DDR
25 ... das geschah 2019 / 2020

das Kirchenvermögen beschlagnahmt, darunter auch die von Weißenberg gegründete Berliners Friedensstadt, in der dann die Waffen-SS einzog. Die Friedensstadt (offiziell: Friedensstadt Weißenberg) liegt im Trebbiner Ortsteil Glau (Landkreis Teltow-Fläming), 35 Kilometer südlich von Berlin. Nach 1946 wurde das Kirchenverbot aufgehoben, allerdings blieb die Friedensstadt noch bis 1994 durch die sowjetische Armee besetzt und die Rückgabe an die Johannische Kirche verzögerte sich bis zum Abzug der dann russischen Truppen, verlief dann aber sehr reibungslos, da die Johannische Kirche bereits seit der Besetzung des Areals durch die sowjetischen Truppen einen sehr guten Draht zu diesen hatte. Die Rote Armee gab der Johannischen Kirche bereits unmittelbar nach Kriegsende das Waldfrieden-gelände mit seiner charakteristischen Doppelbogen-Kirche zurück. Der damalige Kommandant forderte die alten neuen Eigentümer auf: „Beten Sie auch für Russland!"

Für einen gewissen Grusel sorgt sicher auch die Schule am Falkplatz. Die ursprüngliche Planung aus der Gründerzeit sah noch drei komplette Flügel entlang Gleim, Ystadter und Kopenhagener Straße vor. Bis in die 30er Jahre hinein war hier das Heinrich-Schliemann-Gymnasium, als Nachfolge-institution des Luisenstädtischen Gymnasiums untergebracht. Im Jahre 1939 wurde die Schule in Horst-Wessel-Gymnasium umbenannt. Unmittelbar nach dem II.Weltkrieg bekam es seinen ursprünglichen Namen zurück. In den darauf folgenden Jahren wurde die Schule schrittweise zu einer Erweiterten Oberschule (EOS) umgestaltet mit Spezialklassen für alt- und neusprachlichen Unterricht.
Mit Beginn des Unterrichtsjahres 1953/54 wurde in dem Gebäude die „Berliner Kinder und Jugendsportschule" (KJS) eingerichtet. Sie erhielt am 1.September 1958 den Namen „Werner Seelenbinder". Nach dem Auszug der KJS wurde das Gebäude 1974 instand gesetzt, umgestaltet und

anschließend von der 8.Oberschule, ab 10.November 1977 mit dem Zusatz „Herman-Tops-Oberschule", genutzt. Am 1.August 1991 zog die 11.Grundschule des Bezirks Prenzlauer Berg in das Gebäude.

Und zum Schluss noch ein paar Hinweise für Filmfans. Im Viertel entlang der Gleimstraße sind Szenen unter anderem für die Filme „Solo Sunny" und „Sommer vorm Balkon" sowie für die erst im September in der ARD gelaufene sechsteilige, höchst anspruchsvolle und spannende Miniserie „Weißensee" gedreht worden.

*

Zwischen Gleimstraße und Arnimkiez
Februar 2012 - am 21./23.1.2012
Räumliche Geschichtsfälschung im Arnimkiez

Liebe Leser, ich gehe heute mal mit Ihnen in die Ecke, die ich beim Kiezspaziergang mit Ihnen am 4. Februar und am 3.März nicht anlaufen werde.

In diesen werde ich mit Ihnen vom Gleimkiez zum Arnimplatz unterwegs sein und sie in dieser recht ruhigen Gegend auch auf die schönen Geschäfte und Einrichtungen aufmerksam machen.

Kommt man aus Richtung Wedding über die Bornholmer Straße, fährt man über die „Böse-Brücke". Am 5. Juli 1948 wurde sie nach dem 1944 hingerichteten Widerstandskämpfer Wilhelm Böse benannt.

Sie ist die erste genietete Stahlbrücke Berlins, steht unter Denkmalschutz und trug von 1916 bis 1948 den Namen Hindenburgbrücke. Die Brücke aus Nickelstahl wurde am 11. September 1916 feierlich eingeweiht. Der S-Bahnhof war ab dem 13.August 1961 ein sogenannter „Geisterbahnhof" und wurde erst am 22. Dezember 1990 zum Teil wiedereröffnet. Vom alten Haupteingang des S-Bahnhofs aus rechts, dort wo sich einst an der Brückenabfahrt die Grenzabfertigungsanlagen befanden, steht bereits seit

November 2010 ein neuer Supermarkt mit großem Kundenparkplatz genau an der Stelle, an der sich einst die PKW-Abfertigung der DDR-Grenzer befand.

Der auf dieser Seite 1990 errichtete Gedenk-Stein, der an den Mauerfall genau an dieser Stelle am 9.November 1989 erinnerte, hat die Straßenseite gewechselt. Am 9. November 2010 wurde an der östlichen Seite der Bösebrücke nördlich der Bornholmer Straße der Platz des 9. November 1989 eingeweiht, auf dem eine Bildergalerie mit Fotos der Maueröffnung zu sehen ist, mit der an die Geschichte des Grenzübergangs auf der Bösebrücke erinnert wird und halt auch mit dem dort hin versetzten Gedenkstein. Genauso gut könnte man dann auch Mauergedenkstätten am Bahnhof Zoo, auf der Münchener Festwies'n, vor dem Dresdner Zwinger oder im amerikanischen Disneyland errichten!

Kultur ganz anderer Art, eher Kulturen, befinden sich ganz in der Nähe der Bornholmer Straße, an der Esplanade, genauer in der Stavanger Straße, „unser" „Diplomantenviertel". Der ganze Block zwischen Bornholmer Str. und Esplanade ist so ganz anders Prenzlauer Berg, wie auch das Viertel rund um die Syringenplatz oder der „Volkspark Prenzlauer Berg" an der Hohenschönhauser Straße.

In der Stavanger Str. 20 ist die Botschaft der Republik Kuba. Trotz großer Armut des Landes, sind gewisse Erfolge Kubas nicht von der Hand zu weisen. Niemand hungert, es gibt keine Analphabeten und die Gesundheitsversorgung ist für alle kostenlos. Das Land ist im Vergleich zu anderen lateinamerikanischen Ländern mit Computern relativ gut ausgestattet. Allerdings wird statt „Windows" überwiegend die Freeware „Linux" auf Kuba eingesetzt.

Die deutsche Botschaft von Kuba ist derzeit im Internet nicht erreichbar. Wer mag, kann „Kuba" in der besten aller Wirtschaftssimulationen, im PC-Game „Tropico", gewissermaßen nachspielen.

Die Botschaft des Staates Eritrea ist in der Stavanger Str. 18 untergebracht. Auf der Webseite begrüßt der Botschafter alle Internetnutzer mit den Worten:
„Liebe Besucher, willkommen auf der Website der Botschaft des Staates Eritrea. Auf diesem Wege haben Sie die Möglichkeit Informationen über Eritrea, den jüngsten Staat des afrikanischen Kontinents, zu erhalten - einem Staat, der sich nach 30 Jahren Befreiungskampf seinen rechtmäßigen Platz im Kreise der Weltgemeinschaft hart erarbeitet hat. ...“ Eritrea war lange Zeit Teil einer italienischen Kolonie und später eine „Provinz Äthiopiens".

In der Ibsenstraße 14 ist die Botschaft von „Bosnien und Herzegowina". Die unabhängige Republik ging 1992 aus der jugoslawischen Teilrepublik Bosnien und Herzegowina hervor und hat wie diese fast dieselben Grenzen, die das österreichisch-ungarische Okkupationsgebiet Bosnien und Herzegowina 1878 auf dem Berliner Kongress erhielt. Bosnien und Herzegowina besteht seit dem Abkommen von Dayton aus zwei weitgehend autonomen Gliedstaaten (Entitäten), der Föderation Bosnien und Herzegowina und der Republika Srpska, sowie dem Sonderverwaltungsgebiet Brčko-Distrikt.
Eine Besonderheit ist sicher die Währung. Die Konvertible Mark (Abkürzung KM, im internationalen Zahlungsverkehr Abkürzung BAM) (nach ISO 4217) ist seit 22. Juni 1998 in ganz Bosnien und Herzegowina gültiges Zahlungsmittel. Die KM steht im festen Verhältnis 1,95583:1 zum Euro, an den sie gebunden ist, und entspricht somit dem Wert der früheren D-Mark.
In der Stavanger Str. 17 ist die Botschaft der Republik Ghana, früher „Goldküste" in Westafrika, der an die Elfenbeinküste, Burkina Faso, Togo sowie im Süden an den Golf von Guinea (Atlantischer Ozean) grenzt. Ghana ist fast so groß wie Großbritannien, mit dessen Geschichte es durch die Kolonialzeit eng verbunden ist.

Die Botschaft der Republik Kap Verde ist in der Stavanger Str. 16. Kap Verde ist ein afrikanischer Inselstaat, bestehend aus den Kapverdischen Inseln mit neun bewohnten Eilanden im Zentralatlantik, 460 Kilometer vor der Westküste Afrikas. Der Archipel hat eine Landfläche von 4033 km² und etwa 516.000 Einwohner. Die Hauptstadt der kleinen Inselrepublik ist Praia.

Die Republik Moldau sitzt mit ihrer Botschaft in der Gotlandstr. 16. Moldawien oder Moldau (offiziell auf Rumänisch Republica Moldova, deutsch Republik Moldau, vereinzelt auch Moldova) ist ein Staat in Südosteuropa. Er grenzt im Westen an Rumänien, im Norden, Osten und Süden wird die Republik Moldau von der Ukraine umschlossen.

Historisch gehörte das Territorium zum Einflussbereich des Osmanischen Reiches sowie des Russischen Kaiserreichs. Als eigenständiger Staat existiert die Republik Moldau erst seit 1991, als die ehemalige Sowjetrepublik sich während der Auflösung der Sowjetunion für unabhängig erklärte.

Das Land hat nur etwa so viele Einwohner, wie Berlin, ca. 3,5 Millionen.

*

Zwischen Gleimstraße und Arnimkiez
März 2012 – 1.Überarbeitung - am 20./21.2.2012

Ich möchte mal noch einen kleinen Nachschlag zum „Diplomatenviertel" aus meinem Artikel im letzten Monat geben. Hatte ja, um Ihnen diesen Block einfach einmal zu zeigen, einen kleinen Kiezspaziergang angekündigt (die Termine stehen wie immer unten) und wollte davor dann nochmals im Internet ein paar Informationen zu diesem Areal nachreichen. Aber kurioser Weise landete ich bei meinen Recherchen letztendlich immer nur bei Artikeln von mir selbst.

Dennoch ein paar Informationen dazu nachträglich.

Der Name „Diplomatenviertel" ist eine reine Erfindung … von mir. Intern sprach man früher bei den Anwohnern der Gegend immer von „den Botschaften An der Esplanade".

Das Viertel wurde so ab ca. 1972 bebaut, davor gab es dort, meines Wissens nach, nur Kleingärten, deren Reste sich an der Ibsenstraße/Börnsonstraße mit „Kleingartenkolonie Bornholm 1 + 2" befinden. Die Häuser wurden in normierter Plattenbauweise errichtet.

Die Esplanade stellte bis zur Gründung von „Groß-Berlin" die Berliner Stadtgrenze dar.

Das „Gesetz über die Bildung einer neuen Stadtgemeinde Berlin" wird in der Kurzform „Groß-Berlin-Gesetz" genannt. Es wurde am 27. April 1920 vom Preußischen Landtag beschlossen und trat am 1. Oktober 1920 in Kraft. Im Laufe der Jahrzehnte verschwand der Begriff „Groß-Berlin" immer mehr aus dem Sprachgebrauch, war aber in der Verwaltung weiterhin präsent.

So wurde er auch in das Grundgesetz für die Bundesrepublik Deutschland vom 23. Mai 1949 aufgenommen, wo er bis zur Wiedervereinigung und der damit verbundenen Aufhebung des damaligen Artikels 23 im Jahr 1990 stand, und sich zwar de facto auf die ganze Stadt, aber praktisch nur auf Berlin (West) bezog. Auch nannte sich die Stadtverwaltung in Ost-Berlin bis 1977 noch „Magistrat von Groß-Berlin". Also mir ist die Bezeichnung „der Magistrat von Groß-Berlin", von amtlichen Schreiben her, auch noch aus den späten achtziger Jahren geläufig.

In der Schivelbeiner Str. / Seelower …. in der Seelower Straße findet übrigens jeden Samstag ein kleiner Bauernmarkt statt, … an dieser Ecke halt ist ein REWE in einer ehemaligen Konsum-Kaufhalle unter gekommen.

Kaiser's übernahm nach der deutschen Wiedervereinigung, schon mit beginn der Währungsunion am 1. Juli 1990 zunächst als Joint Venture die staatliche Ost-Berliner HO (außer im einstigen Stadtbezirk Pankow) und den Betreiber der Intershops, die „Forum-Handelsgesellschaft". Der Konsum betrieb seine Kaufhallen erst in alleiniger Regie weiter, bevor er sich nach und nach auflöste.

Ein interessantes Phänomen waren die sogenannten „Delikat-Erzeugnisse". Das waren Lebens- und Genussmittel, die zwar auch Landesweite Einheitspreise hatten, die aber nicht staatlich gestützt waren und die dementsprechend um vieles teurer waren, als die Grundnahrungsmittel.

Ich komme ja nun aus diesem Einzelhandel. Im Eingangsbereich dieser Märkte, dort wo die Einkaufswagen stehen und wo es heute bei Kaiser's und Edeka die Backshops gibt, war damals der, intern nur „Tabakstand" genannte Verkauf. Also in jeder dieser „Kaufhallen" gab es diese extra abgeschlossene Bude, meist mit kleinem, eigenem angeschlossenen Lager direkt dahinter. Dort wurde der Kunde durch die Verkäuferin einzeln bedient! Das war dann meist die „Erste Kassiererin". Der Posten an diesem Stand war bei den Mitarbeiterinnen immer sehr beliebt, weil man da „sein Ding" machen konnte und ansonsten halt in Ruhe gelassen wurde.

Neben allen Tabakwaren wurde dort vor allem Kaffee verkauft, das Viertelpfund, also 125 Gramm kosteten, je nach Sorte, zwischen 8,75 (Marke „Mocca-Fix") und 10,00 Mark (Marke „Rondo-Melange ganze Bohne"). Zusätzlich gab es dort auch einige der oben hin erwähnten „Delikat-Erzeugnisse", meist Spirituosen. Und immer genau einen Tag vor Heiligabend, am 23. Dezember, gab es so quasi als Überraschung, auch für uns Mitarbeiter, eine Lieferzuteilung von West-Schokoladenweihnachtsmännern (meist die Firma „Brandt"), die zu horrenden Preisen, die vorher die staatliche Plankommission DDR-weit festgelegt hatte, über diesen Tabakstand verkauft wurden.

Wie ich oben hin erwähnte, waren alle Kieze in Mauerreichweite schon Stadtrand. Der Unterschied damals hätte kaum größer sein können. In der Schönhauser Allee wuselte der Verkehr auf Straße, S- und Hochbahn, bog man in die Schivelbeiner Straße oder die Gleimstraße ein, bekam man von den Verkehrswogen vielleicht noch was bis zur Rhinower Straße oder bis zur Seelower Str. mit, danach herrschte dann Ruhe. Dieser Trubel in der Schönhauser herrschte aber auch nur in der Woche. Spätestens wenn am Samstag um 11.30 Uhr die Geschäfte schlossen und die Kinder aus der Schule kamen (tja, liebe Kids, wir hatten noch Samstags Unterricht!) erstarb das Leben, ganz besonders im Sommer, auch auf den Hauptstraßen und eine große Stille legte sich über die ganze Stadt.

Ich entsinne mich noch, meine Eltern feierten am Dienstag den 4.März ihre Silberhochzeit, ich hatte aus diesem Grunde zwei Tage Sonderurlaub von meinem Grundwehrdienst in der NVA. Und die West-Berliner Verwandtschaft, die uns sonst immer nur an Samstagen oder Feiertags besuchte, kam nun also auch mal mitten in der Woche. Mit dem Cousin meiner Mutter, nur unwesentlich älter, als ich, machte ich mich dann mal auf, zu 'ner Stunde Tour durch die Stadt. Und der staunte über die Hektik und den Verkehr in der Schönhauser Allee in der Woche, die er so nicht kannte. „Mensch, hier ist je richtig was los! Fast so wie bei uns in der Wilmerdorfer!"

Belassen wir es für heute bei diesen alten DDR-Geschichten, die heute kein Mensch mehr, mich eingeschlossen, hören mag.
Unsere Abschlussfrage an die Gäste des OKbeat „Was habt ihr denn im Kühlschrank?" offenbart immer wieder Erstaunliches. Da wird so manche Rock'n Roll – Legende zerstört, wenn plötzlich von „Grünkernbratlingen" die Rede ist. Soll man denn nun rein vegetarisch oder nicht? ... Mh …
Der größte rein veganische Berliner Supermarkt, an der Schivelbeiner / Schönfließer gelegen, lädt zumindest zum Nachdenken über manch eingefleischte Essgewohnheit ein.

… Aber der Mensch brauchte doch in seiner Entwicklungsgeschichte auch tierische Fette, oder? …. Egal! Mein Hund fraß schließlich auch saure Gurken und Erdbeeren. …

Am anderen Ende, hinter der Schönhauser Allee, in der Wichertstraße wird seit mehreren Monaten hinter der Lieferanteneinfahrt für die Schönhauser Allee Arcaden mächtig gebaut. Riesige Krane drehen sich täglich, es wird nun also langsam ernst mit der Bebauung des Areals. Anwohner nutzten die einstige Brache Jahre lang als Auslauf für ihre Hunde. Um die Ecke in der Stahlheimer Str. zur Ringbahn hin wurde schon vor einiger Zeit das Opel-Servive-Center durch einen Discounter, der nun in direkter Konkurrenz zum alteingesessenen Kaiser's Supermarkt steht, errichtet.

Und natürlich, wie überall, wo diese Discounter entstehen, wurde dazu gleich ein „schöner", großer Kundenparkplatz dazu mit angelegt. Wir haben ja nicht den nächsten Discounter in Sichtweite. Große Kundenparkplätze assoziieren: hier ist Ihr Auto willkommen! Ist das eigene Auto, das man selbst zu einhundert Prozent besitzt, bei den heutigen Benzinpreisen und allen Preisen drumherum, bei der Parkvignette nur angefangen, überhaupt noch en vogue? Sollte man doch statt der Parkplätze lieber kleine Parkanlagen neben diesen Discountern anlegen, wo man sich im Sommer mit 'nem Becher Eis in ein schattiges Plätzchen unter Bäumen setzen kann.

Auf der anderen Seite der Pappelallee wird auch gerade mächtig gebaut. Die große Kriegslücke, von der nur noch die Musikschule steht, wird gefüllt.

Der Humannplatz ein Stück weiter wird derzeit in Teilen neu umgestaltet. Die Arbeiten ruhen im Winter.

Überhaupt wird ja seit vielen Monaten in der Gegend mächtig gearbeitet. Vattenfall verlegt im „Tunnelvorschubverfahren" Fernwärmeleitungen in der Stargarder. Das gesamte Gebiet rund um Helmholtzplatz und Gethsemaneekirche leidet darunter, und vermutlich sind wir beim Ausfahren der Zeitung nicht die einzigen, die von der dortigen Verkehrssituation dort mächtig genervt sind.

Ab Ende März wird die Ostring der Bahn ab Schönhauser Allee bis Neukölln vom Verkehr abgekoppelt, ab Mitte April fährt parallel dazu dann für ca. zehn Tage auch noch die U2 nicht. Die armen Anwohner! ... denn dann kommt zum normalen Straßenverkehr auch noch der Ersatzverkehr der Busse dazu.

Bleibt mir nur noch zu erwähnen, dass ich in der Willi-Bredel-Straße/Schivelbeiner Str. 43 am 12. März 1985 zur „Einberufungsmusterung" im dortigen „Wehrkreiskommando" war. Was es mit dem sogenannten „M-Befehl", den ich dort im Oktober 1988 überreicht bekam, auf sich hatte, kann ich Ihnen gerne im Kiezspaziergang erzählen.

*

am 12.4.2007 - **Göhrener Ei**

Äh? Ostern ist doch vorbei? Machen wir bei unseren Kiezbeschreibungen in diesem Monat einmal halt im „Göhrener Ei", denn so wird unter Einheimischen die verschlungene, an eine Brezel erinnernde Göhrener Str. genannt, die in der Senefelder Str. beginnt, erst parallel zur Danziger Str. läuft, dann diese wunderbare Schlaufe macht und schließlich parallel zur Senefelder Str. in die Raumer Str. zwischen Senefelder und Dunckerstr. mündet. Früher hätte ich gesagt, dass diese Straße auf Satellitenbildern wie ein, sich in das Karree hineinfressendes Krebsgeschwür aussieht. Nun habe ich jedoch zu meinem Glück, vor etwa vier Jahren, die helfende Barmherzigkeit christlicher Nächstenliebe am eigenen Laibe erfahren dürfen, habe daraufhin meinen persönlichen Frieden mit der Kirche gemacht, was mich heute zu der Aussage verleitet, dass die Göhrener Str. aus dem All wie ein halb liegender Engel mit offenen Armen aussieht. Dabei möchte ich auch bleiben. Das Gebiet insgesamt wurde, wie bereits bekannt, um die Jahrhundertwende (1900) herum bebaut. Unter dem Helmholtzplatz liegen nach wie vor die Überreste einer alten Ziegelei aus jenen Tagen. Dominiert wird die Göhrener Str. mit Sicherheit durch den Platz in der besagten Schlaufe. Am hinteren Ende, in der Hausnummer 11, befindet sich die „Superintendentur ... " (was immer das auch sein mag – wohl so etwas wie ein Zentralbüro) „...Berlin Stadt III" oder „...Berlin-Nord", dem die im Bezirk ansässigen evangelischen Kirchengemeinden unterstehen. Natürlich auch im Hause selbst schon die „Elias-Gemeinde" sowie eine Kita des Diakonischen Werks. Gottesdienste werden abgehalten, vor einiger Zeit bestand noch ein eigener Kirchenchor, von dem mir nicht klar ist, ob er noch immer existiert. In Hausnummer 7 dann ein kleiner Verlag, Kneipen (Cafés) gibt es hin zur Raumer Str.

Die Möglichkeit der, aus militärischer Sicht, relativ leichten Abriegelung des Göhrener Ei's führte nach dem II. Weltkrieg dazu, dass sich in der Göhrener Str. die Besatzungsmacht einnistete. Das gesamte Göhrener Ei wurde abgesperrt und die sowjetischen Familien hier konzentriert. Das Gemeindehaus der Elias-Gemeinde in der Hausnummer 11 wurde dabei gleichfalls von der Sowjetischen Militäradministration beschlagnahmt. Dort druckte man die „Tägliche Rundschau", die erste Tageszeitung, die nach Kriegsende in Berlin erschien.
Mitten im Bezirk gelegen, ist das „Göhrener Ei" ein vollkommen unspektakuläres Kleinod, das noch auf die Entdeckung durch Touristen und Reisegruppen wartet. Der Sommer steht doch vor der Tür! Schlendern Sie doch mal mit Ihren Gästen hier durch! Es ergeben sich vollkommen neue Einblicke! ... und die evangelische Gemeinde freut sich sicher über Ihren Besuch ...

*

Die Gormannstraße - am 18.1.2014

Die Gormannstraße ist wirklich niedlich und auf dem Gebiet des Prenzlauer Berg relativ kurz. Biegt man von der Schönhauser Allee gegenüber vom Frannz-Club in die Choriner Straße ein, hat man als Autofahrer das Problem, dass hier die Radfahrer absolute Vorfahrt haben. Man sollte auch beachten, dass aus der Oderberger Straße schnell mal Radler auf die Choriner Straße hinaus geschossen kommen, denn, das sagt die Verkehrszeichenbeschilderung aus, Radfahrer dürfen das an dieser Stelle, genauso wie Rettungs- und Einsatzfahrzeuge von Feuerwehr und Polizei. Alle anderen dürfen es eigentlich nicht!

Auf der Choriner Straße kreuzt man dann die Schwedter Straße, Zionskirchstraße und die Fehrbelliner Straße. Spätestens ab hier kommt man sich als Radfahrer vor wie bei der Vier-Schanzen-Tournee, denn von nun an geht's steil bergab! … in die Gegenrichtung aber auch steil bergauf. Dann fährt man an der Lottumstraße (ja, Pi-Radio, die in der Lottumstraße 10 sitzen, beteiligen sich an der Neuausschreibung der Frequenz 88,4 MHz ab Mai wieder!) vorbei und ab Zehdenicker Straße heißt die Choriner Straße dann Gormannstraße. Zum Prenzlauer Berg gehören nur die etwa fünfzig Meter Stadteinwärts. Die andere Straßenseite gehört da schon zu Mitte.

Die Gormannstraße selbst quert die Torstraße, führt ins alte Scheunenviertel hinein und endet fast am Hackeschen Markt an der Weinmeisterstraße.

Ihr erster Name war „Laufgasse" (um 1699–1867). August Cornelius Gormann (1796 – 1861) war Töpfermeister und Unternehmer und zu wichtigen Erkenntnissen bei der Tonverarbeitung in der Architektur gelangt.

Der Straßenabschnitt im Scheunenviertel bekam schon 1867 seinen Namen, der Teil von der Torstraße bis zur Zehdenicker Straße erst 1897. Der Teil im Prenzlauer Berg ist absolut unspektakulär. Auf der „Bezirk-Mitte-Seite" ein

Wohnhauskasten, der aussieht, wie ein Lückenbau kurz nach dem Krieg, auf der „Prenzlauer Berg – Seite" typische Gründerzeitbauten.

*

Unbekannte Ecken … der Prenzlauer Berg bis an die Grenzen … und darüber hinaus - Teil 1 - das Ende der Schönhauser Allee - am 13./15.7.2016

Wir hatten lange darüber nachgedacht, schon jetzt, in den Berliner Sommerferien, mit dieser Serie zu beginnen. Die Alternativen wären für Sie kein informeller Zugewinn, und wären der höchste, dunkelste, schmutzigste, feuchteste, belebteste, kälteste, wildeste, heißeste oder kulturellste Punkt am Prenzlauer Berg. Aber ich bin mir sicher, diese Punkte finden Sie genau in Ihrer Wohnung! Deshalb beginnen wir heute mit den Grenzen des Prenzlauer Berg.
Wobei sich da zuerst die Frage stellt: welche?
Die aktuelle des Stadtteils ist in einigen Bereichen eine andere, als die des bis 2001 selbständigen Bezirks. Und selbst die des Bezirks sind vor zwanzig Jahren andere, als vor fünfundzwanzig oder gar neunzig Jahren. Ich werde im Rahmen dieser Reihe hier versuchen, diese Stellen mit einzuarbeiten. Außerdem werden wir auch direkt über den Tellerrand blicken und in die angrenzenden Viertel schauen.
Und nach der sehr ausführlichen Einleitung zur Serie gleich die ersten Unklarheiten.
Die Schönhauser Allee beginnt und endet, wenn man nach den Hausnummern geht, an der Ecke Torstraße. Also nehmen wir das andere Ende. Die Schönhauser Allee endet Stadtauswärts, also von Berlin in Richtung Pankow, dort, wo aus der U-Hoch-Bahn allmählich, aber noch nicht ganz, wieder die Untergrundbahn wird, an der Schonenschen Straße. Vor der Schonenschen Straße hat man die Schönhauser Allee 92, nach der Schonenschen Straße die Berliner Straße 76. Verwirrender ist es auf der

79

Gegenüberliegenden Seite, wo auf die Hausnummer 75 die Nummer 97 folgt, das eine Haus ist noch Berliner Straße, das nächste die Schönhauser Allee. Der genaue Grenzverlauf ist strittig.

Der ehemals eigenständige Stadtbezirk Prenzlauer Berg ging bis zur Schönhauser Allee / Schonensche Straße, der seit 2001 existierende Pankower Stadtteil Prenzlauer Berg geht nur noch bis zur Schönhauser Allee / Wisbyer Straße, wobei die Häuser auf beiden Seiten der Wisbyer zu uns gehören, die Häuser auf der Nordseite der Schonenschen Straße taten dies früher indes nicht.

Die Ostseite der Schönhauser Allee / Berliner Straße Stadtauswärts da gehört bis zur Südseite der Esplanade nur die Fahrbahn, aber nicht mehr der östlich angrenzende Gehweg und die Häuser zum Prenzlauer Berg.

An dieser komischen Hausnummerierung und den geänderten Straßennamen erkennt man hier die einstige Stadtgrenze Berlins, bevor am 1.Oktober 1920 Groß-Berlin durch die Eingemeindung der Vororte gegründet wurde.

Die Schönhauser Allee ist auch in diesem Bereich noch Bundesstraße, die B 96A. Aus gutem Grund hat man die Grenzschließungsbedingte Umleitung der ehemaligen Reichsstraße 96, in der DDR Fernstraße 96, vom 13.August 1961 durch Ostberlin im Einigungsvertrag von 1990 als Reichs-/Fern-/Bundesstraße belassen!

In Deutschland obliegt die Straßenbaulast für die Bundesfernstraßen grundsätzlich dem Bund (§ 5 Bundesfernstraßengesetz). Kommunen mit mehr als 80.000 Einwohnern wird die Straßenbaulast für die Ortsdurchfahrten im Zuge der Bundesfernstraßen übertragen.

Das heißt, das Land Berlin verwaltet die Bundesstraßen zwar und baut sie aus, finanziert wird deren Ausbau jedoch vom Bund.

*

Die Grenzen des Prenzlauer Berg - heute: die Weißenseer Spitze - am 8./14.11.2016

In dieser Folge unserer kleinen Reihe über die historischen Grenzen des Prenzlauer Berg sind wir heute an der Weißenseer Spitze. Bereits im letzten Monat erklärte ich Ihnen an dieser Stelle, woher diese Namensgebung im Volksmund stammt, von dem hier spitz auf die anderen beiden Stadtteile zulaufenden heutigen Stadtteil Weißensee. Die Prenzlauer Promenade ist die Grenze zwischen Weißensee und Pankow. Eine Randinfo sei gegeben: wer den Verlauf der Prenzlauer Promenade in gerader gedachter Linie in Richtung Süden verlängert, und nicht dem abknickenden Verlauf der Prenzlauer Allee folgt, stößt direkt auf die Naugarder Straße, die 1910 als Ausfallstraße angelegt wurde.

Der Caligariplatz trägt seinen Namen erst seit dem 17.6.2002 und ist benannt nach dem von der Weißenseer Decla-Filmgesellschaft 1919 gedrehten Film "Das Cabinet des Dr. Caligari", einem Klassiker der Stummfilmzeit. Am vorher unbenannten Platz, dessen jetziger Name an die einstige Filmstadt Weißensee erinnern soll, liegt das Kunst- und Kulturzentrum Brotfabrik.

Von diesem Platz aus ist die weitere Grenze des Prenzlauer Berg bis zur Greifswalder Straße relativ schwer nachzuzeichnen. Bis zur Goethestraße ist sie noch halbwegs nachvollziehbar. Unmittelbar an der Ecke Ostseestraße / Prenzlauer Promenade, etwa in Höhe der Abzweigung der Gustav-Adolf-Straße beginnt diese Grenze.

Auf Luftbildaufnahmen (z.B. bei google) kann man aus der Vogelperspektive deutlich die Altbauten aus der Kaiserzeit erkennen, die zu Weißensee gehören und das erst in den letzten ca. zwanzig Jahren entstandene Gewerbegebiet an der Ostseestraße, das zum Prenzlauer Berg gehört. Die Grenze verläuft also zwischen der Lehderstraße und der Ostseestraße. Autohäuser, Super- und Drogeriemärkte sind angelegt und ein gewaltiger und sich im Sommer „wunderbar" aufheizender Parkplatz dominiert dieses Bauensemble.

Das zwischen Prenzlauer Promenade und Lehderstraße liegende, ehemalige Delphi-Stummfilmkino, harrt seines Wachküssens, hat man als Außenstehender oder Vorbeireisender den Eindruck. Das Kino wurde erst 1929 als letztes Berliner Stummfilmkino eröffnet. In den darauf folgenden Jahren immer mal wieder saniert und mit neuer, vor allem Tonfilmtechnik ausgestattet, wurde es erst 1959 geschlossen. 2006 erwarb Andreas Jahn das Gebäude, führte dringend notwendige Sicherungsmaßnahmen durch und bewahrte das Haus vor dem sicheren Verfall. 2013 übernahm das Künstlerpaar Brina Stinehelfer und Nikolaus Schneider das Haus mit einem zwanzig jährigen Mietvertrag.

*

Die Grenzen des Prenzlauer Berg - heute: die Wisbyer Straße - am 18.10.2016

In dieser Folge unserer kleinen Reihe über die historischen Grenzen des Prenzlauer Berg nähern wir uns allmählich der „Spitze". Vor der „Verschmelzung" auf Grund der Verwaltungsreform von 2001 zum neuen Großbezirk Pankow, stießen an der Ecke Wisbyer, Ostseestraße, Prenzlauer Allee / Promenade die bis dato eigenständigen Bezirke Weißensee, Pankow je in relativ spitzen Winkeln mit dem Prenzlauer Berg zusammen. Daher der diesbezüglich im Volksmund verbreitete Name „Spitze". „Jehste an die Spitze, da kannste ooch nix koofen!", hatte mir mal in meiner Jugend eine freundliche, ältere Kollegin aus der Jacobsohnstraße geraten.

Die Wisbyer Straße stellt zwischen der Neumannstraße und der Prenzlauer Promenade die nordnordöstliche Grenze zu Pankow dar. Sie ist ein Teil des äußeren Straßenrings des

Berliner Bebauungsplans von 1862 von James Hobrecht, der etwas außerhalb der schon damals in Planungen vorhandenen Ringbahn liegt.

Die Wisbyer Straße bekam erst am 23. August 1905 ihren Namen nach der schwedischen Stadt Visby auf der Ostseeinsel Gotland. Vorher waren es die Straße 31 und 31 a, Abt. XII des Hobrechtplans. Ursprünglich nur eine Chaussee, lagen an ihren Seiten anfangs städtische Mühlen und private Kleingärten der Berliner. Bereits seit den dreißiger Jahren gab es in der Wisbyer und Ostseestraße einen Radweg, der jedoch, nicht wie heute üblich, am rechten Straßenrand lag, sondern links, also direkt zwischen dem mittleren Grünstreifen und der Fahrbahn für die Autos. Dies stellte sich für die Radfahrer als großes Risiko heraus, da niemand von den Kraftfahrern hier mit abbiegenden, oder auf den Radweg auf- oder abfahrenden Radlern rechnete. Erst mit der Umgestaltung und Asphaltierung der Wisbyer Straße 2008 wurden jeweils am rechten Fahrbahnrand neue Radwege angelegt. Zudem lärmte des alte Kopfsteinpflaster sehr, so dass in den Nachtstunden eine Geschwindigkeitsbegrenzung von 30 km/h galt. Die alten Verkehrsschilder stehen zum Teil noch heute.

Im übrigen ist die Wisbyer Straße auf ihrer gesamten Länge relativ unspektakulär bebaut. In Richtung Innenstadt dominieren, bis auf wenige Ausnahmen, Gebäude aus den 30er Jahren. Zwischen Neumannstr. und Schönhauser Allee sind es überwiegend Gründerzeitbauten. Davor sind es ab Talstraße 30er Jahre bauten und das Ende bis zur Prenzlauer Promenade ist komplett erst in den letzten Jahren neu bebaut worden. Die Kriegslücke direkt an der Spitze, hier befand sich über viele Jahre eine Tankstelle, wird in diesen Wochen durch einen Neubau geschlossen. Auf der Kriegslücke an der Ecke Talstraße ist mit großem Parkplatz ein hässlicher Discounter zu finden.

*

Helmholtz Juni 2013 … von Robert, Bären und Baustilen … - am 13./21./22.5.2013

Der Prenzlauer Berg ist nicht langsam besiedelt worden. Nicht irgendwelche harten Männer setzten hier mutig einzelne Gehöfte, Burgen oder Kirchenbauten im Abstand von Jahrhunderten in den märkischen Sand. Nein! Der Prenzlauer Berg wurde relativ schnell bebaut. Die meisten der hier gelegenen Friedhöfe wurden auf der nordöstlichen Berliner Feldmark vor 1850 errichtet, die Ausflugsgaststätten (als älteste noch erhalten ist der Prater in der Kastanienallee, gebaut 1837) gab es ab etwa 1832, das älteste Wohnhaus im Prenzlauer Berg steht gleichfalls in der Kastanienallee und ist von 1836. Das Gebiet westlich der Metzer Straße wurde in etwa bis 1865 in den Sand gesetzt. Der Krieg zwischen dem Norddeutschen Bund unter der Führung Preußens gegen Österreich, das sich in dessen Folge 1866 von Deutschland abspaltete, verbrauchte viele Ressourcen an Menschen und Material und so kam es auch in Berlin zu einem Baustopp.

Der gewonnene Deutsch-Französische Krieg 1970/71 hingegen brachte nicht nur die Reichseinigung und Gebietsgewinne für Deutschland, sondern er spülte auch durch die Frankreich auferlegten Reparationen sehr viel Geld in die Kassen der Bürger und es kam zur „Gründerzeit", in der weite Gebiete des Prenzlauer Berg, so etwa bis an den Rand der Ringbahn, bebaut wurden. Einige Bereiche östlich direkt entlang der Ringbahn wurden bis Ende des Ersten Weltkrieges errichtet. Das Tautviertel und die Gegend um den Humannplatz wurden dann erst in den 20er Jahren gebaut.

Von 1872 bis 1892 stand dort, wo jetzt der Helmholtzplatz ist, eine Ziegelei und Schreinerei. Die Wohngebiete um Kollwitz- und Helmholtzplatz, im Wins- und Bötzowviertel entstanden in industrieller Massenfertigung und bezogen ihr Baumaterial überwiegend aus diesem Komplex.

Es wurde wie am Fließband gearbeitet, bevor es überhaupt Fließbandarbeit gab. Verwendet wurden märkischer Sand und Kiefer, Kalk und Gips kamen aus Rüdersdorf. Und um wieder auf die Baustile zurück zu kommen, möchte ich einen alten Polier jener Zeit zitieren, der seinen Bauherrn fragte: „So Meesta der Rohbau is fertich! Wat soll nun für'n Stil ran?"

Zurück in die jüngere Vergangenheit. Das komplette Hinterhaus in der Schliemannstraße 23 ist Sitz der „Robert-Havemann-Gesellschaft".

Robert Havemann, geboren* 11. März 1910 in München; gestorben am † 9. April 1982 in Grünheide bei Berlin war ein deutscher Chemiker, Kommunist, Widerstandskämpfer gegen den Nationalsozialismus und Regimekritiker in der DDR.

Im Wintersemester 1963/1964 hielt Havemann an der Humboldt-Universität eine Vorlesungsreihe mit dem Thema Naturwissenschaftliche Aspekte philosophischer Probleme. Daraufhin wurde am 12. März 1964 eine außerordentliche Mitgliederversammlung des SED-Parteiorganisation an der Ostberliner Humboldt-Universität einberufen. Diese beschloss, den Professor für Physikalische Chemie, Robert Havemann, aus der Partei auszuschließen, da er „unter der Flagge des Kampfes gegen den Dogmatismus von der Linie des Marxismus-Leninismus" abgewichen sei und sich des „Verrats an der Sache der Arbeiter- und Bauernmacht schuldig gemacht" habe.

Das Staatssekretariat für das Hoch- und Fachschulwesen der DDR beschloss am 12. März 1964, Professor Havemann seinen Lehrauftrag zu entziehen. Er erhielt 1965 ein Berufsverbot und wurde am 1. April 1966 aus der Akademie der Wissenschaften der DDR ausgeschlossen. In den Folgejahren wurden von ihm zahlreiche SED-kritische Publikationen in Form von Zeitungsbeiträgen und Büchern veröffentlicht.

Die Robert-Havemann-Gesellschaft wurde im November 1990 von der Bürgerbewegung „Neues Forum" als politischer Bildungsverein gegründet. Sie dokumentiert und vermittelt die Geschichte und Erfahrungen von Opposition und Widerstand in der DDR.

Zu diesem Zweck, so schreibt die Robert-Havemann-Gesellschaft auf ihrer Internetseite, wurde im Jahr 1992 nicht nur ein Archiv eröffnet, es wurden und werden zu einer Reihe von Themen Publikationen, Ausstellungen und Dokumentationen erarbeitet, Veranstaltungen und Seminare organisiert.

Grundlage der Arbeit sind ihre inzwischen auf 400 laufende Meter Schriftgut angewachsenen Archivbestände.

In diesen finden sich Materialien von Einzelpersonen und Widerstandsgruppen, von Friedens- und Umweltgruppen, kirchlichen und nichtkirchlichen Initiativen sowie Unterlagen der Bürgerbewegungen und neuen Parteien von 1989/90. Gesammelt werden Schriftdokumente wie Flugblätter, Aufrufe, Briefe, Eingaben, Appelle u. a., Fotos, Transparente, Plakate, Film- und Tondokumente. Die Dokumente von Opposition und Widerstand bilden die Gegenüberlieferung zu den Staats- und Parteiakten des überwundenen Regimes. Sie sind ein historisches Korrektiv und zu bewahrendes Kulturgut.

Das alles findet man auf ca. siebenhundert Quadratmetern im Hinterhaus der Schliemannstraße 23.

http://www.havemann-gesellschaft.de/

*

Helmholtz – Juli 2013 – am 22.6.2013 - **„BVG-Sprinter"**
im Helmholtzkiez

Die Schönhauer Allee war um 1850/60 noch relativ locker bebaut. Man zählte damals nur drei Einwohner pro 100 m² – entlang der Schwedter Str. waren es zum Vergleich um diese Zeit schon 13,9 Einwohner pro 100 m².

Bereits 1875 wurde vom Schönhauser Tor bis nach Pankow eine Linie der „Großen Berliner Pferdebahn" eröffnet. Im Jahr 1880 wurde deren Verkehr versuchsweise auf Dampfbetrieb umgestellt, aber wegen der starken Rauchentwicklung bald wieder eingestellt und die Strecke ab 1895 elektrifiziert. Am 25 Juli 1913 wurde die 3,5 km lange U-Bahn vom Alexanderplatz bis Bf. Nordring (heute Bf. Schönhauer Allee) eröffnet und bis 1930 bis Pankow/Vinetastr. verlängert. Die Stahlkonstruktion der Hochbahnanlagen wurden nach Plänen von Alfred Gremander und Johannes Bousset gebaut.

In der Dunckerstr. 64 ist auf einem schmalen Restgrundstück entlang der Ringbahn eine 1913/14 nach Plänen von Ludwig Hoffmann errichtete ursprüngliche reine Mädchenschule, in die die ehemalige Mädchenschule aus der Christburger Straße und die ehemals „Höhere Webschule" am Warschauer Platz einzog.

Auf der anderen Seite der Ringbahn steht auf dem Grundstück entlang der Bahntrasse in der Dunckerstr. 65/66 gleichfalls ein Bau von Ludwig Hoffmann. Diese ehemalige „Gemeindeschule für Knaben" wurde bereits 1899/1900 gebaut. Interessant ist das einstige Rektorenhaus in der Straßenfront, an das sich einst eine „Städtische Vorlesehalle" anschloss. Diese „Vorlesehallen" hatten um 1900 herum eine große Bedeutung in den bevölkerungsreichen Stadtteilen. Sie wurden durchschnittlich von jährlich 121.000 Personen besucht, die hier „ihre Bildung zu vervollständigen strebten".

Eine Ecke weiter, im sogenannten „Bullenwinkel", so genannt, weil dort hin wohl immer wieder mal das eine oder andere Hausrind der vielen kleinen Hinterhofmolkereien flüchtete und dort dann in der Sackgasse im wahrsten Sinne war, in der Lychener Straße direkt an der Ringbahn, steht die nächste Schule, die nach Plänen von Ludwig Hoffmann errichtet wurde, Die „Gemeindedoppelschule" (ein Aufgang für Jungs, einer für Mädchen) in der Lychener Str. 97/98 wurde 1905 gebaut. Von dem dreiflügeligen Schulbau sind im Krieg weite Teile zerstört worden und heute nur noch der Nordflügel erhalten.

In der Pappelallee neben der einstigen „Wäschefabrik Jacobowitz" ist man derzeit dabei, eine der letzten Kriegslücken zu schließen. Das daneben liegende letzte ursprüngliche Haus im gesamten Kiez saniert man gerade. Die ehemalige Wäschefabrik selbst, in der Pappelallee 78/79 hat eine sehr wechselvolle auch jüngere Geschichte. 1910 errichtet, beherbergte das Gebäude nach dem Zweiten Weltkrieg u.a. ein Kino. Später produzierte dort „VEB Metallmöbel". Nach 1990 war das Haus eine Zeitlang Sitz des Finanzamtes Prenzlauer Berg. Derzeit residiert darin u.a. der Suhrkamp Verlag mit seinen Ablegern. Am 27. Mai 2013 stellte der Suhrkamp Verlag beim Amtsgericht Berlin-Charlottenburg einen Antrag auf Einleitung eines Insolvenzverfahrens nach § 270b der Insolvenzordnung (Schutzschirmverfahren). Grund ist das Urteil vom März 2013, nach dem der Gewinn aus dem Jahr 2010 wegen fehlerhafter Beschlussfassung der Geschäftsführung nicht im Verlag verbleiben kann, sondern anteilig an den Gesellschafter Barlach auszuzahlen ist.

… Ja, ja, die guten Erbstreitigkeiten …

Sorgen bereitet im Kiez die Gethsemanekirche. Sie wurde 1891/93 nach Plänen von August Orth auf „einem quadratischen Platz an der Kreuzung Stargarder Straße mit der Greifenhagener Straße erbaut", so das Buch „Bau- und Kunstdenkmale in der DDR – Hauptstadt Berlin – I" erschienen im Henschelverlag 1984.

Das Grundstück war eine Schenkung der Witwe Griebenow. Nach der Aufhebung des Feudalen Rechts auf Grund und Boden Anno 1823 nutzte Wilhelm Griebenow als einer der ersten die Möglichkeit zum Landkauf. So erwarb er das kurz vor der Zwangsversteigerung stehende Königliche Vorwerk am Schönhauser Tor mit seinen ausgedehnten Ländereien, die er wenig später parzellierte und gewinnbringend weiterveräußerte. Er legte die Choriner Straße, die Kastanienallee und deren Fortsetzung, die Pappelallee, an. Die Schenkung der Witwe Griebenow wurde zunächst kirchlicher Seits abgelehnt, weil der Bauplatz damals noch in einer abgelegenen und sonst kaum bebauten Gegend lag.

Gebaut wird im Kiez seit dem 19.Juni und noch bis Mitte September an der Brücke Pappelallee / Stahlheimer Straße. Die Straßenbahnlinie 12 ist deshalb unterbrochen. Die Busse, die die BVG dort als Ersatzverkehr einsetzt sind Typen der Baureihe „Evo Bus Sprinter City 35", die die Berliner Taxi-Innung für die BVG betreibt. Man erkennt diese Mini-Busse auf Anhieb erst einmal nicht, denn sie sind klein, haben nur 12 + 1 Sitzplätze, eignen sich aber perfekt für die relativ engen Straßen rund um den Helmholtzplatz. Diese Busse sind etwa nur so groß, wie die „Wanne" der Berliner Polizei.

*

Helmholtzplatz August 2012 - am 13./20.7.2012

Ich hatte die Dame, ich nenne sie hier wegen der Diskretion einfach „die unbekannte Schöne", in einer dieser Sinn freien Jobcenter-Maßnahmen in diesem Jahr kennen gelernt. Leute, die sich schon Minijobs an Land gezogen hatten, sollten diese wieder aufgeben, um eine Arbeit mit vierzig Wochenstunden zu erhaschen oder mit einem so hohen Verdienst zu bekommen, dass man aus dem ALG-II-Regelsatz heraus fällt. So einen Wechsel macht natürlich niemand gern, weil an diesen Minijobs vor allem sehr viel Herzblut hängt. Ich selbst hatte auf die letzte Frage des dortigen Jobcoachs im Abschlussgespräch, „Und was werden sie nun in Zukunft tun, um aus dem Hartz-IV-Bezug heraus zu kommen?" nur noch geantwortet: „Ich werde mich noch mehr, als bisher bemühen, dass das Bedingungslose Grundeinkommen eingeführt wird."

Mit „der unbekannten Schönen" unterhielt ich mich eingehend, denn sie wohnt seit mehr als fünfundzwanzig Jahren am Helmholtzplatz. Sie erzählte mir, dass es in einer herunter gekommenen Wohnung in einem Hinterhaus der Lettestraße 7 bis zur „Wende" einen Typen gegeben haben soll, der allein dadurch Stein reich wurde, dass er vor allem „Schallplatten" aus dem „Westen" unter der Hand verkauft habe. Er hatte einen tschechischen und einen polnischen Kumpel, die für ihn regelmäßig in Westberlin Schallplatten kauften und in den Ostteil der Stadt schmuggelten. Diese Staatsbürger konnten einfach so reisen und brauchten nicht einmal, wie die Westberliner bei ihren Ostbesuchen, diesen Geld-Zwangsumtausch (25 DM im Kurs 1 :1 in DDR-Mark mussten pro Tag umgetauscht werden) mitmachen. Diese so in die Lettestraße gekommenen Westschallplatten wurden dann für ein- bis zweihundert, manche auch für bis zu vierhundert DDR-Mark heimlich im Kellergeschoss dieses einen Hauses verscherbelt.

Nun kann man sich den Gewinn ja etwa ausrechnen. er inoffizielle Kurs lag bei 1 DM gegen 4 DDR-Mark „unter Bluts-Brüdern" und bei 1 DM gegen 6 - 10 DDR-Mark „unter Fremden".

Das Problem lag damals darin, dass es in der DDR nur ein Schallplatten-Lable für Popmusik gab. Bei „Amiga", noch heute als eigenständige Marke unter dem Dach der BMG geführt, wurde alles, von Tanzmusik über Jazz bis hin zu DDR-Rock veröffentlicht. Aufnahmen „aus dem Westen" musste sich die DDR mühsam über Devisen beschaffen. Deshalb wurde innerhalb der DDR nur ein Bruchteil dessen, was auf dem westlichen Plattenmarkt heraus gebracht wurde, dann als „Lizenz-Platte" veröffentlicht und das auch nur noch in begrenzten Stückzahlen und kleiner Auflage. Dabei belebte man dann in den 80er Jahren die im Westen schon längst ausgemusterte „EP" (Extended Play) mit vier Titeln unter der Bezeichnung „Quartett-Single" neu. Gleichwohl presste die DDR auch Schallplatten im Auftrag westlicher Labels wie z.B. der EMI. Diese Pressungen sind daran zu erkennen, dass auf der Platte selbst kein GEMA-Zeichen, sondern das AWA-Zeichen (Anstalt zur Wahrung der Aufführungsrechte, das DDR-Pedant zur bundesdeutschen GEMA) zu sehen ist.

Und in Folge dessen blühte der Schwarzmarkt mit geschmuggelten Platten und die, die damit handelten, konnten nur reich werden!

Gut, ich kann diese alten Geschichten auch nicht mehr hören.

In der Lychener Straße gibt's seit Jahren eine Kita. Ursprünglich mal in einer Baracke auf einer Brache untergebracht, zeigt sie sich heute modern. Das Areal liegt quasi hinter der Berufsschule in der Pappelallee. Wir, „die unbekannte Schöne" und ich, staunten nicht schlecht über die frisch sanierten, schön ordentlichen Innenhöfe. Die Kita ist nun in einem modernen, neuen Lückenbau. Der dazugehörende Spielplatz ist übersichtlich und für meinen Geschmack zu ordentlich. Gehört nicht zu einem Spielgarten auch 'ne „verwunschene" Ecke mit Brennnesseln und dornigem Gestrüpp, in dem Kobolde, Prinzessinnen und Hexen hausen? Nein, statt dessen ein Splitter freier Kletterbaum, puffig weicher Sand, garantiert antibakteriell und seidenweiche Seile, damit sich die lieben Kleinen gar nicht erst verletzen. Dabei sind es doch gerade solche Erfahrungen, die im Leben zählen. Dagegen sehen die Wege hart wie Beton aus.

Gut dann also ein paar Tage später mit unserem Fotografen Bernd Kähne bei Regen mal draußen kurz „Luft schnappende" Erzieher zu den Wegen gefragt: Ist es Beton?

Nein, gleich die Antwort, das ist so ein Belag, wie er in Stadien verlegt wird. Ja, wie die Laufbahnen im Olympiastadion! ... Halt federnd, weich, verletzungssicher. Da rutschte gleich meine eigene Jugend wieder in die Erinnerung, mit den ständig aufgeschlagenen Knien und der brennenden Jodtinktur. Ist alles besser heute.... ... ...

Weiter in Richtung Mach-Mit-Museum, denn da hab ich einen Termin.

Auf dem Mittelstreifen des Helmholtzplatzes ist gerade wieder mal „Tanz mit Gesang" angesagt.

Der Platz ist in der Alkoholikerszene mindestens Europaweit ein Begriff und sie lässt sich, zum Glück dort auch nicht vertreiben. „Gehen Schnaps saufen on the Helmi" ist angeblich sogar in London ein Begriff, erzählte mir Ranny letztes Jahr! Heute intoniert bei Nieselregen eine „Dame" undefinierbaren Alters schon um dreizehn Uhr volltrunken in den schiefsten Tönen, die es gibt, ... solche Noten kennt man es gar nicht! ... einen beim zweiten Hinhören mir doch nicht ganz unbekannten Schlager von „Cindy & Bert" aus vollster Kehle. Dazu setzt mehr oder weniger rhythmisch ein gleichfalls schon angetrunkener Herr seine Beine, einen Tanz andeutend und klatscht dazu über dem Kopf, natürlich vollkommen unrhythmisch, in die Hände. ... A moards Gaudi! ...

Nun gut, ich selbst kann nicht mal singen und tanzen, wenn ich nüchtern bin .. ..

Im Mach-Mit-Museum sind wir mit dem Leiter der Einrichtung, Herrn Wobig, verabredet. Sehr enthusiastisch berichtet er und führt uns herum. „Laut!", denke ich im ersten Moment.

Wenn man an andere Museen denkt, gibt's da nur ein gedämpftes Grundmurmeln, hier ist lautes, übermütiges Kindergekreisch. Offenbar ist diese Einrichtung genau das richtige in diesem Sommer. Hier können Kinder spielen und bekommen, quasi nebenbei, noch Wissen vermittelt.

Was mir auch auffällt, sind die fehlenden Personen in der Uniform von Hungerlohn zahlenden Wachpersonal- „-Dienstleistern", die die Besucher ständig daran hindern müssen, die Ausstellungsstücke zu berühren . Eine Bekannte von mir arbeitet so im „Zeughaus" „Unter den Linden". Viele Überstunden, kaum Zuschläge und am Monatsende muss sie noch mit „Hartz-IV" aufstocken. Also solche Leute fehlen hier, denn wie der Name es vermuten lässt, soll man im Mach-Mit-Museum anfassen, mitmachen, teilnehmen, selber probieren.

Die Einrichtung wurde vor zwanzig Jahren als „Kinder- & Jugend Museum Prenzlauer Berg" in einem Bauwagen auf dem Kollwitzplatz gegründet. Im Jahr 1993 ging es erst in die Kapelle in der Fröbelstraße und dann in die Grundschule in der Ibsenstraße. 1994 ein erneuter Umzug, nun in einen Projektraum in der Schivelbeinerstraße, der 1995 auf insgesamt 230 m² erweitert wurde. Die Örtlichkeiten platzten bald aus allen Nähten und so machte man sich 1999 auf die Suche nach größeren Räumen. Man wurde fündig in der Eliasgemeinde. Der Gemeindekirchenrat bewertete das Museumskonzept positiv für die Umnutzung der Eliaskirche und im Jahr 2001 übertrug die Evangelische Landeskirche das Erbbaurecht für die Eliaskirche auf die „JugendMuseum[26] im Prenzlauer Berg gGmbH".

In diesem Monat, jetzt am 25 August, feiert man im Rahmen der „Langen Nacht der Museen" das zwanzigjährige Bestehen der Einrichtung. Ich hab dem Mach-Mit-Museum angeboten, aus Anlass dieses Jubiläums, am 16.August in meiner Hörfunksendung „OKbeat" bei „alex auf ~~88vier~~" über ihr Projekt zu berichten.

Interessant ist vielleicht noch, dass die ursprüngliche Kirchenorgel aus dem Jahre 1910, von der Stettiner Firma „Barnim Grüneberg" gebaut, denkmalgerecht wieder hergestellt werden soll.

Was mich im Innern des Hauses so faszinierte, war das riesig hohe Kletterregal im Kirchturm. Überhaupt sieht man im inneren von der eigentlichen Kirche so gut wie gar nichts mehr.

Weitere Highlights sind, neben vielen anderen Dingen, ein im Frühjahr im Turm brütendes Turmfalkenpaar, das man via Bildschirm im Café der Einrichtung direkt beobachten

---

26 ... ist die offizielle Schreibweise und kein von mir
   übersehener Rechtschreibfehler

kann. Auch ein eigener Bienenstock gehört zum Objekt. Die Eintrittspreise sind für meine Begriffe human gehalten. Das Museum ist täglich, außer Montags, geöffnet.

Die Eliaskirche wurde als „Roter Klinkerverblendbau" 1908/10 nach Plänen von G. Werner erbaut. Flankiert ist er von zwei ungleichen Türmen mit Schieferhelmen. Nach der Beseitigung von Kriegsschäden wurde der Altarraum 1960 neu gestaltet.

Dass in Deutschland immer mehr Kirchen „umgewidmet" werden, hängt damit zusammen, dass den großen Konfessionen schon seit Jahrzehnten die Mitglieder weglaufen. Deshalb sieht sich die Kirche immer häufiger gezwungen, sich von Immobilien zu trennen. Wenn dabei dann solche Institutionen wie dieses Museum in ehemalige Kirchengebäude einziehen, kann man das sicher für durchaus vertretbar halten.

*

Zwischen „Schusterkugel" und Kellergeschäft
- am 14./19.10.09

Mein Papa erzählte mir, dass er als Kind noch die „Schusterkugel" kennen gelernt habe. Ich konnte mir darunter nichts vorstellen. Dachte, es sei sowas, wie der Leisten, über den der Schuh beim benageln gezogen wurde. „Nein!", erklärte mir mein Vater, „Das war eine mit Wasser gefüllte Kugel, ... also so wie ein rundes Goldfischglas ..." (seit ich „Der Dativ ist dem Genitiv sein Tod – Die Bastian Sick –Show" im Fernsehen gesehen habe, schreibe ich zusammengesetzte Substantive auch wieder zusammen...) „...manchmal war das auch nur so eine durchsichtige mit Wasser gefüllte Schweinsblase. Dahinter stand dann eine Kerze oder so eine Tranfunzel und damit hatten die Schuster in diesen damaligen Souterraingeschäften, so halb im Keller, trotz flackernder Flamme immer eine zielgenaue Lichtquelle. Diese gefüllte Kugel wirkte wie eine Linse.

Heutzutage würde man da eine Schreibtischlampe hinstellen, aber Strom war damals teuer. Wir sind da als Gören immer zu einem Schuster gegangen, der gegenüber der ‚grauen Schule' in so einem Kellergeschäft war." „Vatern und wo war diese ‚graue Schule'?" „Na da in der Pappelallee so kurz vor der S-Bahn auf der rechten Seite. Das Vorderhaus dieser Schule ist im Krieg weg gebombt worden. Ich seh da noch das Dach aus so einem Stahlgerüst schlohweiß brennen. Und bei dem Castorf, da an der Ecke, da hat mir mein Vater (Anmerkung: also mein 1984 verstorbener Opa) noch nach dem Krieg so einen Stabilbaukasten gekauft (Anmerkung: mit dem auch ich noch gespielt habe). Das Ding war noch Vorkriegsware. Du weißt ja noch, Opa war damals auf'm Bau und hat dann auch gelegentlich mal was mit dem Castorf zusammen gemacht. Also der Castorf hat das Metallzeugs geliefert, das mein Vadder dann in Wohnungen eingebaut hat. ... Ja, aber diese Schuster gab es in den Kellerläden damals überall."

Soweit mein Papa.
Nun machen wir mal, journalistisch nicht unklug, die Gegenprobe. Wikipedia (Sie wissen, diese Quelle ist mit Vorsicht zu genießen) schreibt zur Schusterkugel:
>Die Schusterkugel ist ein mit Wasser gefüllter farbloser Glaskolben in Kugelform, welcher von Handwerkern, unter anderem von Schustern, bei Feinarbeiten vor allem in den Zeiten vor Einführung elektrischer Lichtquellen benutzt wurde, um eine Lichtverstärkung durch Bündelung einer diffusen Lichtquelle zu erreichen.<

Nun erklärt sich mir auch, weshalb die damaligen Wahrsager, diese Scharlatane, diese Glaskugel hatten, die so der Angelpunkt ihrer Show war. Das waren auch nur Schusterkugeln! Eine Kerze dahinter gestellt und die Bauern, die so etwas nicht kannten, waren fasziniert von dem gezielten Licht oder, wenn der Astrologe noch ein paar

Tropfen Tinte oder Blut oder eine andere Farbe in das Wasser der Kugel hineintropfen ließ, bildeten sich nebelartige Schatten. Mit so etwas kann man heute niemanden mehr in der zivilisierten Welt hinterm Ofen hervor locken, aber vor hundertfünfzig konnte man das mit solcher Show noch durchaus.

Nun noch zu ein paar Rundumfakten. Von dieser „graue Schule", in die mein Vater gegangen ist, steht noch immer nur der Seitenflügel. In ihr ist heute die Musikschule Prenzlauer Berg untergebracht. Von den Häusern gegenüber, in der einst dieser Schuster mit der ominösen Kugel sein Handwerk betrieb, ist nichts übrig geblieben. An der Stelle ist heute der Parkplatz und der Supermarkt von „Kaiser's". Vom Baustil eine typische DDR-Kaufhalle aus den ende 70er, Anfang 80er Jahren. „Kaiser's" übernahm, mit Ausnahme des eigentlichen Ortsteils bzw. früheren Bezirks Pankow, nach der Deutschen Einheit alle HO-Kaufhallen in Ostberlin (zur Erklärung für den Neuberliner aus Bonn ... oder so ...: die „HO" war die staatliche „Handelsorganisation" in der DDR und das Gegenstück zum „Konsum", dieser genossenschaftlichen Handelsgesellschaft, die ja noch heute ... irgendwie ... existiert. Es gab aber bis zur Deutschen Einheit gerade im Prenzlauer Berg auch noch sehr viele private Einzelhändler. Ein Zwischending waren dann diese HO-Kommissionshändler, die Waren von der HO auf Kommission bezogen und verkauften.) .

Mein Vater selbst ist in der Pappelallee 62 groß geworden und lebte dort bis 1961 (das Jahr, in dem er meine Mutter heiratete, in den Bezirk Weißensee umzog und ich geboren wurde). In diesem Haus Nr. 62 selbst gab es unten ein Geschäft für Planen und Markisen, die auch Zelte nähten. Eines dieser Zelte, aus grobem und sehr schwerem Segeltuch, „überlebte" bei uns im Garten bis Anfang der 90er Jahre. Im rechten Nachbarhaus ist das katholische St. Josefs Heim, das heute unter anderem Senioren betreut und einen wunderschönen Park hat, der bis Greifenhagener Straße hindurch geht. Die Häuser 60, 16, 62 gehörten dem Heim. Gegenüber war die „Rote Schule", in die mein Vater die ersten vier Jahre ging. Er erzählte mir auch noch, dass er in den ersten Jahren direkt nach dem Krieg in der Gethsemane-Kirche „mit einem großen Pappschild um den Hals mit meinem Namen und irgendeiner Nummer drauf" täglich ein warmes Essen bekam. „Das wurde wohl irgendwie von den Schweden spendiert. ... Ich kenne da an der Kirche von außen noch jede Ecke! ..."

Diese Souterrain-Kellergeschäfte, an die kann ich mich auch noch erinnern. Ich wähnte sie einst in Massen, zu finden sind sie heute kaum noch. Gebäude mit diesen Geschäften waren lukrativ für die Vermieter und Bauherren.

Der Bauherr brauchte für die Keller nur etwa eine halbe Etage auszuheben. Unter den damaligen Bedingungen halt von Hand mit Hacke, Spaten, Schaufel und Schubkarre. Der Vermieter hatte oben Wohnungen, über ein paar Stufen höher gelegene Geschäfte waren für Boutiquen die Reichen und im Souterrain waren die Läden der Armen. Gebaut zur Kaiserzeit halt, als noch jeder Stand, jede „Klasse" für sich allein lebte.

Man durfte damals auch nicht unendlich hoch bauen. Erst vor wenigen Jahren wurde die einstige kaiserliche Verordnung nach über einhundert Jahren durch den rot-roten-Senat hier in Berlin gekippt.

In dieser Bauordnung aus den Zeiten des II. Deutschen Kaiserreiches stand unter anderem etwas über die sogenannte „Traufhöhe". Innenhöfe in den Mietskasernen hatten z.B. so groß zu sein, dass sich eine von Pferden gezogene Feuerleiter darin bequem drehen ließ. Die Traufhöhe besagte, dass die Häuser an Hauptgeschäftsstraßen nur so hoch zu sein hatten, dass selbst noch zur Wintersonnenwende zur Mittagszeit die Sonne auf den Erdboden der anderen Straßenseite scheinen können musste.

Aus diesem Grund sind ja auch die Dächer der alten Berliner Gebäude so halb abgeflacht. Die heißen richtig „Berliner Dach" und sind, ähnlich wie diese Knickpyramide in Ägypten, eigentlich normale Satteldächer, aber mit einem Knick so auf halber Höhe und oben mit einem geringeren Winkel gebaut.

Wie gesagt, wähnte ich diese Kellerläden einst in Massen. Davon ist heute aber kaum noch etwas da. Ich bin jede Straße im Kiez mit dem Fahrrad abgefahren und hier mein Ergebnis. Mein Vorschlag: erfahren / erlaufen sie das selbst. Also für mich sind diese Geschäfte im Souterrain so ganz Ur-berlin-typisch, aber wie gesagt, kaum noch zu finden. Pappelallee 83 und schräg gegenüber in der 6 sieht man noch die Reste von solchen Läden. In der Schönhauser Allee 54 hat man sie sogar noch, wie auch in der Schönhauser 64, nur dort mit Zugang nicht direkt von der Straße aus, sondern man muss erst so halb in die Toreinfahrt hinein gehen. Greifenhagener / Bucholzer Straße da sieht man noch den Zugang. Die einstigen Gewerberäume sind heute zu Müllräumen degradiert. In der Buchholzer 7 gab es auch einst mit Sicherheit Kellergewerbe. Das sieht man auch im „Göhrener Ei", Göhrener Straße. 8, 9 und 13. Dann gegenüber der Praxis meines Hausarztes, bei dem ich seit achtzehn Jahren in Behandlung bin, in der Hiddenseer Straße 8 – 11 gibt es gleichfalls Gewerberäume im Halbkeller, der in Nr. 11 sogar noch genutzt wird. Auch in der Senefelder Straße 19 ist noch halb im Keller Gewerbe angesiedelt. Und wirklich empfehlen kann ich die Stargarder Straße 45, fast schon an der Prenzlauer Allee, gleich neben der Sparkasse! Dort ist das Kaffee Loni untergebracht, in dem man sehr angenehm sitzen und die Leute halb über einem vorbei flanieren sehen kann. Ob junge Frauen in kurzen Minis das wissen?

Also, „Vaterkin", dieser Text hier war für Dich!

*

Helmholtz – November 2011 – veränderte Version
am 7.10.2011

Mit dem 1.September 1939 begann der vom Hitler-Regime angezettelte II.Weltkrieg. Ab dem 12.August 1940 wurden erstmals durch Bomber der Deutschen Wehrmacht die britischen Inseln direkt angegriffen.

Dieser so beginnenden „Luftschlacht um England" war gewissermaßen eine Testphase der „Legion Condor" voraus gegangen. Die „Legion Condor" war eine verdeckt, das heißt ohne deutsche Uniformen oder Hoheitszeichen, operierende Einheit der deutschen Wehrmacht im Spanischen Bürgerkrieg. Sie wurde 1936 unter strengster Geheimhaltung ins Leben gerufen, griff in alle bedeutenden Schlachten ein und war wichtig für den Sieg der Putschisten unter General Franco über Spaniens demokratisch gewählte Regierung. Ihre Existenz wurde bis 1939 geleugnet. Die Legion Condor errichtete die erste Luftbrücke, führte den ersten massiven Luftkrieg der Geschichte gegen die Zivilbevölkerung eines europäischen Landes und verübte die ersten Verbrechen der Wehrmacht.

Bekannt wurde die Legion Condor insbesondere durch die völkerrechtswidrige Bombardierung und Zerstörung Guernicas 1937, das so zu einem weltweiten Symbol für die Gräuel des Krieges wurde.

In England waren die ersten Ziele der deutschen Luftwaffe im Krieg ab 1939 natürlich Flughäfen, militärische Objekte, Hafenanlagen und schließlich Industriegebiete. Sie sollten England so weit schwächen, dass es entweder freiwillig aufgab oder eine deutsche Invasion, eine Anlandung auf den britischen Inseln möglich machte. Durch die deutsche Wehrmacht wurden dann aber tatsächlich nur einige britische Inseln im Ärmelkanal, wie z.B. Jersey okkupiert.

Großbritannien wehrte sich ziemlich schnell. Bereits am 5.September hatte die britische „Royal Air Force" (RAF) Wilhelmshafen angegriffen.

Berlin wurde durch die RAF vom 25.August 1940 bis zum 30.März 1945 bombardiert, da hieß aber der Chef der Deutschen Luftwaffe, Herrmann Göhring, schon lange in der Berliner Bevölkerung nur noch Meier, hatte doch der, wie er auch hieß, „Goldfasan" oder „Lametta-Heini", bei Kriegsbeginn vollmundig erklärt, er wolle Meier heißen, sollte jemals ein alliiertes Flugzeug Berlin erreichen.

Mit dem Eintritt der USA in den Krieg, nach dem Angriff der Japaner auf den US-Stützpunkt Pearl Harbor in Oahu auf Hawaii am 7.Dezember 1941, teilten sich Briten und Amerikaner die Luftangriffe auf Deutschland. Tags über griff die damalige US-Army-Air-Force (USAAF) die Industriegebiete und Verkehrsadern an, Nachts terrorisierte die RAF die Zivilbevölkerung.

In Berlin wurden vom ersten Kriegstage an Bordsteinkanten mit Leuchtfarbe gestrichen, denn eine Straßenbeleuchtung gab es Nachts im Krieg nicht mehr. Auch wurde Nachts Verdunklung angeordnet.

Die Menschen mussten Fensterläden schließen und Rollos herunter lassen. Autos, Straßen- und S-Bahnen fuhren mit Tarnscheinwerfern, die nur noch einen kleinen Lichtschlitz nach vorn warfen, Grundwehrdienstleistende der NVA werden diese noch aus eigenem Erleben kennen.

Aber auch in den Bussen und Bahnen selbst war „Verdunklung" angesagt, die Fahrgastkabinen hatten an den Scheiben selbst Rollos und wurden innen nur schummerig beleuchtet.

Die S-Bahnen zum Beispiel hörte man eher in die, gleichfalls unbeleuchteten Bahnhöfe, einfahren, bevor man sie sah.

Da in dieser permanenten Dunkelheit und bei Gedränge auch oft die Zugtüren kaum von Wagenzwischenräumen zu unterscheiden waren, schweißte man recht bald und nach einigen Unfällen, bei denen Menschen von Bahnsteigkanten auf Gleise und Stromschienen gefallen waren, Metallbügel in Brusthöhe an die Waggonenden.

Das Leben unter diesen permanenten Luftangriffen muss zermürbend für die Zivilbevölkerung gewesen sein. Ständig auf gepackten Koffern sitzen, oder im Luftschutzraum Stunden lang, Tage lang herum sitzen, warten und hoffen, dass man den nächsten Luftangriff auch wieder übersteht. Ein Soldat hat es da besser, denn er kann bei einem Angriff entweder zurück schießen und sich selbst verteidigen, oder sich selbst eingraben, oder weg laufen oder sich selbst die Kugel geben. All diese Möglichkeiten hat ein Zivilist nicht.

Mein Vater, in der Pappelallee 62 aufgewachsen und bei Kriegsende gerade erst vier Jahre alt (und leider schon am 29.Januar 2010 verstorben) erzählte mir immer, wie schlimm gerade die letzten Kriegstage waren. Ständig raus aus dem warmen Bett, rein in den kalten, muffigen Keller des Hauses, warten. Dann war auch plötzlich mal seine Mutter mal weg, weil sie von irgendwoher was zu essen organisierte und die dann wohl bei einem dieser „Ausflüge" nur um Haaresbreite einem Scharfschützen entging … .
Und dann die letzten Tage, wo sie dann gar nicht mehr aus den Kellern heraus kamen.
Das war dann auch schon eine Zeit, in der viele Leute die Fenster in ihren Wohnungen mit Holz und Pappe vernagelt hatten. Durch die Druckwellen bei den Luftangriffen waren die meisten Fensterscheiben in der Stadt zersprungen. Glas war Mangelware und viele, die dann neue Glasscheiben hätten bekommen können, vernagelten trotzdem lieber ihre Fenster, denn beim nächsten Luftangriff splitterten die Scheiben ohnehin wieder. Hinzu kam die dann noch erhöhte Verletzungsgefahr durch eben jene Glassplitter.
In den letzten Kriegstagen gab es schließlich keinen eindeutigen Frontverlauf in der Stadt mehr. Saßen um zwölf Uhr im Keller des Vorderhauses die Russen und im Dachgeschoss des Seitenflügels noch die Wehrmacht, konnte das eine Stunde später bereits wieder umgekehrt sein.

Hinzu kam, dass die meisten Keller eines Häuserblocks untereinander verbunden waren. Die Häuser trennenden Wände waren überall bereits zu Kriegsbeginn nur lose zu gemauert und sollten als Fluchtweg, für die in diesem Schutzraum Sitzenden dienen, sollte deren Haus von Bomben getroffen sein. Zum Kriegsende hin waren die meisten dieser Mauerdurchbrüche von der Bevölkerung längst begehbar gemacht.

Mein Vater erzählte mir davon, wie er noch so einiges von diesen letzten Kampfhandlungen mit bekam und wie ständig Soldaten in anderen Uniformen durch die Keller flitzten.

Kurz vor der eigentlichen Kapitulation Berlins am 2.Mai 1945, brach noch eine Gruppe von SS- und Wehrmachtssoldaten aus dem Berliner Kessel in Richtung Norden, genau durch diese Keller in der Pappelallee, aus.

Von den Kampfhandlungen in Berlin zeugen die bis heute sichtbaren Einschusslöcher in den Fassaden der wenigen noch nicht sanierten Häuser, davon auch einige in der Pappelallee und vom dortigen Friedhofspark aus erkennbar.

Auf Humann- und Helmholtzplatz waren im Krieg Löschteiche angelegt worden. In diesen verscharrte man nach den Kämpfen eiligst Soldaten beider Armeen.

Ich habe nicht heraus bekommen, ob diese jemals wirklich exhumiert wurden, aber anzunehmen ist es.

Ich erinnere mich noch an ein kleines, vergilbtes Foto, das mir mein Vater in meinen Kindertagen einmal zeigte. Das Bild hier zeigte den Helmholtzplatz vermutlich im Frühjahr 1946. Wir konnten es leider nicht direkt datieren. Die gröbsten Kriegsschäden scheinen bereits beseitigt, jedoch sieht man überall noch diese mit Holz und Pappe vernagelten Fenster. Der Platz ist weitest gehend abgeholzt.

Wohin dieses Bild verschwunden ist, weiß ich nicht zu sagen. Mein Bruder löste die Hinterlassenschaften unseres Vaters vor knapp zwei Jahren allein auf, da ich zu dieser Zeit selbst gerade schwerst erkrankt war.

Nach der Katastrophe „Krieg" kam es 1945/46 zum „Hungerwinter". Die Männer waren meist noch in Gefangenschaft, die Äcker waren im Frühjahr 1945, aus verständlichen Gründen, nicht oder kaum bestellt worden, Brennmaterialien gab es, wegen der fehlenden BergMÄNNER, auch kaum, dazu kamen die fast komplette Zerstörung der Infrastruktur und der Verkehrswege in Deutschland, Gerangel der Alliierten um Kompetenzen untereinander, zugige, weil meist kaputte Wohnungen und eine besonders harte Kältewelle. Viele, die den Krieg überlebt hatten, erfroren in diesem Winter.

In seiner Not, den Menschen irgendwie helfen zu wollen, gab der Berliner Magistrat deshalb die Fällung von Straßenbäumen frei und verteilte die Bäume, auch in Parks und auf Plätzen, an die Hausgemeinschaften, ... also sie wies diesen dann bestimmte Bäume zur Fällung zu.

Was zum Beispiel an Bäumen im Tiergarten den Endkampf um Berlin überlebt hatte, wurde dann dort in diesem Winter abgeholzt. Deshalb ist der Helmholtzplatz auf diesem Foto auch so kahl.

Ein nächster Schritt des Berliner Magistrats, um dem Hunger herr zu werden, war dann, dass alle Plätze beackert werden durften. Und so sehen wir auf diesem Bild hier offenbar ganze Hausgemeinschaften auf dem Helmholtzplatz bei der Gartenarbeit im Frühjahr 1946. Es ging dabei vor allem um den Anbau von Kartoffeln und um Kohl- oder Steckrüben.

Und dann sind mir auch noch die Geschichten meines Vaters und meiner 1982 verstorbenen Großmutter mütterlicherseits in Erinnerung, die mir davon berichteten, wie man nach dem Krieg überall, wo man es konnte, Nahrung herstellte. Kaninchen und vor allem Hühner wurden (nicht Art gerecht) in kleinen Verschlägen auf Balkonen oder sogar in Küchen gehalten. Und in Blumenkästen und als Zimmerpflanzen gediehen vor allem Tabak und Rüben.

*

Helmholtzplatz September 2012 am 13./21.8.2012 (zweiter Absatz basierend auf der nicht gedruckten Einleitung zur August-Ausgabe).

Zuerst noch ein Nachtrag zum Mach-Mit-Museum. Erst über Umwege habe ich erfahren, woher deren Einrichtung für ihren internen Seifenladen stammt. Sie kam mir bei meinem Besuch irgendwoher bekannt vor, ohne dass ich wusste, wohin ich das Mobiliar stecken sollte. Es ist aus dem Seifenladen in der Naugarder Straße, der 1992 geschlossen wurde.

Eine Bekannte erzählte mir, dass es in einer herunter gekommenen Wohnung in einem Hinterhaus der Lettestraße 7 bis zur „Wende" einen Typen gegeben haben soll, der allein dadurch Stein reich wurde, dass er „Schallplatten" aus dem „Westen" unter der Hand verkauft habe. Er hatte einen tschechischen und einen polnischen Kumpel, die für ihn regelmäßig nach Westberlin fuhren, dort die Schallplatten kauften und sie dann in den Ostteil der Stadt schmuggelten.

Castorff in der Pappelallee, da ist jetzt auch der „Behelfsverkauf" geräumt. Schade, dass er diesen Laden nicht weiterführen bzw. weiter vererben konnte. Seine Fachkompetenz hat sicher vielen geholfen.

Der Flachbau der Musikschule in der Pappelallee ist abgerissen, das letzte noch unsanierte Haus in der Straße (an dem ich bei meinen Führungen immer sehr anschaulich zeigen konnte: „Sehn' 'se mal, so sah das in den Straßen vor der >Wende< überall aus!") ist nun auch hinter Bauplanen verschwunden.

Als Jugendliche gingen wir immer „zum gruseln" dorthin. Die Straßenbahnlinie 70 fuhr ja aus Hohenschönhausen, wo ich aufwuchs, direkt durch. Angeblich hielt sich Wolf Biermann vor seiner Ausbürgerung aus der DDR in diesem nun verschwundenen Flachbau 1976 immer mal auf. Das erkannte man daran, dass auf der anderen Straßenseite Volkspolizisten Wache schoben und auf und ab gingen. Dort dann mal einfach stehen zu bleiben und in Richtung des Flachbaus zu schauen, empfanden wir als fünfzehnjährige „irgendwie gruselig".

Der Name „Dünnebacke" war mir irgendwoher ein Begriff. Erst, als ich beim Zeitung verteilen den Inhaber ansprach: „Sie gibt's ja schon ganz schön lange!", wurde mir erkjlärt, dass es diesen Laden schon seit 1930 gibt. Und da erinnerte ich mich, dass Vaddern (verstorben 2010) mir mal erzählt hat, dass er da in seiner Lehrzeit immer nach Feierabend seine zwei Flaschen „Helles" gekauft hat.

Womit ich jetzt mal in diese Zeit Ende der 50er Jahre hinein gehen möchte. Der DEFA-Film „Berlin Ecke Schönhauser" von 1957, ich sah ihn leider erst kürzlich, ist da wirklich ein Zeitdokument. Drehbuch Wolfgang Kohlhaase, von dem auch „Sommer vorm Balkon" stammt, Regie Gerhard Klein, spielt genau an der Ecke Schönhauser Allee / Pappelallee / Danziger Straße. Genau das ist auch der Aufmacher des Films, ein Kameraschwenk über diese Ecke.

Die Sparkasse an der Ecke Kastanienallee gab es schon damals, das schmale Eckhaus Schönhauser / Pappelallee war ein „Konsum"-Lebensmittelgeschäft, dem gegenüber Pappelallee / Danziger Straße war ein Lampenladen und über diesem ein Polizeirevier mit einer sogenannten Meldestelle.

Die Laternen waren hohe Gasleuchten und die Straßen waren alle Kopfstein gepflastert. Witzig, die alten Vorkriegsstraßenbahnen. ... und dann gab es überall freie Parkplätze ...

Die Atmosphäre die der Film zeigt ist genau das, was ich aus den Erzählungen meines Vaters her kenne. Unter den im Film aufbegehrenden Jugendlichen könnte mein Vater sein. Auch diese in dem Film vorkommenden „Normalitäten" der geteilten Stadt vor dem Mauerbau, dass man halt heimlich Westgeld tauschte, dass die Kids im Wedding ins Kino („...für nur fünfundzwanzig Pfennig Ost! ... so mein Vater) gingen, um sich dort in schauderhaften Flohkisten „Vom

Winde verweht" anzuschauen, kenne ich aus Erzählungen genauso wie das heimlich gekaufte Comic-Heft mit dem Westernhelden „Tom Mix", von dem „Vaddern" - also Vadderns Vater, mein Opa – nichts wissen durfte.

Wie die „Übergangsstellen" zwischen Ost- und Westberlin in jener Zeit genau aussahen, wurde mir erst durch „Berlin Ecke Schönhauser" klar. Postenkette aus Polizisten auf beiden Seiten der Zonengrenze, die willkürlich kontrollierten. Und dann schlief abends um zehn schon die Stadt.

So und nun noch was Neues. Zur Abwechslung besuchte ich die „Mietergärten" in der Schliemannstraße 8.

„Garten" assoziiert bei mir zwei Extreme. Auf der einen Seite wild wuchernde Beete mit vielen (Un-)Kräutern (Schon mal Brennnesseln als Ersatz für Spinat gemacht? Lecker!) und dazwischen uralte Obstbäume. Diese Variante wäre so mehr mein Ding. Auf der anderen Seite sehe ich aber auch vor meinem inneren Auge die spießigen, miefigen Vorstadtgärten in Mühlenbeck, Zehlendorf oder Eiche, bei denen jeder Baum gefällt und jeder Anschein von Gemüse oder gar Wildkräutern getilgt und alles voll Rasen besäht ist … jeden Samstag auf Kante und 3 mm geschnitten.

Hier in den Mietergärten des Prenzlauer Bergs ist das alles anders. Von vorn, von der Schliemannstraße aus, bemerkt man von ihnen gar nichts. Man wundert sich nur, dass hier zwei Lücken in der Straßenfront bisher noch nicht bebaut sind. Ich musste erst an dem Spielplatz vorn vorbei, um die Gärten hinter zur Dunckerstr hin zu sehen. Diese lohnen in jedem Fall einen Ausflug. Auf kleinsten und engsten Flächen blüht, wächst und gedeiht all das, was der biologisch mitdenkende Stadtmensch glaubt, zu brauchen. Ja, auch auf meinem Balkon wächst Rhabarber in einem großen Kübel! Im Mietergarten wachsen vor allem Kräuter. Keine chemische Keule ballert Unkräuter oder gar Insekten weg. Hier ist alles so natürlich, wie es Großstadtluft und -boden her geben.

Ganz wichtig: auch Kinder begreifen hier zum ersten mal das „Wunder des Lebens".

Ich bin damals am Stadtrand in Hohenschönhausen groß geworden und zu unserer Schule gehörte noch ein richtiger Schulgarten, den wir bis zur vierten Klasse pflegten. Haben Schulen in der Innenstadt so etwas überhaupt?

Als **Extratext** oder als Anhang:[27]
Bei unserem Ausfahren der Zeitung sieht man immer wieder sehr viel. Leider haben wir dabei selten einen Fotoapparat dabei, deshalb hier mal drei kleine schreib technische Stilblüten, die wir gesehen haben.

„Café to go" ist ein Beispiel für gutes französisch-britisches Einvernehmen. Aber warum lässt man uns Deutsche außen vor und schreibt nicht „Café to mitnehmen"? - Gesehen am Kollwitzplatz.

„Heute warme Bockwurst" … also frisch und heiß ist die garantiert nicht mehr! Möchten Sie vielleicht noch 'n leckeres, labberiges, lauwarmes Würstchen? - Gesehen in der Greifswalder Straße.

„Freak-Kadellen mit Kartoffeln und Rotkohl". Diese Schreibweise der „Frikadellen" war mir noch gar nicht geläufig! Wie wäre es denn mit diesen Varianten: „Friggadellen", „Wrieckkatellen" oder „Freak`s Dellen"? Egal, der Berliner sagt eh „Bulette". - Gesehen am Helmholtzplatz.

Als **Extratext** oder als Anhang:[28]

Man denkt ja, dass die Buddeleien im Prenzlauer Berg immer nur Temporär sind, aber manchmal hat man den Eindruck, „die werden nie fertig" oder „der ganze Prenzlauer Berg wird ständig umgewühlt." Vielleicht gewöhnt man sich auch ganz einfach an die ständigen

27 ... dieser Absatz wurde leider nie veröffentlicht
28 ... auch der wurde nie gedruckt

Baustellen und sieht sie gar nicht mehr. Bei letzterem stimmte mir neulich sogar ein Hörer zu.

Hier eine kleine Auswahl der Baustellen Stand Anfang August (ist garantiert nicht vollständig) – genannt sind Vollsperrungen, Spureinschränkungen, Spurverschwenkungen, plötzliche Einbahnstraßenregelungen oder temporäre Sackgassen:

Greifswalder Str. zwischen Danziger und Königstor, Am Friedrichshain – überall mal so, Margarete-Sommer-Str., Paul-Heyse-Str zur Danziger, Sredzkistraße Abschnittsweise, Kastanienallee seit etwa zwei Jahren, Storkower Str. kurz vor der Greifswalder schon seit fast vier Jahren immer mal wieder, Raumer Ecke Lychener, Senefelder Str. zwischen Stargarder und Göhrener Str., Raumerstr zwischen Senefelder und Prenzlauer Allee, Knaackstr. zwischen Prenzlauer Allee und Kollwitzstr., Belforter Höhe Straßburger Str., Stargarder Ecke Schönhauser Allee, Gleimstraße fast komplett, Kopenhagener Str. auf einigen Abschnitten, Choriner Str. Höhe Oderberger Straße, die Oderberger Str. Abschnittsweise, Naugarder Straße, Greifswalder Str. Höhe S-Bahnhof, Greifenhagener Str., Buchholzer Str., Christburger Straße Abschnittsweise, Milastr., Dänenstr., Schivelbeiner Ecke Schönhauser, Bötzowstr, alter Schlachthof an mehreren Stellen, Stahlheimer/Pappelallee, Schönhauser Allee Höhe S-Bahnhof, Ystader / am Falkplatz, Korsörer, Schwedter Str. vor dem Aldi, Gaudystr. Schwedter Str. noch zweimal, Schönhauser Allee zur Torstraße für Fahrzeuge mit mehr als 7,5 t gesperrt, Schönhauser Allee neben dem jüdischen Friedhof, Kollwitzstr/Metzer Str., Saarbrücker Str., Straßburger Str. mehrmals, Prenzlauer Berg, Prenzlauer Allee / Wichert-/Grellstr, Hufelandstr /Hans-Otto-str., John-Schehr-Str., Conrad-Blenkle-Str: / Landsberger Allee, Wörther Ecke Knaackstr., Kanzostr., Hiddenseer Str., Stubbenkammer Str., Zelterstr., Humannplatz, Krügerstr., Dunckerstr., Ostsee Str.!

Mir scheint es allmählich einfacher, die Straßen aufzuzählen, in denen NICHT gebaut wird! Kleiner Hinweis von mir: wenn Sie Sich mit Freunden im Prenzlauer Berg verabreden, dann bitte nicht "an der Baustelle".

*

Kiez Helmholtzplatz Variante II – am 17. – 24.9.2010

Hermann Ludwig Ferdinand von Helmholtz (* 31. August 1821 in Potsdam; † 8. September 1894 in Charlottenburg) war ein deutscher Physiologe und Physiker.
Als Universalgelehrter war er einer der vielseitigsten Naturwissenschaftler seiner Zeit und wurde auch Reichskanzler der Physik genannt.
Im Hobrecht-Plan von 1862, der auch die Bebauung des damals noch landwirtschaftlich genutzten Windmühlenbergs vorsah, trug der heutige Helmholtzplatz Platz die Bezeichnung „D XII". 1885 wurde die in diesem Gebiet bestehende Ringofen-Ziegelei des Deutsch-Holländischen Aktien-Bauvereins gesprengt und mit Mietwohnhäusern bebaut. Erst nach Protesten der Anwohner hin wurden die Reste des alten Ringofens zugeschüttet.
Am 4. August 1897 erhielt der Platz dann seinen heutigen Namen. Bereits 1898 begann man mit der Gestaltung als gärtnerische Schmuckanlage mit Spielbereichen. 1928 wurde in der Osthälfte des Platzes ein Trafohaus als elektrische Schaltstation gebaut. Dieses wurde mit einem Sitzbereich und Wetterschutz ergänzt.
Am Ende des Zweiten Weltkrieges gab es auch einige Zerstörungen auf dem Helmholtzplatz.
Danach wurde er als parkähnlicher Stadtplatz mit Kinderspielplatz, Sitzgelegenheiten und Wiese neu gestaltet. Um 1950 wurde der Säulenbereich des Trafohauses vermauert. 1976 wurde auf dem Platz eine öffentliche Bedürfnisanstalt gebaut und ein Ballspielplatz eingerichtet. 1983 wurde ein großer Teil des Platzes versiegelt, um ihn

als zentralen Verkehrserziehungsgarten des Stadtbezirks Prenzlauer Berg zu nutzen.

Nach 1989 gab es zahlreiche Ideen zur Umgestaltung des Platzes. Die Säulenhalle des Trafohauses wurde wieder freigelegt und es gab Ausgrabungen im Bereich der alten Ziegelei. In den 1990er-Jahren wurde das Quartier um den Helmholtzplatz vom Berliner Senat zum Sanierungsgebiet erklärt. 1993 lobte der Berliner Senat einen Wettbewerb zur Freiraumgestaltung aus. Allerdings dauerte es bis 1998, ehe die Gelder für einen Umbau zur Verfügung standen. In der Zwischenzeit verwilderte der Platz und wurde zu einem Treffpunkt von Punks und Alkoholikern. 1998 wurden dann zunächst der Bolzplatz und die Spielanlagen rekonstruiert. Von 1999 bis 2000 wurden die übrigen Bereiche in drei Bauabschnitten unter Berücksichtigung verschiedener Nutzerbedürfnisse neu gestaltet.

Der Helmholtzkiez als Planungsraum 32 und der Berliner Bezirksregion XIII wird er durch die Öffentliche Verwaltung unter dem Namen Helmholtzplatz definiert. Das Quartier Helmholtzplatz ist 84 Hektar groß und zählte 20.791 Einwohner im Jahr 2007.

Ab 1.Oktober 2010 wird auch dieser Kiez „Parkraum bewirtschaftet".

Der Helmholtzkiez war eine der Geburtszellen der DDR-Bürgerrechtsbewegungen mit der Gethsemanekirche als Treffpunkt für die Opposition. Deshalb fand die Beisetzung für Bärbel Bohley vor wenigen Tagen, am 26.September auch hier statt.

Ende Dezember 2007 wurde, trotz aller Proteste, die Bibliothek im Elias-Hof in Berlin-Pankow geschlossen, ein Teil der Bücher wurde in andere Einrichtungen transportiert. Auch ich solidarisierte mich mit den Protestlern und las in der besetzten Bibliothek eigene Texte.

Ende Januar 2008 fand eine weitere Protestveranstaltung vor der Bibliothek statt.

Auf der Sitzung der Bezirksverordnetenversammlung Pankow am 06.02.2008 stellte eine Verordnete der Bündnis 90/Die Grünen-Fraktion offizielle ein Kleine Anfrage, wie das Bezirksamt das schon einige Wochen vor der Schließung der Bibliothek vorgelegte Konzept der Direktorin des MACHmit-Museums zur Fortführung der Bibliothek unter der Regie des Museums bewerten würde.

Bedacht wurde, dass die Bibliothek im Elias-Hof in ein Gesamtkonzept von kulturellen Einrichtungen für Kinder und Jugendliche, welche an diesem Standort konzentriert wurden, eingelassen war. Hierzu zählt eine Musikschule, ein Kinder- und Jugendtheater und weitere Einrichtungen.

Wie so oft war – neben dem finanziellen Aspekt – auch bei der Einrichtung dieses Ensembles die leitende Grundidee, dass die Attraktivität der einzelnen Angebote sich mit dieser Zusammenlegung erhöhen würde. Das Profil der Bibliothek im Elias-Hof war wegen der Ansiedlung in diesem Komplex einerseits durch eine große Kinder- und Jugendabteilung, andererseits durch einen starken musikalischer Schwerpunkt gekennzeichnet.

Wegen der vielen jungen Familien mit ihren Kindern, die sich in den letzten Jahren im Prenzlauer Berg angesiedelt haben, war es notwendig, mehr Grundschulplätze im Stadtteil zu schaffen. Damit kommt es mit Beginn diesen Schuljahres in Teilen wieder zur eigentlichen Nutzung der Gebäude als Schule. Kraftfahrer sollten beachten, dass vor der Schule die Verkehrsregelung „Spielstraße" gilt und entsprechend aufmerksam sein.

Am 3. Juli 1910 wurde die Elias-Kirche, erbaut von Gustav Werner, ein roter Klinkerverblendbau in der Senefelderstr. 5, feierlich eingeweiht. Ihren Namen erhielt sie nach dem Propheten des Alten Testamentes (1. Könige, Kap, 17 folgende) aus der frühen israelitischen Zeit. In den Jahren 1960/61 fand eine konsequente Umgestaltung des Kirchenschiffes statt, in deren Verlauf der in neogotischem Stil gestaltete Holzaltar, die Taufe und die Kanzel einer nüchternen Sachlichkeit weichen mussten.

Nach mehr als 90 Jahren wurde dann die Kirche 2001 an das »Kinder- und Jugendmuseum« für 75 Jahre verpachtet, da die Kosten für eine notwendige umfangreiche Sanierung weder von der Gemeinde noch der Landeskirche aufgebracht werden konnten. Aus der Kirche wurde der originale Taufstein gerettet und restauriert und schmückt nun den Innenraum des Kuppelsaales. Außerdem läuten die Glocken nach wie vor jeden Tag um 12 und 18 Uhr und zu allen Gottesdiensten, die nun im Gemeindehaus Göhrener Straße 11 stattfinden, wo auch das gesamte Gemeindeleben seinen Ort hat.

Erbaut wurde das Gemeindehaus in den Jahren 1927/28 von Otto Werner (1885- 1954), der ein Gemeindezentrum in spätexpressionistischem Stil entwarf und baute. In Anlehnung an die Fassade der Kirche gestaltete er die Außenfassade des Hauses mit rotbraunen Klinkern, und am Eingang des Hauses und der Durchfahrt schuf er spitzbogige Portale, um die Zusammengehörigkeit beider Gebäude zu betonen.
In den Brüstungen der Erker befinden sich drei vergoldete Medaillons mit den Portraits des Propheten Elias mit dem Raben (unten), der Heiligen Barbara (Mitte) und dem Erzvater Abraham (1. Mose Kapitel 12 folgende). Der Bildhauer Alfred Ehlers hat diese Figuren geschaffen. Am Gebäude im Hof befinden sich vier Terrakotta-Plastiken von demselben Künstler, die beide ein Buch oder besser eine Schriftrolle in den Händen halten. Sie werden als Repräsentanten des Alten und Neuen Testamentes gedeutet. Die Durchfahrt zum Hof ist mit einem Kreuzgratgewölbe

überspannt und das Eingangs- und das Hofportal sind mit großflächigen Glastüren versehen. Die Treppe, die zum Treppenhaus führt, zeigt in ihrem Scheitelpunkt einen Christuskopf.

Heute befinden sich im Komplex, Gemeindesäle, Büroräume und der Ev. Kindergarten.

Ich selbst mag diesen Kiez sehr ... weshalb es mich auch immer wieder hier her zieht, wie zum Beispiel mit meiner Kleinkunstbühne „Crazy Words" .

Das Umfeld des Platzes strahlt etwas mediterran-gelassenes aus. Schon seit einigen Monaten laufen Bauarbeiten in der Stargarder Straße, die den Verkehr auf ihr einmal beruhigen sollen, denn noch ist sie eine recht unübersichtliche Hauptstraße.

Ich bin vor einigen Jahren mal mit einem Mietwagen durch das spanische Sevilla gefahren und bemerkte dabei, gegenüber meiner Bekannten im Wagen: „Wenn man durch die Stargarder Straße im Prenzlauer Berg fahren kann, dann schafft man es auch mit den Einheimischen durch die Altstadt von Sevilla!" ... Ehrlich! Ein großer Unterschied ist da nicht!

*

am 21.10.2007 - **Hinterhöfe Teil 1**

Liebe Leser, nachdem ich an dieser Stelle im Laufe der Jahre so viele Artikel über einzelne Kieze und Straßen im Prenzlauer Berg geschrieben habe und diese nun, von der Machart her, auch von anderen Zeitungen kopiert werden, ist es jetzt an der Zeit, einmal ein etwas anderes Thema aufzugreifen. Hinterhöfe!

Hinterhöfe in Mietskasernen können, trotzdem sie meist eng sind und Licht in ihnen oft fehlt, dennoch urtümlicher Lebensraum sein. Natürlich nervt es, wenn Herr Meier jeden Morgen nur ein paar Schritte von Frau Lehmanns Schlafzimmer entfernt am Fenster steht und zu ihr hinüber schauen kann. Natürlich nervt auch Lärm, der in diesen

Höfen schalltrichterartig verstärkt wird und mich interessiert nun wirklich nicht, wie häufig Frau Müller allnächtlich von ihrem Gatten begattet wird. Aber Hinterhöfe sind dennoch meist ruhige Inseln im hektischen Lärm der Großstadt und sie bieten oft erstaunliche Lebensräume für Mensch und Tier. Heute: der Hof Hosemann/Erich-Weinert- / Gubitz / Grellstraße

Der beste Zugang zu diesem Hof gelingt über die Preußstraße, die kürzeste Straße im Prenzlauer Berg, die nur etwa 50 m lang ist und in diesen Hof quasi hineindringt. Man sollte entlang der Innenseite des Häuser-Karrees mit der Erkundung dieses Hofs beginnen und ruhig ein bis zwei Stunden dafür einplanen (übrigens Danke an Sibylle für diesen Tipp!). Am Ende der Preußstraße ist eine riesige Kindertagesstätte. Das Alter der Kita lässt sich von der Bauart der Häuser her schlecht bestimmen. Noch ende 30-er oder schon „frühe DDR" ist mir somit unklar. Auf jeden Fall ein riesiges, ein großzügiges Gelände, dass sich einem Außenstehenden am besten auf Satellitenfotos (z.B. Google/Maps), erschließt.

Überhaupt sind diese Satellitenbilder von der Berliner Innenstadt so detailgenau, dass man selbst die Radieschenbeete der, das Kitagelände umsäumenden Kleingartenparzellen erkennen kann. Gut, wandern wir nun entgegen dem Uhrzeigersinn in diesem Karree herum. Direkt hinter den Häusern der Grellstraße befindet sich ein Weg. Es folgen, wie schon erwähnt, Kleingärten. Diese dienen nicht nur als Sicht-, sondern auch als Lärmschutz zwischen Häusern und Kita. Auf der Seite der Hosemannstraße dann ein verwilderter, überwucherter Eingang zu einem, schon vor geraumer Zeit geschlossenen Gebäude der Kita. Anwohner erzählten mir, dass es in den 70er erbaut, Asbest belastet ist und deshalb geschlossen wurde. Wir wandern weiter durch die Kleingärten und stehen parallel zur Erich-Weinert-Straße plötzlich auf einem grob gepflasterten Weg, der gewissermaßen zum

Hintereingang dieses ganzen Kita-Geländes führt. An der Pforte erkennt man: „Amt V – Familie, Jugend, Sport". Offenbar wird auch dieser hintere Teil genutzt, dann man sieht abgestellte PKW und gepflegtes Gelände. Weiter geht es. Parallel zur Gubitzstraße dann ein Spielplatz mit Klettergerüst und Tischtennisplatten. Allerdings sahen mir die Jugendlichen, die sich dort tummelten, eher wie Drogendealer aus, aber das war sicher nur mein subjektiver Eindruck. Erneut geht es zwischen Kleingärten und Häuserzeile entlang und schließlich ist einer der möglichen Wege Richtung Preußstraße erneut beidseitig von Kleingärten gerahmt. Gelegentlich sieht man auch noch kleine Wiesen mit den Resten rostiger Pfähle an denen einst Wäscheleinen im Wind flatterten. Die Kleingärten gehörten einst sicher mit zum ursprünglichen Konzept der Wohnanlage, das in der DDR weiter gepflegt wurde. Die Parzellen boten somit vor allem Kinderreichen Familien in Zeiten des Mangels, vor und bis weit nach dem Krieg, die Möglichkeit der Eigenversorgung mit frischem Obst, Gemüse und mit Kleintieren. Somit bleibt zu hoffen, dass dieses kleine Naherholungsgebiet, das sicherlich auch wichtig für die tierische Artenvielfalt in der Innenstadt ist, trotz der allgemeinen Sanierungswut erhalten bleibt.
Wenn Sie einen schönen Innenhof haben, teilen Sie es mir mit! Ich komme gern vorbei und berichte darüber!

*

am 15.11.2007 - **Im Kollwitz-Kiez**

Kommen wir heute vom Großen ins Kleine und fokussieren wir dann immer mehr. Da ich mit einer von den Menschen bin, die diese Zeitung im November mit ausgefahren haben, stellten wir dabei fest, dass es in jedem Kiez im Prenzlauer Berg derzeit Bauarbeiten an wichtigen Knotenpunkten oder auf wichtigen Straßen gibt, mehrere auch entlang der Kollwitzstraße. Was mir bei der Recherche aufgefallen ist,

ist dass es im Kollwitzkietz, mit drei kleinen Ausnahmen über die ich noch berichten werde, keine öffentlich zugänglichen Höfe gibt, wenn man einmal von dem Gewerbehof der Kulturbrauerei absieht.

Ich begann meinen Streifzug am U-Bahnhof Senefelder Platz. Bauarbeiten (wen wundert's) an der Ecke Metzer Straße, Schönhauser Allee.

Der „Judengang" (ich berichtete hier schon einmal über diesen Weg, den jüdische Trauerzüge einst auf Befehl des preußischen Königs/deutschen Kaiser's nehmen mussten – er verläuft parallel zur Kollwitzstr.) ist noch freigelassen, aber an keiner Stelle mehr öffentlich zugänglich. Er verbindet die Höfe der Gebäude vom Senefelder Platz entlang der Kollwitzstr. bis hin zur Knaackstraße.

Kurz vor der Belforter Straße entsteht der offenbar gemauerte Neubau „Kolle 22". Gleich daneben und gleich an dieser Ecke werden Edelwohnungen gebaut. „Palais KolleBelle" heißt es.

Die Baugrube ist sehr tief und geht zwei Stockwerke unter die Straßenebene. Vermutlich entstehen viele Tiefgaragenplätze. Entlang der Kollwitzstraße eine Ecke weiter stehen in der Knaackstr., vom Kollwitzplatz bis zur Prenzlauer Allee, auch entlang des Wasserturms, Ginkgo-Bäume als Straßenbäume. Danke für diesen Tipp an Petra[29]! Leider erkennt man diese Bäume zu dieser Jahreszeit nicht, aber schauen Sie im Frühjahr nach! Der Ginkgo ist eine der ältesten und urwüchsigsten Baumarten an sich. Mit seinem unveränderten Aussehen seit ca. 220 Millionen Jahren gilt er heute als lebendes Fossil. Der Berliner Aktionskünstler Ben Wa(r)gin (seine korrekte Schreibweise ist unklar, er wird aber von verschiedenen Quellen, die ich allesamt als seriös bezeichnen würde, mal mit, mal ohne „r" genannt) bemühte sich in Berlin sehr um diesen Baum.

Direkt am Kollwitzplatz, dort wo auch die längste Bank Berlins steht (da kann man Sachen auf die „lange Bank

---

29 ... meine Cousine

schieben" ...), wird die kreuzende Wörtherstr. derzeit gerade zur Fußgängerzone[30] umgebaut. Auch die nächste Ecke, Kollwitz-/Sredzkistr. wird momentan umgebaut und verkehrstechnisch vermutlich „entschärft". In der Sredzkistr. dann Pappeln als Straßenbäume. Diese Pappeln fallen einem besonders im Herbst sehr ins Auge, weil sie viel länger als andere Bäume ihr grünes Blätterkleid behalten. Wieso? Warum? Vielleicht ist ja ein Botaniker unter unseren Lesern?[31] ... Die Husemannstr. kam 1987 in die Schlagzeilen, als zur 750-Jahr-Feier Berlins diese Straße komplett saniert wurde. Die Höfe wurden entkernt, die Wohnungen bekamen endlich Innen-WC und neue Heizungen. Großes Tamm-Tamm dann, als Erich Honecker diese Straße persönlich besuchte.

Die Husemannstr. war allerdings so fast die einzige Altbausanierung zu DDR-Zeiten. Normalerweise wurden die alten Häuser eher abgerissen und durch "Platte" ersetzt, wie man am unrühmlichen Beispiel der Altstadt von Bernau sehen kann.

Und nun kommen wir zurück zu den offenbar einzigen öffentlichen Höfen im Gebiet, in der Rykestr. gegenüber der Synagoge. Man muss sich ein Herz fassen, um diese lauschigen Plätzchen für sich zu erobern. In der Ryke 2 ist das „Künstlerhaus am Wasserturm" in einer ehemaligen „PGH Mopedservice" im 2.Hinterhof unter gekommen. Im Haus gibt es auf vier Etagen Kunst vom Töpfern bis zur Galerie.

Eine Hausnummer weiter, in Ryke 3 (hier wohnte einst der Antifaschist Franz Huth), gleichfalls im 2.Hinterhof ein Wellness-Center, daneben ein Bistro und ein kleiner Teich mit plätscherndem Wasser.

Die jüdische Synagoge gegenüber ist Donnerstags von 14.oo – 18.oo Uhr für die Öffentlichkeit zugänglich. Man

---

30 ... nicht zur Fußgängerzone, sondern zur Spielstraße
31 ... siehe mein Text in der Ausgabe für Mai 2024, da erklärt
   es sich – ist hier im Band 3

kann die Synagoge allein leider nicht besichtigen, während der Öffnungszeiten gibt es nur Führungen (5 €, ermäßigt 3 €). Ansonsten hat die Rykestraße etwa das Flair der Oderberger Straße mit dem fußwegmittigem Baum- und Strauchbewuchs. In Nummer 28 noch eine Kriegslücke, in Nr. 34 ein Minipark.

Kurz nochmals zurück Richtung Wasserturm. An der Kolmarer / Mühlhäuser Straße das „Prenzlauer Berg – Museum" mit angegliederter Galerie.

In der Diedenhofer 10 eine öffentlich zugängliche Wiese.

Der zwischen Kolmarer und Diedenhofer Straße liegende Wasserspeicher dient in seinem inneren häufig als Ausstellungsfläche. Äußerlich ist das gesamte Gelände „entkrautet" worden. Hübsche Parkbänke, nette Wege und eine schöne Aussicht vom Gipfel des Wasserspeichers. Zwischen ihm und dem Wasserturm liegt in einer gepflegten und sanierten soliden Baracke der „Kindergarten am Wasserturm". Der Wasserturm selbst ist sicher der beliebteste Wohnort im gesamten Prenzlauer Berg. Wie sind dort eigentlich die Wohnungen geschnitten? Ich weiß es nicht! Fände aber die Antwort sehr interessant. Den Wasserturm zieren die Hausnummern 23 vorn und 25 hinten. Keine Ahnung, von welcher Straße aus gesehen. Von März bis Juni 1933 war der Wasserspeicher jedenfalls, nach der Machtübernahme der Nazis, vorübergehend KZ.

Mal schauen, wohin es uns im nächsten Jahr verschlägt!

*

am 29.10.2006 - **Humannplatz**

Irgend etwas wollte mich vom Schreiben abhalten? Was war es doch gleich? Diese lauschige Bank unter den alten Bäumen, an eben jenem Platz, über den ich heute berichten will. Gut, machen wir uns also gleich auf den Weg in das Viertel rund um den Humannplatz. Karl Humann (1839 – 1896), Archäologe, war ab 1884 Direktor der „königlichen

Museen zu Berlin". Nach ihm ist der, schon im Hobrechtschen Bebauungsplan angelegte Platz an der Ecke Wichert/Stahlheimer Str. benannt.

Bis in die 20-er Jahre des 20.Jahrhunderts hinein war ein gut Teil des Gebietes noch Brachfläche mit Kleingärten.

Die von der Greifswalder Str. bis zur Schönhauser Allee verlaufende Erich-Weinert-Str. ist zwischen Prenzlauer Allee und Stahlheimer Str. so in etwa die Grenzlinie zwischen der Bebauung vor und nach dem I.Weltkrieg. Auf sehr interessanten Satellitenfotos (Google-Maps) kann man gut die Wohnblöcke mit ihren großzügigen Höfen einsehen. Man könnte dieses Stadtviertel fast dritteln. In der Gegend, zwischen Meyerheim Str. und Duncker Str. wurde 1998 die dort ansässige Postfiliale geschlossen. Es gab Proteste von Bürgern und Humanistischer Bewegung dagegen. Das OKB-Fernsehen und die Prenzelberger Ansichten berichteten damals darüber!

Insgesamt sind die Häuser zwischen Prenzlauer Allee, Stahlheimer Str. und E.-Weinert-Str. eine reine Wohnstadt mit relativ wenig Gewerberäumen. Die Bebauung zwischen E.-Weinert und Wichert-Str. ist hingegen älter und dunkler. Eine Grundschule befindet sich hier noch.

Das Gebiet zwischen Stahlheimer Str. und Schönhauser Allee ist hingegen interessanter. Gehören eigentlich die „Schönhauser Allee Arcaden" noch dazu? Ich weiß es nicht. Als dieses Einkaufs-Center vor Jahren öffnete sagte man ein Verkehrschaos und ein Ladensterben in den angrenzenden Straßen voraus. Beides trat bislang nicht ein.

Geschlossen hatte einzig, für kurze Zeit, die Blues-Kneipe „Harlem", Scheerenberg- / Rodenbergstraße. Der Besitzer hat gewechselt. Welches Konzept der Laden nun verfolgt, ist unklar. Früher war das alte „Harlem" hingegen für Musiker immer ein sicherer Tipp zum Auftreten.

Weitere Interessante Läden sind wieder entlang der E.-Weinert-Straße. Da wäre zum Beispiel an der Ecke Greifenhagener Str. der „Bühnenrausch", in dem nettes, kleines, feines Theater gemacht wird. Auf derselben Ecke, direkt gegenüber der „Sonntagsclub". Ein schwul-lesbischer Treffpunkt für jung und alt. In einem Schlager von Cindy & Bert aus dem Jahre 1973 heißt es in der Titelzeile: „... immer wieder Sonntags – kommt die Erinnerung ...", daher der Name „Sonntagsclub". Was man nicht alles als Macher beim OKB-Hörfunk lernt?

Die knapp 100 m entfernte „Sonderbar", E-Weinert / Scheerenbergstr., ist ein gemeinnütziges Projekt. Psychisch angeknackste Menschen wie ich finden hier, nach geschlossener und offener Psychiatrie auch später noch Hilfe. Ein Sozialarbeiter und ein Psychologe sind, soweit ich noch weiß, erreichbar.

Aber die „Sonderbar" hilft einem dann meist schon, weil man überwiegend unter Gleichgesinnten sitzt, die einem zuhören und Verständnis entgegen bringen. Mehr Verständnis jedenfalls, als nicht Betroffene.

Damit sind wir wieder am Humannplatz angelangt. Mein Vater erzählte mir, dass sich auf diesem Platz im II.Weltkrieg ein Löschteich befand, der dann unmittelbar nach Kriegsende, als die normale Wasserversorgung Berlins zerstört war, den Anwohnern das Wasser zum Überleben lieferte. Erst als, in den letzten Kriegstagen „im Kampf um die Reichshauptstadt" Gefallene, als Leichen im Teich wieder auftauchten, ließ man davon ab.

Auf der anderen Seite der Stahlheimer Str., dort, wo sich heute eine KiTa befindet, war bis Ende der 40-er Jahre hinein regelmäßig ein Wochenmarkt. Die Straßenbahn aus der Pappelallee fuhr noch bis etwa Mitte der 60-er Jahre ab Stahlheimer/Wichert Str. über Wichert Str., Gudvanger Str. und Krüger Str. direkt bis zur Prenzlauer Allee (Spitze). Die damalige Linie 70 zwischen Hohenschönhausen und „Am Kupfergraben" nahm erst relativ spät nach dem Krieg, so um 1948, den Betrieb wieder auf. Wohl weil man sie nicht als zu wichtig einstufte. Die Straßenbahnlinie, die heute über Pappelallee und Stahlheimer Str. verkehrt, die Tram 12, steht bereits wieder auf der „Abschussliste" der BVG ... angeblich wegen Fahrgastmangels.

Zum Abschluss noch drei Sätze zum Namen „Spitze". Dieser „Ort" an der Prenzlauer Allee und ... Promenade, Wisbyer, Ostsee Str. hat seinen Namen daher, dass hier einst die Stadtbezirke Weißensee, Pankow und Prenzlauer Berg aufeinander stießen. Im zwangsvereinigten Großbezirk ist dieser Name nur noch Alteingesessenen, wie ich immer zu meinen amerikanischen Freunden sage: „Native Berliner's", bekannt.

Ich hoffe, Sie, liebe Leser, habe hoffentlich wieder neugierig gemacht zu haben!?!

*

am 27.12.2004 - **Det schmeckt nach mehr** – Januar 05

Im letzten Jahr ließ ick ma ja reichlich aus, über allet, wat möglichst nich zum kochen jehört. Ham se det ooch jemerkt? Der Grund is, ick kann nämlich eijentlich jarnich kochen!

Muttan hat ma det nie beijebracht und als Jöhr hat ma det ooch überhaupt nich interessiert, Hauptsache det Essen stand uff'n Tisch, oder et brauchte nur warm jemacht zu werden. Typisch Kerl! Als kleener Junge dachte ich darum, det ick sowieso immer'ne Frau habe, die für mich kocht! ...

Uraltes, kindliches, Rollendenken und falsch jedacht, denn ick hab selten mal'ne Frau, noch seltener eene, die mich mal bekocht, und wenn, dann schmeckt det ooch oft nich!

Als ick dann später meene eijene Bude hatte, jabs die Woche über immer warmet Kantinenessen für eensfuffzich.

Am Wochenende musste ick plötzlich selba kochen, weil weit und breit keine, mich bekochende, Frau in Sicht war!

Die ersten „selbstgekochten" Gerichte waren Tiefkühlpizza, Spiegel-Ei und Nudeln mit Tomatensoße! Ick hatte aba für mich een Vorteil! Ick arbeitete von nach de Lehre an achtzehn Jahre lang im Einzelhandel (damals HO-Kaufhalle,

121

später'n Supermarkt) als Verkäufer. Die ersten Jahre als „1. Fachverkäufer Obst-Gemüse". Nich nur, det ick da den Umjang mit Messern (beim „Verputzen" der Ware) jelernt habe, ick musste ja ooch meine Kunden irjendwie beraten können! Ick war vorne immer der erste Ansprechpartner! „Sehn' se ma, ick hab heute frischen Porree und der Fleescher hinten hat heute mal leckere Rippchen! Wat könn' wa da machen?"

Und so probierte ich schließlich beim kochen am Wochenende auch das aus, was ich die Woche über empfahl. Das sah dann so aus, dass ich Muttan, Kollegen, den Fleescher und Stamm-Kunden fragte, wie man das eine oder andere Gericht macht und aus all diesen Ratschlägen brutzelte ich dann „frei nach Schnauze".

Aus diesem Mangel im Warensortiment der HO ist meine „Kochkunst" erwachsen. Man musste improvisieren, mit dem, was es gab (obwohl ich privilegiert war, als Mitarbeiter im Handel ... ich kam selbst an Schweinelende heran!). So koche ich noch heute! „Restekochen"! Mischgemüse in der Dose (+ Zwiebel, + Knoblauch) und billig Putenfleisch bekommen? Gut, dann wird mit Curry gewürzt und Reis als Beilage gegeben. Mischgemüse in der Dose (+ Zwiebel, + Knoblauch) und preisgünstiges Rindfleisch jekricht? Dann nehm' wa Tomatenmark (oder Ketchup) und machen Salzkartoffeln zu. Schrumpft der Fünf-Kilo-Sack Äppel über haupt nicht, sondern nur die Früchte in sich zusammen, dann immer mal einen geschälten, entkernten, geschnitzelten Apfel ins Gemüse (auch in die Suppe) geben! Schmeckt erfrischend.

Sie haben zum kochen abends keine Zeit (und Lust) mehr? Quatsch! Eine Schale Champignons mit Zwiebel und Würstchen oder Speck (und ein Teelöffel Zucker, würzen mit Salz + Pfeffer) angebraten, ist nach zehn Minuten fertig! Mit Würstchen (oder gewürfeltem Speck, Kamm, Kassler, Pute ...) können sie auch jedes andere Gemüse innerhalb von zehn Minuten in der Pfanne braten. Versuchen sie es mit

Aubergine (geschält, entkernt), Zuchini (die Enden ab), Chicorée (entkernt ... äh ... den bitteren Mittelteil heraus schneiden), Paprika (dazu sag ick jetz nischt!), Tomaten, Gurken, Porree, Bollenpiepen („Zwiebeln mit Laub", „Frühlings-Zwiebeln"), ...

Leute, die kein Fleisch essen, sind mir zwar verdächtig , solche Leute soll es aber durchaus geben (wie Sir Paul McCartney). Sie meinen, sie essen nichts, was sie anschaut? Auch Pflanzen sind Lebewesen und zeigen Gefühle! (Gummibäume gedeihen besonders gut in verrauchten Räumen, denn sie lieben Nikotin!)

Naja, spätestens, wenn det Schnitzel uff ihrem Teller beim Anschneiden „uik-uik" macht, kochen se ooch mal vegetarisch! Das ist ganz einfach.

Holen sie sich fertigen Krautsalat (gemischt Weiß/Rot), schmurgeln se det im Topp mit Zwiebel und Olivenöl an, geben se noch Tomatenmark dazu und füllen mit Wasser auf, schon haben sie einen rein vegetarischen Eintopp.

Einen entsprechenden Brotaufstrich machen sie mit Avocado. Die Avocado entkernen, schälen, das Fleisch (mit einer Gabel, wenn es weich ist) pürieren, eine halbe Zwiebel (oder Schalotte) dazu, etwas Knoblauchgewürz, Salz und Pfeffer dazu und Olivenöl hinein. Nehmen sie auch einige reichliche Spritzer Zitronensaft dazu, damit die Creme nicht oxydiert, also schwarz wird. Geben sie zum Schluss alles in ein (leeres) Senfglas (damit möglichst wenig Oberfläche mit Sauerstoff in Verbindung kommt. Die Oberfläche wird immer etwas dunkel von der Farbe her, daher auch der Zitronensaft! Ist wie bei einem angeschnittenen Apfel, der ja auch braun wird). Avocado-Creme ist ein schneller, leckerer, vegetarischer Brotaufstrich.

Wo es nicht ganz vegetarisch sein braucht, kann man auch Quark (mit Zwiebel) und Leinöl nehmen. Mischen sie dabei aber auch immer einen Schuss Olivenöl unter, damit das Zeug weniger flüssig ist, wenn sie es aus dem Kühlschrank nehmen.

Zum Schluss heute noch schnell der Schnitzel-Tipp für alle Vegetarier! Sellerieknollen (geschält, in Scheiben geschnitten) lassen sich wie ein Schweineschnitzel panieren und braten. Gemacht hab ich's schon, allerdings noch nie gegessen!

Was trinken wir heute? Also, wer meint, der Martini wird gesünder, weil man zwei Oliven in ihn hinein gibt, irrt! Alkohol hat zwar, in geringen Mengen, durchaus positive Wirkung (selbst Blausäure ist in sehr geringen Mengen nicht tödlich!), aber als Volksdroge Nummer eins, vor Nikotin, nicht unbedingt zu empfehlen. Alkohol entwässert wie Kaffee (und wir sollen doch täglich anderthalb bis zwei Liter trinken ... nach Alkohol- oder Kaffeegenuss muss es noch mehr sein), lässt Nervenzellen absterben, die Haut altern, macht dick und ... abhängig!

Trinken wir also Tee! Rotbusch-, Früchte-, Kräutertees gibt's in vielen schmackhaften Varianten, und sie alle sind ohne (entwässerndes) Koffein!

So, während ick ma jetz'ne leckere Fruchtsaftschorle (sehr gesund!) mache, könn' sie ja noch'n bisken inne Prenzelberjer Ansichten weiterblättern. Bis denne, wa?

*

am 22.3.2010 - **Wo der 1.April seine Spuren hinterließ?**

Es gibt ja so Gebäude, da läuft oder fährt man schon seit Jahren dran vorbei und wundert sich immer nur. „Was'n das für'n komisches Haus?", fragt man sich, weil sich daran zwar immer etwas ändert, es aber eigentlich nicht wirklich ins Straßenbild hinein passt, obwohl es der Stuck, ... also doch, schon! ... und auch die Fenster und Türen, ... Aber irgend etwas ist trotzdem anders; man kann es nicht genau definieren.

Für mich waren lange Jahre lang Teile des Prenzlauer Berg oft weiter entfernt, als Oranienburg oder Schönefeld. Zu beiden Orten braucht man mit der S-Bahn etwa 45 min, ist man dagegen nur innerhalb des Prenzlauer Berg unterwegs kann man mit den Öffentlichen, etwas Glück und den „richtigen" Anschlüssen, genauso lang brauchen. Ich habe es jetzt erst Anfang des Jahres, mit gebrochenem Bein, an Krücken, erstmals seit etwa achtzehn Jahren (seitdem nutze ich konsequent eigentlich nur noch Fahrrad) wieder ausprobiert, und es ist noch genauso, wie Anno 1987, als weite Teile entlang der Kastanienallee abgerissen werden sollten.

Das Haus in der Kastanienallee 77 passte damals dort schon nicht ins Straßenbild und heute genauso wenig. Vielleicht, weil es das jüngste Haus im gesamten Stadtteil ist, vielleicht weil es dereinst mal von wildem Knöterich umrangt war oder die Etagen (wie bei Neubauten halt üblich) etwas niedriger sind und somit das ganze Haus gedrungener wirkt.[32]

Ich kann nicht sagen, ob mir das Haus vor seinem Leerstand jemals ins Auge gefallen ist. Ich weiß, dass ich in meiner Lehrausbildung 1979 ein halbes Jahr lang mit der Linie 70 von Hohenschönhausen zur Chausseestraße dort regelmäßig vorbei gefahren bin, aber die Straßenbahn war garantiert voll und ich müde und desinteressiert.

Von 1986 - 1992 standen die Gebäude in der Kastanienallee 77 leer. Verwaltet wurden sie zu DDR-Zeiten von der staatlichen KWV (Kommunale Wohnungsverwaltung). Man hatte damals als Außenstehender das Gefühl, als wolle man das gesamte Gebiet „platt machen", um nagelneue Plattenbauten, wie in den 70-er Jahren auch schon auf der Weddinger Seite der Bernauer Straße, zu errichten.

In diesem maroden Zustand allerdings damals schon ein Freiraum für Künstler und den aufkeimenden Widerstand in der DDR.

Nach der „Wende" waren die Eigentumsverhältnisse Anfangs nicht geklärt und die Gebäude weiterhin dem

---

32 ... das war ein Aprilscherz ... es ist das älteste Haus in der Kastanienallee im Bereich des Prenzlauer Berg

Verfall ausgesetzt. Die Dächer wurden undicht, die Fenster vernagelt, die Öfen herausgeschlagen, die Kamine zugeschüttet und das Haus unbewohnbar gemacht.

Da eine denkmalgerechte Sanierung hohe Kosten verursacht hätte, war wohl von Seiten der neuen Alteigentümer darauf spekuliert worden, die Gebäude so weit verfallen zu lassen, dass sich ein Abriss rechtfertigen und sich so der Wert des Grundstückes erhöhen würde.

Am 20. Juni 1992 wurde das Haus in der Kastanienallee 77 von der Gruppe "Vereinigte Varben Wawavox" in einer Kunstaktion, "Kunst-Besetzen-1.Hilfe", besetzt. Die Gruppe wollte Leerstand beseitigen und Wohn- und Arbeitsraum für künstlerische Tätigkeiten schaffen.

Dank ihres eigenen Einsatzes, ihres Engagements und einer vorzüglichen Presse- und Öffentlichkeitsarbeit gelang es schließlich den Hausbesetzern nach langen und schwierigen Verhandlungen das Gebäude zu erwerben.

Grund und Boden wurden von der Stiftung „Umverteilen" gekauft und an den von der Künstlergruppe gegründeten Verein „Stilkamm 5 1/2 e.V." für die nächsten 50 Jahre verpachtet.

Zwischen 1995 und 1998 wurde das Gebäude von den Bewohnern in Eigenleistung denkmalgeschützt saniert. Gefördert wurde das Projekt damals auch durch das Senatsprogramm "Bauliche Selbsthilfe", das bei gemeinnützigen Vereinen noch 85 % der Baukosten übernahm.

Bei den Baumaßnahmen handelte es sich um eine Totalsanierung, das heißt, der gesamte Gebäudekomplex wurde komplett entkernt, so dass fast jede Decke, fast jede Wand und jedes Fenster ausgetauscht, sowie ein komplett neues Rohrsystem für Heizung, Wasser und Elektrik installiert wurden.

Dabei wurde darauf geachtet, möglichst viel von der alten Substanz des Hauses zu erhalten; alte Dielen, Türen und Fenster wurden aufgearbeitet und wieder eingebaut, der alte

Putz der tragenden Wände wurde geschützt und erhalten, und es wurden die gleichen ökologischen Materialien verwendet, wie beim Bau des Hauses (Mineralfarben, geölte Holzfenster, -türen und Dielen), so dass das Flair des gut 160 Jahre alten Hauses erhalten blieb.

Der Wohnbereich besteht aus einem denkmalgeschützten Vorderhaus, einem Seitenflügel und einem Hinterhaus. Dahinter liegt eine dreigeschossige Fabrik, in der sich die Kulturprojekte befinden.

Seit der Besetzung 1992 ist es ein Grundsatz der Gruppe, gemeinschaftlich zu wohnen, das heißt, jeder bewohnt ein Zimmer und im übrigen nutzt man die Gemeinschaftsküche und andere Gemeinschaftsräume auf den Stockwerken, verschiedene Bäder, die Bibliothek und Werkstätten.

Auch die Höfe und teilweise die Dächer werden als Wohn- und Aufenthaltsräume genutzt. Entscheidungen der Wohngruppe werden auf einem wöchentlichen Plenum im Konsens getroffen.

Ich weiß nicht, ob mir so etwas persönlich gefallen würde, ob es dabei nicht häufig zu Streit kommt oder ob man genügend Raum hat, sich auch wirklich mal zurück zu ziehen.

Das in der Kastanienallee angesiedelte Kunst- und Kulturprojekt beherbergt unter seinem Dach nicht nur dieses alternative Wohnprojekt, Tanzstudios, Veranstaltungs- und Proberäume, ein Videoatelier, eine Keramikwerkstatt und das kleinste Programmkino Berlins, sondern auch ein so genanntes Initiativbüro.

Dieses versteht sich als Plattform für die erfolgreiche Vernetzung von Künstlern und Kulturschaffenden und bietet ihnen einen umfassenden Service rund um Öffentlichkeitsarbeit, Auftrags- und Raum-Vermittlung, unterstützt sie aktiv dabei, als Unternehmer am Markt zu bestehen. Gefördert durch Micropolis wird allen Interessenten günstige Hilfe bei Marketing und Flyergestaltung angeboten.

Das „Lichtblick" ist das kleinste Lichtspieltheater Berlins. Im Seitenflügel der Kastanienallee 77 zeigt das preisgekrönte Haus neben meist avantgardistischer Filmkunst auch viele politische Dokumentarfilme.

Es präsentiert nicht nur auf der Leinwand Alternativprogramm, sondern ist auch sonst eines der wenigen kollektiven und politischen Kinoprojekte in Deutschlands Hauptstadt.

Aber nun noch einmal kurz zurück in die Geschichte!
Im Jahre 1848 wurde das Vorderhaus der Kastanienallee 77 von einem Zimmermann und einem Maurer erbaut, die sich in Form von Handwerkerfiguren auf Sockeln an der Fassade verewigten. Heute ist das denkmalgeschützte Gebäude das älteste Wohnhaus im Ortsteil Prenzlauer Berg.

Damals war das gesamte Viertel wenig bebaut und lag vor der Stadtgrenze Berlins. Die Kastanienallee führte an einem Weinberg (dem heutigen Weinbergspark) vorbei zu zahllosen Brauereien mit ihren Biergärten.

In den folgenden Jahren gab es Pläne, eine Kegelbahn in den Seitenflügel der Kastanienallee 77 einzubauen, dort, wo sich heute das Lichtblick Kino befindet. Die Remisen wurden als Pferdestall eines Droschkenbetriebes genutzt. An dem Fabrikgebäude der k77 lässt sich der Schriftzug "Confektionsstickerei" entziffern. Später soll es sogar eine Tankstelle im dritten Hinterhof gegeben haben.

Ich finde das Angebot als Künstler, der ich ja mit meinen Kurzgeschichten und Gedichten auch bin, in der K77 insgesamt sehr interessant und überlege selber ernsthaft, das Angebot des Initiativbüros bei Gelegenheit einmal zu testen.

*

Kastanienallee – Juli 2013 – cut 16.7.2013
Goethe am Prenzlauer Berg – am 10./16.7.2013

Heute einmal ein paar kleine historische Informationen, die jede für sich keinen eigenen Artikel ergeben würden.

Im Jahre 1860 ist die Lottumstraße ein noch vollkommen ungepflasterter Lehm- und Schlammpfad und nur mit einigen eingeschossigen Häusern locker bebaut. Nur fünfzehn Jahre später, im Jahr 1975, gehört sie zu dem am dichtesten besiedelten Gebiet in Berlin.

In der Kastanienallee 71 steht ein 1874 von J.Jonerent als Steindruckerwerkstadt mit Wohngebäude errichteter Klinkerverblendbau. Alois Senefelder ist übrigens der Erfinder des Steindrucks, der Lithographie.

Nicht vergessen darf ich das Stadtbad Oderberger Straße, das allmählich aus seinem Dornröschenschlaf erwacht. Errichtet 1899 – 1902 nach Plänen von Ludwig Hoffmann. Der an der Straßenfront gelegene Gebäudeteil zeigt Anklänge an die Renaissance. In den oberen Geschossen befanden sich ursprünglich Dienstwohnungen u.a. für die Rektoren der seit 1900 auf dem inneren Gelände des Baublocks gelegenen Gemeindedoppelschule. Einbezogen in die Gesamtanlage war auch ein eigener Wasserturm.

Das in der Schwedter Straße 263 errichtete Gebäude war ab 1863 eine Steingutgießerei, ab 1882 die Metallgießerei Czarnikow und später ein Wohn- und Verwaltungsgebäude.

Und hier noch ein paar Zahlen.

Am 30.November 1641 legt die erste Berliner Bauordnung fest, dass der Bau von Schweineställen und Vorbauten in den Gassen verboten ist. Diese Bauordnung gilt bis 1853.

1691 erwirbt Kurfürst Friedrich III den Herrschaftssitz Niederschönhausen und das ganze Dorf Pankow. Bereits vier Jahre Später, 1695, werden entlang der „Schönhausenschen Landstraße" die ersten Bäume gepflanzt. Am 31.März 1708 bestimmt ein königlicher Erlass die Errichtung eines „Königlichen Vorwerkes vor der Schönhausenschen Landwehr". Das Vorwerk mit einem einfachen Gutshaus liegt auf dem Gebiet zwischen der heutigen Choriner und Lottumstraße. Dies ist die erste nachweisliche Besiedlung des Prenzlauer Bergs.

Der kalte Winter 1740/41 vernichtet zahlreiche Weinberge in und um Berlin. Damit verliert der Weinanbau in der Gegend zunehmend an Bedeutung.

Am 3.Oktober 1760 beschießen russische Truppen von den Weinbergen aus mit Kanonen Berlin und zwingen die Stadt, sich zu ergeben. Der Weinbergsweg ist übrigens die Verlängerung der Kastanienallee zum Rosenthaler Platz.

Johann Wolfgang von Goethe verlässt Berlin am 20.Mai 1778 nach seinem kurzen, nur fünftägigen Aufenthalt, über die „Chaussee nach Pankow", also über die heutige Schönhauser Allee, in Richtung Tegel.

Am 20.Februar 1813 rücken russische Truppen auch von Pankow aus nach Berlin vor, dabei u.a. 150 Kosaken über das Schönhauser Tor. Die Russen und Kosaken werden durch die 7000 Mann starke französische Garnison in Berlin zunächst zurück geschlagen. Jedoch räumen die Franzosen am 4.März 1813 die Stadt, wobei etwa 1600 von ihnen in russischer Kriegsgefangenschaft landen.

Im Jahr 1823 erwirbt Wilhelm Griebenow das „Vorwerk vor dem Schönhauser Tor". Eine nach Griebenow benannte Straße verläuft noch heute von der Schwedter Straße zur Zionskirche parallel zur Kastanienallee.

Bereits im Mai 1826 fällt in einem schriftlichen Erlass des Königlichen Polizeipräsidiums die Bezeichnung „Prenzlauer Berg" für die Gegend um die Windmühlen- und Weinberge.

Ab Juli 1828 wird der bisherige Schlamm- und Lehmpfad, der später die Schönhauser Allee darstellt, gepflastert.

Auf dem Gelände des „Prater" in der Kastanienallee errichtet man 1837 einen Pferde-Ausspann für Fuhrwerke.

Er heißt im Volksmund schon damals „Prater" … vermutlich nach „Pratum", lateinisch „Wiese".

Im Jahr 1841 wird auf „Wollanks Weinberg" am Weinbergsweg (Verlängerung der Kastanienallee) eine eiserne Lanzenspitze aus dem ersten Jahrhundert nach Christi Geburt gefunden. Dazu noch die Info, dass die heutige Torstraße um 1850 herum noch Wollankstraße hieß.

Johann Friedrich Adolph Kalbo kauft 1852 die ehemalige Fuhrmannsschenke in der Kastanienallee.

Eine neue Baupolizeiordnung tritt für Berlin 1953 in Kraft, nach der Innenhöfe in Mietskasernen mindestens 17 x 17 Fuß, also ca. 5,30 x 5,30 Meter groß zu sein haben, so dass sich mindestens eine von Pferden gezogene Feuerspritze oder -leiter darin problemlos drehen ließ.

Auf „Nickels Hof" „am Verlorenen Weg", heute Schwedter Str. 37 – 40 eröffnet am 31.Oktober 1854 eine evangelische Mädchenherberge. Am 1.Oktober 1858 eröffnet in gemieteten Räumen in der Kastanienallee 6 die „15. Berliner Gemeindeschule" mit zwei Knaben- und zwei Mädchenklassen ihren Betrieb. Sie ist damit die erste Schule auf dem Gebiet des späteren Prenzlauer Bergs. Die Schule bezieht am 13.Oktober 1864 ein von der Stadt errichtetes Schulhaus in der Kastanienallee 82.

Der Besitzer J.F.A. Kalbo beantragt für sein „Café Chantant" eine Konzession zur Aufführung von Operetten, Lustspielen und Possen am 21.Januar 1867. Im Volksmund wird die einstige Fuhrmannsschenke weiterhin nur „Prater" genannt.

Und mit dieser letzten Information von vor der Reichseinigung von 1871 möchte ich meinen heutigen Text beenden:

Am 5.April 1868 wurde in der Schwedter Str. 7 die „Post-Expedition 37" neu eingerichtet.

*

am 17.5.2007 - **Kastanienallee**

Früher hatten die Städte so ihre eigenen Gassen für jedes Gewerbe, die Färbergasse, die Schänkengasse, die Töpfergasse ... . Berlin ist ja heute größer, als die alten Hansestädte einst und so sprechen wir hier von „Meile", ... Biermeile, Gaststättenmeile, Nuttenmeile, Touri-Meile, ... Besuchen wir heute also die Fashion-Meile im Prenzlauer Berg. Wenn Mode in Berlin konzentriert passiert, dann hier! Die Touristen wissen das längst.

Mir ist Mode schnurz-piepe, Hauptsache die Klamotten passen, halten warm, haben Taschen und das Material ist nicht vom toten Tier, eben Kunststoff ... aus Erdöl, ... also doch vom toten Tier, aber halt nicht für den Zweck der Materialgewinnung getötet.

Die Kastanienallee ist die direkte Fortsetzung der Pappelallee. An ihrem Beginn in der Schönhauser Allee, direkt bei den leckeren Würschtchen von Konnopke erinnert eine Einlassung ins Straßenpflaster, dass Max Skladanowski hier sein Filmatelier hatte, 1892 Filmversuche starteten und vom Dach des Eckhauses die ersten Dokumentaraufnahmen der Filmgeschichte gedreht wurden.

Schräg gegenüber der Prater, ... der Berliner Pratergarten und sicherlich bewusst ein Pendant zum Wiener Prater, denn die Berliner mochten die Ösis schon immer ... also meistens jedenfalls! „Prater" (lat. „pratum") bedeutet übersetzt Wiese und bezeichnet zugleich den ältesten Biergarten Berlins. Er wurde ursprünglich nur als Bierausschank im Jahre 1837 gegründet. Durch die Familie Kalbo, welche das Etablissement 1852 erwarb und ausbaute, entwickelte der Prater sich zu einer populären Freizeit- und Vergnügungsgaststätte. Das Stadtbad in der Oderberger Straße wurde bereits am 1.Februar 1902 eröffnet. Am 11. Dezember 1986 musste es seinen Badebetrieb auf Grund baulicher Mängel einstellen. Seit 1994 organisiert eine Bürgerinitiative immer wieder kulturelle Aktivitäten im

Stadtbad. Im Januar 2007 kaufte die Stiftung Denkmalschutz Berlin das Gebäude für 100.000 Euro. Zunächst soll das es für rund fünf Millionen € baulich saniert werden und anschließend an eine Schweizer Firma übergeben werden, die das Bad betreiben und zu diesem Zweck weitere rund acht bis neun Millionen € investieren will. Ein genauer Zeitpunkt für den Beginn der Sanierungsarbeiten ist noch nicht bekannt. Derzeit rottet das Bad vor sich hin. Man sieht eingeschlagene Scheiben, rostende Zäune und das ganze Areal macht eher einen sterbenden Eindruck.

Auf der anderen Seite der Kastanienallee in der Oderberger Straße dann die Feuerwache. Weiter geht es nun auf der Kastanienallee Richtung Innenstadt. Kneipe an Kneipe, Modeboutiquen, Second-Hand-Läden für Mode, Plattenläden die genau die Musik anbieten, die ich im OKbeat fördere, dann noch letzte besetzte Häuser die sich, den ökonomischen Zwängen ergeben und im Erdgeschoss Kaffee und Snacks servieren. In der Hausnummer 81 der Mann, der dafür sorgt, dass ich auch morgen noch kraftvoll zubeißen kann, mein Zahnarzt Dr. Dreves! Guter Mann! Nur manchmal geht er mir auf den Nerv! Der beste Zahnarzt Berlins, ... in meinen Augen, denn man lässt sich ja schließlich nicht von jedem Menschen im Maul herum grabbeln ... also reine Vertrauenssache.

Einige Häuser weiter, gleichfalls auf der linken Seite Richtung Innenstadt, die Firma Esselbach, im Hinterhaus gelegen; Jahrelang der „Geburtsort" der Prenzelberger Ansichten. Ein wenig hinter dem Kirchgebäude kreuzt dann die Schwedter Straße, die an dieser Stelle die Bezirksgrenze zu Mitte darstellt. Ab Schwedter / Choriner Straße bildet dann letztere Richtung Innenstadt die Grenze nach Mitte, zwischen Oderberger und Schwedter Straße hingegen ist die Choriner Straße eine ganz normale, kleine Geschäftsstraße ohne größere Bedeutung, allenfalls vielleicht als 30 km/h-Schleichweg von Mitte bis zur Kulturbrauerei gern genutzt.

Fazit: entlang der Kastanienallee findet man noch relativ viele alternative Geschäfte, von denen es einst mehr im Prenzlauer Berg gab. Leider ist es in weiten Teilen spießig geworden. Man hat sich eingerichtet und es ist viel zu oft einfach nur chic im, nun teuren Prenzlauer Berg zu wohnen, auf Ökomärkten shoppen zu gehen, um dann am Wochenende mit dem Daimler-Coupé oder dem Porsche nach j.w.d. zu rasen. Entlang der Kastanienallee spürt man jedoch noch nicht zu viel davon und genau deshalb ist es lohnenswert, wieder einmal entlang dieser Straße die noch so „in" und gar nicht angepasst ist, zu schlendern.

*

am 23.3.2011 – **Kastanienallee 1931**

April 1931: Emil Müller ist heute um 4 Uhr aufgestanden, hat sich ein paar Scheiben eines echten Holzofenbrotes mit dem großen Brotmesser zurecht gesäbelt, die hauchdünn mit Schmalz bestrichen und in schon mehrfach von ihm benutztes knitteriges Pergamentpapier eingepackt.

Während er in der morgendlichen Kälte drei Etagen im Hausflur hinunter, quer über den Hinterhof, bibbernder Weise zur Latrine huscht, erwärmt sich auf der, schnell mit Holz angeheizten Kochmaschine in der Küche, sein Muckefuck aus gerösteten Zichorien-(Neudeutsch: Chicorée)Wurzeln und / oder Getreide.

Eine halbe Stunde später fährt er mit seinem Fahrrad von seiner Wohnung in der Kastanienallee 86 über Kopfsteinpflasterstraßen, zum Teil so richtig fiese, große „Katzenköppe", seine Zähne klappern, zum Straßenbahndepot Niederschönhausen-Nordend.

Eine weitere halbe Stunde später, es sollte jetzt etwa zehn nach fünf sein, falls er den Fahrplan eingehalten hat, biegt er von der Schönhauser Allee aus in die Kastanienallee ein.

Sein Fahrtziel ist der bis heute älteste noch immer von diesem Nahverkehrsmittel angefahrene Punkt an sich, die

Station „Am Kupfergraben" in Berlin-Mitte, die älteste Straßenbahnhaltestelle der Welt! Beim Einbiegen in die Kastanienallee rumpelt sein Triebwagen stark und der Beiwagen droht in den ausgeschlagenen Gleisen fast aus den Schienen zu springen, deshalb drosselt er mit der Kurbel den Fahrstrom etwas.

Und heute, ausgerechnet heute, kommt ihm der alte Gaul mit seinem Wagen vom Gemüsekrauter fast in die Quere, so dass er doch noch eine Vollbremsung hinlegen muss und froh ist, dass der hintere Schaffner das Unglück auch fast hat kommen sehen und schon griffbereit an der Handbremse des Beiwagens stand.

Puh! Glück gehabt! ... der Gaul und er, ... während der Kutscher selbst, Fritze halt, der alte Dämel, vorn auf seinem Bock noch halb seinen Rausch von gestern auspennt und von all dem überhaupt nüscht mitgekriegt hat.

Von fern betrachtet, unterscheidet die Szene von vor achtzig Jahren sich kaum von heute: ein riesiges Gewimmel an dieser Ecke.

Von nahem unterscheidet sie sich sehr: Keine Jogger, keine Menschen, die sich mit jemandem unterhalten, der gar nicht neben ihnen läuft, kaum Autos, dafür fast nur Pferdefuhrwerke, dazu die Pferdeäpfel auf den Straßen ... natürlich die meisten genau da, wo die Fußgänger sie überqueren.

Eine Straßenbahn = Arbeitsplatz für gleich drei Menschen: ein Fahrer und zwei Schaffner.

Strom und Gas werden in den Häusern wöchentlich abkassiert. Der Gasmann kommt zu Ihnen! Erinnern Sie sich an den Film „Der Gasmann" aus den 30er-Jahren mit Heinz Rühmann, nach einem Roman von Heinrich Spoerl?

Radios sind in dieser Gegend hier eher noch spärlich, Hauptunterhaltung deshalb der Leierkastenmann und abends die Kneipe, die Spelunke oder der Prater.

In jedem Haus „nützliche" Geschäfte, vor allem Lebensmittel, denn Supermärkte gibt's noch nicht.

Kartoffeln werden, wenn man das Geld dazu hat, oder eine Laube mit Garten, eingekellert.

Mitten auf der Kreuzung keifen sich zwei Zeitungsjungen an. Die Frühausgabe der „BZ am Mittag", die erste Boulevardzeitung Berlins, (die ursprüngliche B.Z. erschien erstmals am 1. Januar 1878 im kurz zuvor gegründeten Ullstein Verlag als „Berliner Zeitung", 1904 überarbeiteten die Zeitungsmacher das Konzept des Blattes und am 22. Oktober 1904 erschien erstmals die US-amerikanischen Vorbildern folgende „B.Z. am Mittag", die letzte Ausgabe erschien am 26. Februar 1943, danach wurde die Zeitung als eine der Maßnahmen des "Totalen Krieges" eingestellt) und „Der Völkische Beobachter" (den gab es von 1920 – 30. April 1945 ... diese letzte Ausgabe wurde niemals ausgeliefert) kommen sich in der Zeitungsstadt Berlin (was sie damals schon war und heute wieder ist) öfters mal in die Quere. Jetzt fehlt eigentlich nur noch der Bengel, der die „Rote Fahne" verhökert, damit es zu einer ordentlichen Massenkeilerei unterm U-Bahn-Viadukt kommt, aber der nächste Wagen der Linie 51 brettert schon mit Karacho auf die Kreuzung und so stoben die Jungen von allein auseinander und brüllen sich nur noch aus der sicheren Entfernung der gegenüberliegenden Straßenecken an, ...

„Du Jurke!"

„Du Primel!", bevor der nächste hastig vorbei eilende Passant sie in ein Verkaufsgespräch drängt.

„Wat steht denn heute drinne? ... Na, Jöbbels traut sich wohl wieder nich alleene zum Prater."

Wer öfter als einmal pro Woche zum Vollbad ins Stadtbad Oderberger Straße geht, ist entweder belächelnswert reinlich („Vom zu vielen Waschen wird die Haut zu dünn!") oder hat einfach beneidenswert viel Geld für solche „Kinkerlitzchen" übrig.

Berlin riecht noch anders. Zu den Abgasen aus Fabrikschloten und versotteten Kohleöfen in den

Mietskasernen mischen sich noch die Ausdünstungen der Menschen und der Geruch nach echtem Land, nach den Hinterlassenschaften von Pferd, Kuh und von auf Balkonen gehaltenem Kleinvieh.

Keine Frau auf der Straße trägt ihr Haar offen! ... Nein, also vermummt ist auch keine, aber eine „anständige" Frau, noch dazu verheiratet, hat ganz einfach ihr Haar zu bedecken, wenn sie das Haus verlässt! In gehobeneren Kreisen leistet man sich mondäne Hütchen, die Arbeiterfrauen im Prenzlauer Berg tragen dagegen meist Kopftuch!

Was in den letzten Jahren wieder „nach historischem Vorbild restauriert" wurde, stand 1931 noch keine zwanzig Jahre: das Hochbahnviadukt. Dort, wo es heute steht, flanierten um 1910 noch gut betuchte Bürger mit Zylinder, Rüschenrock und Schoßhündchen. Die Schönhauser Allee sah damals wohl so ähnlich aus, wie heute die Greifswalder Straße zwischen Danziger und Königstor: in der Mitte der Streifen zum Flanieren, rechts und links davon Straßen- und Fahrbahn.

Eines erkennt Emil Müller in diesem Szenario im Jahre 1931. Aber dazu muss er erstmal aus der Straßenbahn der Linie 51 aussteigen ... Mist.... fährt schon wieder an ... also abspringen während der Fahrt... und jetzt entdecken er das, was er sucht: Ein unscheinbarer Bauchladen! Am 4. Oktober 1930 gründete Max Konnopke mit seiner Frau Charlotte die bekannte Wurschtbude als Bauchladen.

Als Lokalpatriot hielt ich Konnopke immer für den Erfinder der Currywurst. Dem ist aber leider nicht so Die Erfindung der Currywurst wird Herta Heuwer zugeschrieben, die nach eigenen Angaben erstmals am 4. September 1946 an ihrem Imbissstand an der Ecke Kant-/Kaiser-Friedrich-Straße in Berlin-Charlottenburg gebratene Brühwurst mit einer Sauce aus Tomatenmark, Currypulver, Worcestershiresauce und weiteren Zutaten anbot. Konnopke führte 1959 die Currywurst dagegen in Ost-Berlin ein.

Wem diese Wurscht, nicht wurscht, sondern einfach nur viel zu teuer ist .... und das ist sie wirklich, damit sind wir endlich im Jahre 2011 angelangt, dem sei erzählt, dass im besetzten Haus in der Kastanienallee 86 von der dortigen autonomen Kommune regelmäßig kostenlos Essen an Bedürftige verteilt wird. Diese Leute sitzen auch in der Brunnenstraße 7 und verteilen dort auch. Sie organisieren das ganze ehrenamtlich und mit viel Engagement.

Wenn man sich die alten Photos von damals ansieht, fragt man sich allerdings eines: Wo sind all die wundervollen alten Kastanienbäume geblieben?

*

am 19.4.2011 - **Kastanienallee**

Der Rechner im Eimer, keine Zeit zur Recherche. Fällt es Ihnen auf, dass ich heute einen meiner älteren Texte über die Kastanienallee zusammendampfe? Ick klau nur bei mir selber!
Pappelallee und Kastanienallee sind mit die ältesten Straßen des Prenzlauer Bergs. Wilhelm Griebenow legte beide Straßen noch vor dem Inkrafttreten des Hobrechtplans 1826 an. Sie hat ihren Namen nach den hier ursprünglich gesetzten essbaren Edelkastanien. Früher gab es überall auf den Hinterhöfen Stallungen, die Tordurchfahrten zu den Gewerben in den Innenhöfen und auch für die Pferde gezogenen Feuerleitern haben außen diese „Spursteine" und manchmal innen auch noch.breite, metallene Spurführungen für die hölzernen Räder der Panjewagen.
Wenn Mode in Berlin konzentriert passiert, dann in der Kastanienallee! Die Touristen wissen das längst. Der Berliner Pratergarten ist der älteste Biergarten Berlins und sicherlich bewusst ein Pendant zum Wiener Prater („Prater" lat. „pratum" bedeutet übersetzt in etwa Wiese. Er wurde ursprünglich nur als Bierausschank im Jahre 1837

gegründet. Durch die Familie Kalbo, welche das Etablissement 1852 erwarb und ausbaute, entwickelte der Prater sich zu einer populären Freizeit- und Vergnügungsgaststätte.

Weiter geht es entlang der Kastanienallee Richtung Innenstadt. Kneipe an Kneipe, Modeboutiquen, Second-Hand-Läden für Mode, Plattenläden, dann noch letzte besetzte Häuser.

Ein wenig hinter dem Kirchgebäude kreuzt dann die Schwedter Straße, die an dieser Stelle die Bezirksgrenze zu Mitte darstellt. Sicherlich in Vergessenheit geraten ist der Tiergarten, den es vor der städtischen Bebauung der Gegend an der Ecke Oderberger Straße / Choriner Straße, Schönhauser Allee von 1865 - 1875 gab. Der „Loßberger Tierpark" zeigte in der Art der damals üblichen Kuriositätenkabinette unter anderem Affen, Wölfe, Füchse, Löwen, Tiger und Leoparden.

An selbiger Ecke gab es von 1887–1890 ein Gartenlokal mit Bühne und Tanzsaal, ähnlich dem Prater, aber für einfachere Leute. Die Veranstaltungen wurden teilweise mit solch skurrilen Sprüchen angekündigt, wie zum Beispiel: „Sonntag: Tanz und Keilerei!"

Feste gefeiert wurde auch auf dem legendären Hirschhof. Er befindet sich dort, wo bis zum Zweiten Weltkrieg das Gelände einer Käserei in der Oderberger Straße zu finden war. Die Käserei wurde im zweiten Weltkrieg zerstört. Der Straßenblock lag zu Zeiten der DDR in unmittelbarer Nähe der Berliner Mauer.

Die DDR-Behörden planten den Abriss des Straßenblocks, um hier Plattenbauten zu errichten. Die Anwohner wehrten sich jedoch erfolgreich gegen diese Pläne, der Hirschhof war so etwas wie ein Domizil der Abrissgegner.

Wie diese Neubebauung ausgesehen hätte, kann man heute deutlich an der Altstadt von Bernau (Endbahnhof der S 2) sehen. Dort wurden ja auch große Teile der historisch schon verfallenen Innenstadt abgerissen und, wenngleich auch nicht so protzig und teilweise sogar ein wenig angepasst, DDR-Plattenbauten hin gesetzt. Ich bekam einen halben Schock, als ich diese Bausünden vor einigen Jahren sah.

Die deutsche Wiedervereinigung verhinderte dort noch schlimmeres.

Weil sich viele der verbliebenen Anwohner entlang Oderberger Straße / Kastanienallee gegen den Abriss ihres Kiezes wehrten, wurden auf Initiative der Wohnbezirksausschüsse einige Hofabschnitte zusammengelegt. Es entstand 1982 ein kleiner Park, der von den Anwohnern angelegt und von staatlicher Seite mit finanziert wurde. Im Sommer 1985 fand dann die Eröffnung des Hirschhofes statt.

Er erlangte bei den Anwohnern bald als Grünfläche inmitten des dicht bebauten Gebiets große Beliebtheit, befanden sich in dieser Gegend doch kaum Grünflächen, den Mauerpark gab es schließlich damals noch nicht, weil dort noch „Die Mauer stand". Ein Hirsch aus Metallschrott ist namensgebend für den Hirschhof,

Derzeit ist der Zugang dort hin für Außenstehende etwas erschwert, da an der Stelle in der Oderberger Straße derzeit gerade gebaut wird.

Überhaupt, mit diesen Baumaßnahmen kommen wir in der „Jetzt-Zeit" an. Schon vor Monaten, mir kommt es bereits wie ein Jahr vor, wird die Oderberger Straße zwischen Schwedter Straße und Kastanienallee „umgestaltet".

Die Anwohner wehrten sich mehr oder weniger Erfolgreich und haben wohl wieder einmal in der Geschichte des Kiezes Schlimmeres verhindert.

Die Fahrbahn wird erneuert, das Gehwegpflaster auch, es wird alles schicker, feiner, leider auch stromlinienförmiger.

Die alte Feuerwache wurde schon im Jahre 1883 in der Oderberger Straße 24 eingerichtet und gilt als das älteste noch immer in Betrieb befindliche Feuerwehrdienstgebäude Deutschlands überhaupt.

Mit der „Umgestaltung" der Kastanienallee wurde am offiziell am 11.April unter dem berechtigten Protest von Anwohnern begonnen.
Fahrradstreifen werden eingerichtet, Parktaschen für Autos und die Bürgersteige sollen schmaler gemacht werden.
Eine von Anwohnerinitiativen geforderte 30er-Zone in der Kastanienallee wurde vom Senat bislang abgelehnt.
Auch die Ideen von Kindern, die sich auf Initiative einiger Grundschulen im Prenzlauer Berg versuchten, Gefahrenmomente für Kinder in der Straße aufzudecken und bei der künftigen Sanierung der Kastanienallee aufzudecken, wurden bislang in den Planungen zur „Umgestaltung" nur unzureichend berücksichtigt.

*

am 19.8.2009 - **Kastanienallee**

Pappelallee und Kastanienallee sind mit die ältesten Straßen des Prenzlauer Bergs. Wilhelm Griebenow legte beide Straßen noch vor dem Inkrafttreten des Hobrechtplans (ist die übliche Bezeichnung für den nach seinem Hauptverfasser James Hobrecht genannten und 1862 in Kraft getretenen Bebauungsplan der Umgebungen Berlins) 1826 an, womit sich ihr ungewöhnlicher Straßenverlauf, jenseits von anderen Radiallinien und Diametralachsen erklären lässt. Die Kastanienallee hatte ihren Namen nach den hier ursprünglich gesetzten Straßenbäumen, den essbaren Edelkastanien. Die Bepflanzung von Stadt- und Landstraßen mit Bäumen war keine gute Geste rühriger Gentleman oder früher Umweltschützer, sondern schlichte Notwendigkeit, um das damals wichtigste Transportmittel, die Pferde, zu schonen und um ihnen im Sommer ein wenig Schatten bei ihrer schweren Arbeit zu gönnen. Pferde waren teuer und wurden deshalb von ihren Besitzern sehr umhegt. Es gab überall auf den Hinterhöfen Stallungen, und die großen Tordurchfahrten mit ihren riesigen Flügeltüren waren für Pferdewagen mit ihren eisenbeschlagenen Holzrädern und den großen Achsnaben gemacht. Deshalb diese Spursteine rechts und links in den Einfahrten der Häuser! Von den Bäumen der Kastanienallee sollen angeblich einige noch aus der Mitte des 19. Jahrhunderts stammen. Früher hatten die Städte so ihre eigenen Gassen für jedes Gewerbe, die Färbergasse, die Schänkengasse, die Töpfergasse. In Berlin sprechen wir von „Meile", ... Biermeile, Gaststättenmeile, Nuttenmeile, Touri-Meile. Besuchen wir heute also die Fashion-Meile am Prenzlauer Berg. Wenn Mode in Berlin konzentriert passiert, dann hier! Die Touristen wissen das längst.

Die Kastanienallee ist die direkte Fortsetzung der Pappelallee. An ihrem Beginn in der Schönhauser Allee, direkt bei den leckeren Würschtchen von Konnopke erinnert eine Einlassung im Straßenpflaster, dass Max Skladanowski hier sein Filmatelier hatte, 1892 Filmversuche starteten und vom Dach des Eckhauses die ersten Dokumentaraufnahmen der Filmgeschichte gedreht wurden. Schräg gegenüber der Prater, der Berliner Pratergarten und sicherlich bewusst ein Pendant zum Wiener Prater. „Prater" (lat. „pratum") bedeutet übersetzt Wiese und bezeichnet zugleich den ältesten Biergarten Berlins. Er wurde ursprünglich nur als Bierausschank im Jahre 1837 gegründet. Durch die Familie Kalbo, welche das Etablissement 1852 erwarb und ausbaute, entwickelte der Prater sich zu einer populären Freizeit- und Vergnügungsgaststätte.

Weiter geht es nun auf der Kastanienallee Richtung Innenstadt. Kneipe an Kneipe, Modeboutiquen, Second-Hand-Läden für Mode, Plattenläden, dann noch letzte besetzte Häuser, die sich, den ökonomischen Zwängen ergeben und im Erdgeschoss Kaffee und Snacks servieren. Ein wenig hinter dem Kirchgebäude kreuzt dann die Schwedter Straße, die an dieser Stelle die Bezirksgrenze zu Mitte darstellt. Sicherlich in Vergessenheit geraten ist der Tiergarten, den es vor der städtischen Bebauung der Gegend an der Ecke Oderberger Straße / Choriner Straße, Schönhauser Allee von 1865 - 1875 gab. Der „Loßberger Tierpark" zeigte in der Art der damals üblichen Kuriositätenkabinette unter anderem Affen, Wölfe, Füchse, Löwen, Tiger und Leoparden. Diese Tiere wurden damals garantiert nicht artgerecht gehalten! An selbiger Ecke gab es von 1887–1890 ein Gartenlokal mit Bühne und Tanzsaal, ähnlich dem Prater, aber für einfachere Leute. Die Veranstaltungen wurden teilweise mit solch skurrilen Sprüchen angekündigt, wie zum Beispiel: „Sonntag: Tanz und Keilerei!"

Alljährlich fand das „Fliegenfest der Raschmacher" statt. „Raschmacher" waren „Weber von wollenem Kleiderstoff". Die Anekdote dazu: Die Berliner Innung der Raschmacher wollte Ende der neunziger Jahre des 19. Jahrhunderts eigentlich nur einmalig ein Fest veranstalten. Während sie in einem Biergarten noch diskutierten, sammelten sich Fliegen auf dem Rand des großen Glases, aus dem reihum schönes, süßes Berliner Weißbier („Berliner Weiße") getrunken wurde. So kam es zu dem Namen „Fliegenfest"! Es wurde eine regelmäßige Einrichtung mit einem Festumzug. Gestartet wurde Landsberger Allee / Barnimstraße. Der Zug führte dann zum Schönhauser Tor und von dort über die Schönhauser Allee bis nach Niederschönhausen (Pankow) mit Halt in jedem Bierlokal auf der Strecke. Die Raschmacher-Innung wurde erst 1924 aufgelöst.

Damit starb auch das Fest. Feste gefeiert wurde auch auf dem legendären Hirschhof. Er befindet sich dort, wo bis zum Zweiten Weltkrieg das Gelände einer Käserei in der Oderberger Straße zu finden war. Die Käserei wurde im zweiten Weltkrieg zerstört.

Der Straßenblock lag zu Zeiten der DDR in unmittelbarer Nähe der Berliner Mauer. Die Altbauten waren zunehmend verfallen. Die Behörden planten daher den Abriss des Straßenblocks, um hier Plattenbauten zu errichten. Die Anwohner wehrten sich jedoch erfolgreich gegen diese

Pläne. Ich trieb mich selbst 1987/88 recht häufig in den abrissreifen Häusern der Kastanienallee herum, bewunderte die noch vorhandenen gedrechselten Treppengeländer, die Reste alter Kachelöfen und den Stuck der Wohnungen. Viele der Häuser waren damals schon entmietet. Weil sich viele damals gegen den Abriss ihres Kiezes wehrten, wurden auf Initiative der Wohnbezirksausschüsse einige Hofabschnitte zusammengelegt. Es entstand 1982 ein kleiner Park, der von den Anwohnern angelegt und von staatlicher Seite mit finanziert wurde.

Im Sommer 1985 fand dann die Eröffnung des Hirschhofes statt. Er erlangte bei den Anwohnern bald als Grünfläche inmitten des dicht bebauten Gebiets große Beliebtheit, befanden sich in dieser Gegend doch kaum Grünflächen, den Mauerpark gab es schließlich damals noch nicht .... weil dort die Mauer selbst noch stand und der Humboldthain genauso unerreichbar war, wie der „Central Park" in New York! Ein Hirsch aus Metallschrott ist namensgebend für den Hirschhof, eine bunt bemalte Konstruktion aus Metallschrott der Künstler Anatol Erdmann, Hans Scheib und Stefan Reichmann und kein Relikt deutscher Wohnzimmerspießigkeit mit dem röhrenden Hirsch am Waldesrand als Ölbild. Unter ihm führt heute ein Weg hindurch. Im Hirschhof gab es zu DDR-Zeiten auch eine Kulturbühne. So entwickelte sich der Kiez bald zu einem Treffpunkt der Untergrundkultur Ostberlins.

Die Staatssicherheit führte in der Folge eine Akte "Hirschhof". Jährlich fand das Hirschhoffest statt.

Es gab eine Freiluftbühne mit verschiedenen Aufführungen. Im Umfeld des Spielplatzes findet sich auch heute noch eine Reihe von Trümmerblöcken, die in den Spielplatz einge-bettet sind. Früher ist davon ausgegangen worden, dass es sich hierbei um Teile des Berliner Stadtschlosses handele, das von der DDR-Regierung gesprengt wurde.

Dieses Gerücht bescherte der Oderberger Straße Touristenströme. Laut der Kunsthistorikerin Gabi Ivan handelt es sich hierbei jedoch um Trümmer des Berliner Doms, die von den Hirschhofinitiatoren aus der Deponie an der Falkenberger Chaussee geholt wurden. Bekanntlich ist ja auch ein Teil des Berliner Doms nach dem zweiten Weltkrieg abgerissen worden. Die Häuser der Straßen um den Hirschhof waren beim Fall der Mauer in einem schlechten Zustand oder waren gar unbewohnbar, wiesen jedoch einen Charakter der Gründerzeit auf. Mit der Zeit fanden sich Investoren, die einige der Häuser nach und nach sanierten. Allerdings stiegen dadurch auch die Mietpreise stark an. Mit der Aktion „Wir bleiben alle (WBA)" konnte man sich jedoch gegen Luxussanierungspläne wehren, die den Hirschhof womöglich bedroht hätten. Der Bezirk sanierte den Hof für 50.000 Euro. Entlang der Kastanienallee findet man noch relativ viele alternative Geschäfte, von denen es einst mehr im Prenzlauer Berg gab. In der Kastanienallee spürt man jedoch noch nicht zu viel davon und genau deshalb ist es lohnenswert, wieder einmal diese Straße, die noch so „in" und gar nicht angepasst ist, entlang zu schlendern.

*

Unbekannte Ecken – Teil 16 - heute: die „vergessenen" Kleingärten – am 10.3.2015

Noch bis Anfang der 70er Jahre des 20.Jahrhunderts hinein gab es ein vom Prenzlauer Berg bis nach Lichtenberg reichendes riesiges, zusammenhängendes Kleingarten-Gebiet unterschiedlichster Vereine, das zum Teil bereits zur Kaiserzeit um die Jahrhundertwende (1899/1900) eingerichtet worden war und das auch nach dem II.Weltkrieg der Bevölkerung vor allem zur Nahversorgung mit frischem Obst und Gemüse diente. Das Gelände[33] erstreckte sich vom S-Bf. Greifswalder Straße entlang der Greifswalder bis zur Gürtelstraße, dann bis zur

---

33 ... um das es in dieser Ausgabe ging

Landsberger / Leninallee und von dort, zu jener Zeit endete die Storkower Straße noch an der Landsberger, weiter bis zur Möllendorfstraße, umfasste auch die Areale bis zur Goeckestraße in Hohenschönhausen, das Gebiet zwischen Wilhelmsberg (Hohenschönhauser Str./Weißenseer Weg) bis zum jüdischen Friedhof in Weißensee und von dort wieder bis zur Gürtelstraße.

Geblieben ist ein sehr karger Rest am Volkspark Prenzlauer Berg und noch kleinere, fast schon vergessene Anlagen, über die ich heute berichten möchte.

Wobei ich ein bischen Schiss habe, schlafende Hunde, in diesem Falle halt mögliche Immobilien-Haie, zu wecken, die der Meinung sein könnten, diese letzten Parzellenreste wären doch prima Bauland für hochpreisige Wohnungen. „Wohnungsbau" ist ja dieser Tage gerade ein Totschlagargument in der Berliner Landespolitik.

Zum „Bezirksverband der Kleingärtner Berlin Prenzlauer Berg e.V." gehören insgesamt acht Kleingartenanlagen", darunter zwei an der Bornholmer Straße, vier rund um den Volkspark, über die zwei Kleinsten möchte ich heute berichten.

Die Anlage „Berg und Tal" liegt direkt am Fuße des S-Bahnhofs Greifswalder Straße. Der 1889/90 entstandene Bahnhof (er hieß bis 1946 „Weißensee") hatte ursprünglich kein Empfangsgebäude und so waren die Kleingärten von dem Platz vor dem Bahnhof direkt zugänglich.

Mit der Errichtung des Eingangsgebäudes 1985/86 wurde der bei Anwohnern „Zaubertür" genannte Zugang in dessen hinterer Wand zu den verbliebenen vierzehn Kleingärten geschaffen.

Vom Bahnsteig aus kann man das Idyll mit blühenden Bäumen und seltenen Vögeln bewundern. Ja, sogar Waschbären soll es geben.

„An die S-Bahn gewöhnt man sich.", sagte mir mal ein Pächter auf meine entsprechende Frage.

146

Nochmals viel, viel kleiner, ist die Anlage „Prenzlauer Vorstadt" mit nur sieben Parzellen. Sie liegt direkt an der S-Bahn und erstreckt sich von der Gubitzstraße aus in Richtung Prenzlauer Allee. Selbst vom fahrenden Zug aus nimmt man diese kleine Anlage kaum wahr.

Die Gärten rings um die Preußstraße gehören nicht zu dem Kleingartenverband.

*

Test Kollwitz – Juni 2011 - am 5./9./18. - 20.5.2011

„Jo, um dähn Deich gümmern sisch de Anwohnä aus disch Bungthochhäusor hior...", klärte mich eine sehr nette, reifere Dame in urigstem Berliner sächsisch auf, als ich jüngst mit meinem Fahrrad auf der Brücke über dem Teich im Thälmannpark verweilte, um meinen Kopf für diesen Text hier frei zu bekommen. Das sind so die Informationen, die einem gerade dann zu fliegen, wenn man sie am wenigsten erwartet und ... gebrauchen kann. Fische hätten die Anwohner der Punkthochhäuser im Teich eingesetzt, erzählte mir die freundliche Dame und zeigte mir dann auch noch eine der dort lebenden und sich gerade auf einer Astgabel mitten im Teich sonnenden Wasserschildkröten.

Ich bedankte mich so artig, wie ich es von meiner Mutter in der Kindheit eingebläut bekommen hatte, gab der Dame meine Visitenkarte und stand noch auf dieser Brücke herum, als zwei Herren, offenbar „Inschönschöre", mit großen Bauzeichnungen ankamen, sich an eines der Brückenenden hinstellten und sich darüber miteinander unterhielten, wo man sie in den nächsten Tagen absperren, wie man die Reste der alten Holzbrücke entsorgen und wohin man dann die Fundamente der neu zu errichtenden Betonbrücke ins Erdreich einlassen wolle.

Sollte es tatsächlich noch Baumaßnahmen im Prenzlauer Berg geben, an denen keine Bürgerinitiativen in irgendeiner Form beteiligt werden?

Ich musste mir das durch den Kopf gehen lassen und setzte mich zu hause in die Sonne auf meinen Balkon. Die Pappel vor dem Fenster rauschte, die große, weiße Plastikfolie über der Terrasse der ausgebauten Dachgeschosswohnung im Haus gegenüber blähte sich, wie ein Segel der Gorch Fock und übertönte mit ihrem Geknatter sogar das Tschilpen der Spatzen ... ...

Wie immer am 1.Mai zog ich morgens mein blaues FDJ-Hemd mit dem Sonnenaufgangsemblem am linken Arm über und wollte mich dann auf den Weg zu unserem Marschblock am Rande der Karl-Marx-Allee begeben, von dem aus wir dann, im Block, uns in die lange Reihe der Demonstration einreihen und in Höhe des Café Moskau dann endlich an Erich Honecker und Konsorten vorbei latschen würden.

Wir würden fröhlich winken, vorgegebene Losungen mitgrölen, wie etwa „Druschba – Freundschaft", „Meine Hand für mein Produkt" oder „Wo wir sind, ist vorn!" ... und wenn wir hinten sind, ist hinten vorn ... und um anschließend in einer der zahllosen Eckkneipen entlang der Prenzlauer Allee, Danziger Straße, Kollwitzstraße bis zum Senefelder Platz zu versacken. In jeder der Kneipen nur ein Bier und man war am Ende sturzbetrunken. Diese Zechtour machten wir unter Arbeitskollegen immer ein bis zweimal im Jahr.

Aber natürlich würde ich auch mich, so wie jedes Jahr, in meinem Marschblock zuerst bei meinem Parteisekretär sehen lassen. Dann, als FDJ-Sekretär einer HO-Kaufhalle musste ich das, würde ich selber die Anwesenheit meiner „Schäfchen" auf einer Liste abhaken, um mich anschließend, genauso heimlich, wie alle anderen, ebenfalls in Richtung Heimat oder Prenzlauer Allee zu verdrücken.

Gesagt, getan und flugs stand ich vor einer Eckkneipe in der Saarbrücker Straße und schlunzte von dort aus die Kollwitzstraße hoch. Die Häuser überall mit Fahnen behängt. Wer Genosse war oder gar heimlich beim MfS

148

arbeitete, flaggte … oder hatte zu flaggen. Wer das nicht tat, fiel schon wieder unangenehm auf.

Fähnchen, Fahnen und Girlanden übertünchten aber nur unzureichend den überall bröckelnden, maroden Putz an den Hauswänden an denen auch noch über vierzig Jahre nach dessen Ende Einschüsse aus der Kriegszeit zu sehen waren.

Aber im Gegensatz zu heute, wo Hinterhäuser wieder neu gebaut werden, verschwanden diese damals. So zum Beispiel in der Husemannstraße, die als das Vorzeigealtbausanierungsobjekt galt und 1987 sogar durch einen Besuch von Willie Stoph höchst persönlich „geadelt" wurde. Etwa zweihundert Meter Straße wurden auf „alt Berlinisch" getrimmt, der Rest verfiel weiter.

Auch die Menschen sahen anders aus. Als männliches Kleidungsstück dominierte eindeutig der „Parker". Frisur, wenn man sie so nennen darf, war bei Männern der Vollbart. Frauen trugen schick „Vokuhila", die offen getragene Plastiktüte aus dem Intershop oder dem KaDeWe zeigt Opposition.

Der Kollwitzplatz wurde am 7. Oktober 1947 nach der deutschen Grafikerin und Bildhauerin benannt, die hier einen Großteil ihres Lebens im Haus Kollwitzstraße 56a (damals Weißenburger Straße 25) / Ecke Knaackstraße von 1891 bis 1945 lebte. Bis dahin hieß er Wörther Platz; ein Name, den er bei der Bauplanung des Gebietes 1875 erhielt. Der dreieckige Platz ist rund 6000 m² groß.

Die Skulptur „Mutterliebe" auf dem Kollwitz-Platz gibt's schon lange. Sie ist seit Generationen bei den Kindern zum daran herum turnen beliebt. 1956 erhielt Gustav Seitz vom „Magistrat von Groß-Berlin" den Auftrag zu einem Kollwitz-Denkmal. Nach der Vorlage eines Selbstporträts der Malerin entwarf er eine Bronzeplastik, die man 1961 in der Mitte des Platzes aufstellte

Das Gelände um den Platz wurde ursprünglich vom Deutsch-Holländischen Actien-Bauverein gekauft, um es bis 1875 systematisch als Wohngebiet zu erschließen. Der Platz erhielt – kurz nach dem Deutsch-Französischen Krieg – mit seinem damaligen Namen „Wörther Platz" wie die umliegenden Straßen auch Namen, die von Orten vor allem im annektierten Elsaß-Lothringen abgeleitet wurden oder an gewonnene Schlachten erinnern sollten. Von 1885 bis 1887 gestaltete man die Anlage als typischen gründerzeitlichen Schmuckplatz. Im Jahre 1949 wurde der Kollwitzplatz nach Entwürfen des Gartenarchitekten Reinhold Lingner umgestaltet. Mitte der 1990er Jahre wurden drei der vier leeren Eckgrundstücke wieder neu bebaut.

Das ganze Viertel ist schon seit Jahren „inn". Selbst der US-amerikanische Präsident Bill Clinton speiste vor Jahren, ich glaube genau im April 2000, hier.

Die Grundschule am Kollwitz-Platz in der Knaackstraße ist noch ein typischer DDR-Plattenbau. Dieser Einheitsschultyp wurde etwa ab Anfang der 70er Jahre vor allem in den neuen Plattensiedlungen (in der Judith- Auer-Str. am Volkspark Prenzlauer Berg wurden erst im April zwei dieser Blöcke weg geknackt), aber auch in Baulücken wie hier am Prenzlauer Berg in Großserie und meist sehr schnell errichtet. Ein sehr auf das absolut notwendige reduzierter Schultyp ohne die, für Schulaltbauten typischen oft integrierten Sporthallen und ohne ehrfurchtgebietende Aula, dafür aber mit einer Schulspeisung im Keller.

Der Jüdische Friedhof in der Schönhauser Allee 23–25 wurde hauptsächlich zwischen 1827 und 1880 genutzt. Vereinzelte Beerdigungen auf reservierten Flächen gab es noch bis in die 1970er Jahre. An der Außenseite des Friedhofs, zwischen der südöstlichen Begrenzungsmauer und den Höfen der daran anschließenden Bebauung, erstreckt sich zwischen Senefelderplatz und Kollwitzplatz der so genannte „Judengang". Er ist etwa sieben Meter breit und 400 Meter lang. Sein heutiger Eingang befindet sich in der Knaackstraße 41 am Kollwitzplatz

Die Quellen sprechen davon, dass dieser Weg zu einem Hintereingang des Friedhofs angelegt werden musste, weil

König Friedrich Wilhelm III. bei seinen Fahrten zum Lustschloss Schönhausen auf der Schönhauser Allee keinem Leichenzug begegnen wollte. Der „Judengang" wurde 2003 als Gartendenkmal neu hergerichtet, den unmittelbaren Anwohnern steht er als „halbprivater Grünraum" zur Verfügung.

Ein Highlight am Ende der Kollwitzstraße ist nicht nur der Senefelder Platz selbst, sondern das darauf stehende, denkmalgeschützte Pissoirs. Diese, im Volksmunde „Café Achteck" genannten „öffentlichen Bedürfnisanstalten" bestehen aus sieben grün lackierten gusseisernen Wandsegmenten und bilden einen achteckigen Grundriss. Die achte Wand fehlt und bildet den Eingang, bei dem ein davor stehender Paravent aus mindestens drei Segmenten einen Sichtschutz bildet. Der Entwurf für diese Bedürfnisanstalten stammte vom Stadtbaurat Carl Theodor Rospatt aus dem Jahre 1878. Im Jahr 1920 gab es etwa 142 von diesen Pissoirs in Groß-Berlin. Sie bieten im Innern Stehplätze für sieben männliche Personen.

Auch an ihm flatterten zu DDR-Zeiten an Staatsfeiertagen bunte Wimpel im Wind.

Als ich auf meinem Balkon erwachte, war das Leben wieder „normal". Nur diese scheiß Plastikfolie aus dem Haus gegenüber knatterte weiter im Wind und ich war froh, nicht nur neunundzwanzig Jahre „real existierenden Sozialismus", sondern auch noch ein bis heute einundzwanzig Jahre andauerndes Kapitalismus-Praktikum bislang erfolgreich überlebt zu haben.

*

Ohne Überschrift - am 29.6.2010

Bevor wir uns in diesem Monat noch einmal dem Kollwitzplatz und seinem Kiez drum herum widmen, möchte ich noch einmal einen Nachsatz zum Bild aus dem „Mosaik" im Artikel über den Teutoburger Platz anbringen.

Von den Mosaik-Figuren „Die Abrafaxe" gibt's ja mittlerweile einige DVD's und Spielfilme. Aber auch die Digedags wurden schon filmtechnisch animiert. Leider ist dieser Pilotfilm bislang nicht käuflich zu erwerben, man kann ihn sich jedoch auf dem Internetportal youtube in ganzer Länge (gut 6 min) ansehen. Die Fans warten auf Fortsetzung!

Laut einer Statistik lebten im Jahre 1993 am Prenzlauer Berg 69.641 Männer und 75.441 Frauen. Schade! Warum hat man mir das damals nicht gesagt? Aber wie heißt es so schön: glaube keiner Statistik, die du nicht selber gemacht hast! Das Gebiet rund um den Kollwitzplatz wurde ab ca. 1850 bebaut.

Die Kollwitzstraße hieß bis 1947 Weißenburger Straße, der Kollwitzplatz Wörther Platz. Er wurde im Krieg total zerstört. Die Künstlerin Käthe Kollwitz (u.a. Lithographie) lebte von 1867 bis 1945, ihr Wohnhaus in der Straße, die heute ihren Namen trägt, wurde 1943 bei einem Luftangriff zerstört. Die Plastik auf dem Platz wurde 1955/1958 von Gustav Seitz im Auftrag des Berliner Magistrats (Vorläufer des Senats) geschaffen und 1961 aufgestellt. Sie entstand in Anlehnung an ein Selbstbildnis der Künstlerin aus dem Jahre 1938.

Parallel zur Kollwitzstraße führt hinter der Westseite der Straße vom Kollwitzplatz bis hin zum Friedhof der sogenannte „Judengang" entlang. Er ist heute gepflegt, aber verschlossen. Der preußische König wollte auf dem Weg entlang der Schönhauser Allee zu seinem Schloss in Niederschönhausen keinen trauernden Juden begegnen, weshalb mit höchst königlichem Erlass dieser „Kommunikationsweg am Jüdischen Friedhof", so beschreibt es ein Buch aus dem Berliner Henschelverlag im Jahre 1984, angelegt worden war.

Beinahe der gesamte Kiez rund um den Platz war ursprünglich von einem deutsch-holländischen Bauverein erworben worden. Heute regt sich noch immer alles auf über die Plattenbausiedlungen in Hellersdorf, im Thälmannpark oder im Märkischen Viertel, aber schon damals wurden vorgefertigte und genormte Teile bei der Bebauung des Gebietes genutzt. Fenster, Türen, Stuck, Treppengeländer, alles war genormt und wurde industriell in großen Bauserien hergestellt. Die Ziegelei auch für dieses Gebiet stand auf dem Helmholtzplatz (hab übrigens vor kurzem in Moabit >? < eine Helmholtzstraße entdeckt).Der offene Wasserspeicher mit dem Steigrohr auf dem ehemaligen Windmühlenberg wurde übrigens 1853 gebaut und 1877 erweitert.

Die heutige Danziger Straße wurde bereits 1822 als „Communikationsweg" angelegt. Die Breite betrug damals vier Ruten, das sind etwa 15,06 Meter. Mit der Betriebsaufnahme des Gaswerks 1873 (dort, wo heute der Thälmannpark ist), wurde dieser „Communikationsweg" verbreitert und in Danziger und Elbinger Straße umbenannt. Die Bebauung mit Wohnhäusern geschah ab 1890. Nur der Abschnitt zwischen Schönhauser Allee und Greifswalder Straße erhielt damals den Namen „Danziger Straße", der Teil von der Greifswalder Straße bis zur Landsberger Allee hieß „Elbinger Straße". Der Magistrat hatte allerdings ursprünglich den Namen „Zionsweg", wegen der nahen gleichnamigen Kirchengemeinde, im Sinn. Am 27. Februar 1950[34] wurde der Straßenzug aus Danziger und Elbinger Straße nach dem bulgarischen KP-Führer Georgi Dimitroff in Dimitroffstraße umbenannt. Georgi Dimitrow war ein bulgarischer Politiker. Von 1935 bis 1943 war er Generalsekretär der Komintern, ab 1946 bulgarischer Ministerpräsident.

Am Abend des 27. Februar 1933 brannte das Reichstagsgebäude in Berlin. Dies bot den Nationalsozialisten die Möglichkeit, in der so genannten Reichstagsbrandverordnung die Grundrechte in Deutschland außer Kraft zu setzen und zahlreiche Gegner, in der

---

34 ... ich glaube, 1950 ist falsch, weil die meisten anderen
   Quellen von 1972 oder gar 1974 sprechen

Hauptsache Kommunisten, festnehmen zu lassen. Dimitroff, der sich gerade illegal in Deutschland aufhielt, wurde am 9. März 1933 in Berlin verhaftet. Ihm hatte man eine Schlüsselrolle im Schauprozess vor dem Reichsgericht in Leipzig zugedacht. Neben ihm standen auch die beiden bulgarischen Kommunisten Blagoi Popow und Wassil Tanew sowie der Vorsitzende der KPD-Reichstagsfraktion Ernst Torgler und der Niederländer Marinus van der Lubbe unter Anklage. Während die Ankläger 65 Belastungszeugen namhaft machten, wurden die von Dimitroff nominierten Zeugen abgelehnt und ein Wahlverteidiger verweigert. Zunächst wurde der Reichstagsbrandprozess in Leipzig mit Lautsprechern auf die Straßen übertragen. Als es jedoch Dimitroff als glänzendem Rhetoriker gelang, den preußischen Ministerpräsidenten Hermann Göring immer wieder in die Rolle des Angeklagten zu drängen, verschwanden die Lautsprecher von den Straßen.

Für die Nationalsozialisten wurde der Prozess zum Debakel. Für die Anschuldigungen gegen Dimitroff und die anderen kommunistischen Funktionäre konnten keine Beweise beigebracht werden.

Durch Fragen an Zeugen wie Göring und Joseph Goebbels gelang Dimitroff überdies der Nachweis, dass niemand in den regierenden Kreisen Deutschlands wirklich einen Aufstand erwartet hatte und daher auch keine Maßnahmen zu seiner Vereitelung getroffen worden waren. Der Gerichtsvorsitzende bestätigte die Souveränität Dimitroffs mit der Bemerkung: „Im Ausland ist man schon der Meinung, dass nicht ich, sondern Sie die Verhandlung leiten!"

Zum 1. November 1995 setzte sich der Berliner Bausenator Herwig Haase über das gegenteilige Votum des Bezirksparlaments und den Widerstand der Anwohner hinweg und ließ den gesamten Straßenzug in Danziger Straße umbenennen. Dies betraf auch den südöstlichen Straßenabschnitt, der bis 1950 Elbinger Straße hieß.

Die Sredzkistraße, ab 1952 benannt nach einem alten Kommunisten, der am 30.11.1892 geboren und mit weiteren sechs Antifaschisten am 11.10.1944 im KZ Sachsenhausen ermordet wurde, hieß ursprünglich ab 1875 Franseckystraße nach „Eduard Friedrich von ...", einem preußischen General, der vom 16.11.1807 bis 21.5.1890 lebte und der sich im preußisch-österreichischen Krieg 1866 und im deutsch-französischen Krieg 1870/71 hohe Verdienste erwarb.

Zum Schluss noch ein paar Zahlen, ... ähm ... wegen der Statistik. Im Kollwitzkiez hatten 2008 18,7 % der Anwohner weniger als 1100 € monatliches Einkommen zu Verfügung,
12,1 % bis 1500 €,
17 % bis 2000 €,
16 % bis 2500 €,
8,9 % bis 3000 €,
9,1 % bis 3500 €,
4 % bis 4000 €
und 14,2 % mehr als 4000 €.
Ich finde, eine „gesunde Mischung" sieht anders aus, aber wie oben gesagt: traue keiner Statisik ....

Übrigens wurde lt. Entwicklungsgesellschaft STERN die Sanierung des Gebietes am 23.Januar 2009 für abgeschlossen erklärt. Ju-hu! Endlich rauf mit den Mieten!

*

Die "bittere" Wahrheit über Rolf Gänsrich (Kolle-Kiez Juli 2011) - am 7./20./21.6.2011

Das ist ja 'n Ding, dieses Foto hier! Walter Ulbricht und Nikita Chruschtschow im offenen Tschaika ... ??? Nee, das war damals 'ne original „Sachsenring"-Spezialanfertigung – Miniserie von nur sechs Fahrzeugen ... an der Ecke Dimitroff (Danziger) Str./Schönhauser Allee. Beim Schreiben dieses Textes liegt mein fuffzichster Geburtstag noch vor mir, beim Ausliefern dieser Ausgabe hab ich den „Club der alten Herren" bereits erreicht! Peter Alexander und … Walter Ulbricht (der, der die Berliner Mauer angeblich nie bauen wollte) haben mit mir Geburtstag. Das fand ich als Kind immer schlimm.

Wenn Cornelia B., die damals schräg gegenüber von uns wohnte, und ich an diesem, unserem Ehrentag vor die Klasse treten mussten, gabs als Ständchen der Mitschüler immer irgendwelche doofen „Kampflieder der Arbeiterklasse" für uns.

Mit Chruschtschow verbindet mich etwas anderes: Als Neugeborener hatte ich genau so eine „kahle Atta" (Berlinerisch für Kahlkopf) wie er, weshalb man mich in den ersten Lebensjahren „Nicki" nannte. Später wechselte das dann wegen meiner blonden Löckchen in „Bummi" und blieb jahrelang so; das „Bärchen" hab ich aber erst seit meinem Tagesklinikaufenthalt 2003. Übrigens an genau jener Ecke, Danziger/Schönhauser, sprach mich am Pfingstmontag ein Leser mitten auf der Straße an und machte mich auf einen Fauxpas aufmerksam: Also ich für meinen Teil bin ja in Hohenschönhausen groß geworden, weiß also noch, welches Objekt die Stasi dort hatte.

1987 war ich zwar schon vier Jahre im Prenzlauer Berg polizeilich gemeldet - lebte aber, abzüglich meines NVA-Grundwehrdienstes, erst gut zwei Jahre hier. Also fragte ich meinen Vater, wo denn überhaupt die Husemannstraße sei, als in der Zeitung berichtet wurde, Erich Honecker besucht die. Ich war mir sicher, dass dem so war, denn vor meinem geistigen Auge hab ich noch die Fotos dazu aus der „BZ am Abend". Aber - unser Leser klärte mich am Pfingstmontag auf - Erich Honecker kam nie. Er sagte diesen Besuch kurzfristig ab! Es kam statt dessen Willie Stoph.

Über die Danziger 50 habe ich wohl noch nie ausgiebig berichtet.

Soviel ich noch weiß, übernahm der Kulturverein Prenzlauer Berg 2005 dieses marode Gebäude. Es ist eigentlich eine ehemalige Schule und diese sowie das genutzte Schulgebäude sind noch die Bauten, die man über die Tordurchfahrt erreicht, aber das Vorderhaus war 2005 im Inneren eine Ruine. In mühevoller, vorwiegend ehrenamtlicher Arbeit wurde die Danziger 50 denkmalgerecht saniert und im Jahr darauf als Kulturzentrum eröffnet. Die Arbeiten wurden aus Mitteln der Europäischen Union und des Landes Berlin gefördert. Vor wenigen Tagen, am 25. Juni, gab es aus diesem Anlass einen „Tag der Offenen Tür".

Der Kulturverein Prenzlauer Berg bewirtschaftet u. a. auch „Betreutes Wohnen für Alleinerziehende" in der Kollwitzstraße 94.

Die Danziger Str. 50 wurde ursprünglich als Doppel-Schulgebäude mit einem ehemaligen Rektorenwohnhaus in der Danziger/Ecke Dunckerstraße 1893/94 als 162. und 197. Gemeindeschule für Knaben errichtet. Es ist ein roter Klinkerverblendbau mit grün glasierten Schmuckziegeln, Baumeister waren Hermann Blankenstein und Vinzent Dylewski.

Hinweisen möchte ich bei dieser Gelegenheit auch auf ein auffälliges Gebäude gegenüber: auf das Wohnhaus Danziger/Ecke Senefelderstraße, das um 1895 nach Plänen von Eugen Reethen erbaut wurde und ein fünfgeschossiger, mit Klinkern verblendeter Bau ist mit reich geschmückter Fassade im Neorenaissance-Stil, Eck-Erkern und aufgesetzten sechseckigen Ecktürmen.

Die Berliner Kulturbrauerei ist ein 25.000 m² großes Bauensemble. Sie steht seit 1974 unter Denkmalschutz und gehört zu den wenigen gut erhaltenen Berliner Industriearchitektur-Denkmälern vom Ende des 19. Jahrhunderts. Der Apotheker August Heinrich Prell gründete im Jahr 1842 in Kreuzberg eine kleine Brauerei. Sein im Keller hergestelltes untergäriges Bier bot er vor Ort in einem Ausschank an. Trotz 35 weiterer Brauereien im Berliner Raum florierte das Geschäft, so dass Prell neue Lagerkeller in der Schönhauser Allee 39 an der Stelle der heutigen Kulturbrauerei errichten ließ. Nach dem Tod des Firmengründers im Jahr 1853 übernahm Jobst Schultheiss das Unternehmen. 1891 fusionierte die Brauerei mit der „Tivoli-Brauerei". Daraufhin stieg sie mit 43 Niederlagen mit Eiskellern, 19 Ausschanklokalen, 65 Eisenbahnwaggons, 533 Wagen und 537 Pferden zur größten Brauerei Deutschlands auf. Nach dem Zusammenschluss mit der „Patzenhofer-Brauerei-AG" im Jahr 1920 entstand die weltgrößte Lagerbierbrauerei mit Hauptsitz in der Schönhauser Allee.

Während des Zweiten Weltkrieges wurden in den Kellerräumen der Brauerei „Kriegswichtige Artikel" wie z. B. Funkgeräte gebaut. Auch dienten die Gebäude als Lager für die SS. Noch in den letzten Kriegstagen verschanzte sie sich auf diesem Gelände und wagte von hier aus, noch kurz vor der Kapitulation Berlins, einen Ausbruch durch die Keller; wie mir mein Vater in seinen Erinnerungen immer wieder berichtet hatte auch in der Pappelallee, in Richtung Norden.

Mit Befehl der Besatzungsmacht vom 30. Oktober 1945 wurde das Unternehmen beschlagnahmt und bis zur Umwandlung in den volkseigenen Betrieb VEB Schultheiß-Brauerei Schönhauser Allee als sowjetische Aktiengesellschaft weitergeführt. Allerdings folgte im Jahr 1967 das definitive Ende des Brauereibetriebes.

Viele kleinere Betriebe nutzten in den darauf folgenden Jahren das Areal. Ein Gast meines Kiezspaziergangs im Mai erinnerte mich an das Möbellager auf dem Gelände, von dem, und da erinnere ich mich nun wieder, auch meine Eltern ihre erste Schrankwand abholten. Witziges am Rande: Eines der ersten Worte, die die Tochter einer nah wohnenden Bekannten nach „Mami" und „Papi" sagte, war „Kulturbrauerei".

Ein Tipp von mir: hüten Sie sich vor der Silvesterparty auf dem Gelände! Wenn Sie eng gedrängelt kurz vor der Atemnot mit vielen Menschen gleichzeitig „kuscheln" wollen, können sie auch 'ne S-Bahn oder eine Straßenbahn der M 4 mitten im Berufsverkehr nehmen. Da müssen Sie sich die Kulturbrauerei nicht antun.

Mit Mike wollte ich mich eigentlich über die Synagoge in der Rykestraße für diese Ausgabe hier unterhalten. Seine Großmutter wohnte einst direkt neben dieser und hatte Einblicke auf den Hof, aber immer wieder kamen wir am Telefon viel zu schnell auf „Farmarama[35]" zu sprechen und "Farmen" seit Anfang Juni nur noch. Die Synagoge in der Rykestraße ist seit ihrer Wiedereinweihung 1953 die größte Synagoge Deutschlands und noch größer als die viel berühmtere in der Oranienburger Straße in Berlin-Mitte. An der Synagoge begannen die Trauerzüge, welche bei Beerdigungen über den Judengang vom Kollwitzplatz zum jüdischen Friedhof führten.

Das Gebäude der Synagoge wurde 1903/04 nach Entwürfen des Architekten Johann Hoeniger im neo-romanischen Stil errichtet. Vorausgegangen war ein aufwändiges Genehmigungsverfahren. Die Einweihung fand nach zehn Monaten Bauzeit am 4. September 1904 gerade rechtzeitig zu den Hohen Feiertagen des Jahres 5665 statt. 1920 richtete der jüdische Schulverein im Vorderhaus die III. Private Volksschule der jüdischen Gemeinde ein.

Die Synagoge ist in Mitten der Wohnhäuser des Kiezes, was während der Pogromnacht 1938 eine vollständige Zerstörung verhinderte. Nachbargrundstücke sollten durch eine Zerstörung nicht gefährdet werden.

Nachdem im April 1940 der letzte Gottesdienst stattgefunden hatte, wurde die Synagoge nach der Konfiszierung durch die Heeresstandortverwaltung ab Mai 1940 als Depot und Pferdestall missbraucht.

---

35 ... ein damals gängiges Online-Spiel

Nach Kriegsende wurden im Vorderhaus der Synagoge zeitweise Juden aus Osteuropa untergebracht (Displaced Persons), die das Regime überlebt hatten. Am 29. Juli 1945 wurde durch den Rabbiner Martin Riesenburger das erste Paar getraut.

Als einzige erhaltene Synagoge in Ost-Berlin wurde sie nach einer umfangreichen Renovierung am 30. August 1953 durch Riesenburger wieder geweiht.

Als recht störend empfinde ich die (sicher notwendig) hohe Polizeipräsenz und die Absperrungen vor der Synagoge, die auch ein Halten auf der gegenüberliegenden Straßenseite, zum Beispiel zum Auslegen der Prenzelberger Ansichten in den Geschäften vor Ort, mehr als erschweren. Geht die Überwachung der Synagoge nicht diskreter?

Das Prenzlauer Berg Museum, Prenzlauer Allee / Mühlhauser Str. gehört dem Museumsverbund Pankow an, zu dem sich am 1. Januar 2001 das Prenzlauer Berg Museum, das Panke Museum, die Chronik Pankow sowie das Stadtgeschichtliche Museum Weißensee zusammengeschlossen haben.

Das Museum befindet sich in den Räumen einer ehemaligen Gemeindedoppelschule (Unterricht für Mädchen und Jungen) und wurde zwischen 1884 und 1886, nach Plänen von Ludwig Hoffmann errichtet. Das Prenzlauer Berg Museum beherbergt heute weiterhin die Kinder- und Erwachsenenbibliothek am Wasserturm und zusätzlich Unterrichtsräume der Volkshochschule sowie das Archiv, aus dem wir für die Prenzelberger Ansichten immer wieder Informationen, Bilder aber vor allem Inspirationen holen. Derzeit wird das Gebäude gründlich saniert.

Im Gegensatz zu ähnlichen Einrichtungen in anderen Berliner Stadtteilen ist das Archiv nicht direkt an eine Bibliothek gekoppelt und nicht mit dieser gemeinsam in einem Raum, sondern es ist separat, was natürlich auch zusätzliches Personal erfordert, in einem dieser typischen ehemaligen Unterrichtsräume.

Genutzt wird das Archiv sehr viel, allerdings beklagen Nutzer, dass es einmal auf den neuesten Stand gebracht werden sollte. Auch fehlt es direkt an Nachschub von Materialien und historischen Bildern, das dann aber auch erst wieder neu eingepflegt werden müsste, wozu jedoch der Institution eine kompetente und gute Personaldecke fehlt, die nun wiederum durch die Sparpolitik des Landes Berlin nicht möglich ist.

… Wer schreit da in diesem Lande laufend nach Steuersenkungen, so lange Kommunen ihre Aufgaben kaum noch erfüllen können und der Hartz IV-Satz endlich einmal angehoben werden müsste? ...

*

Kollwitz November 2012 – Cut 2 - NABU-Cut
am 19.9. + 12./13.10.2012 + 23.10.2012
Neues Leben auf dem Friedhof

Nicht immer ist man gleichzeitig überall im Kiez unterwegs und so ist für mich ein Rundgang mit Notizblock in einer „schwachen" Stunde immer ganz nützlich.

In der Straßburger Str. sind neue Tiefgaragen unter der ehemaligen Königstadtbrauerei angelegt. Wie mir Anrainer sagten, seien diese aber nicht öffentlich sondern nur für Gewerbetreibende der Umgebung.

Einer von vielen Kreuzungsumbauten findet an der Ecke Saarbrücker Straße statt. Bis zur Metzer sind die Fassaden der Häuser in der Straßburger Str. bis hin zum Kitsch saniert. So sahen die Gebäude, als man sie errichtete, nie aus, denn die Einheitsfarbe war ein leichter Gelbton, den man bereits dem Putz der Fassaden beimischte. Eines der letzten nicht sanierten Häuser im Kiez ist das in der Nr. 21! Fahren Sie dort hin! Schauen Sie Sich das an! So sah es vor zwanzig Jahren mal überall im Prenzlauer Berg aus!

Dahinter bis zur Belforter Str. stehen in einer großen Kriegslücke Q3A-Plattenbauten aus den späten 50er, frühen 60er Jahren.Irgendwie unsinnig erscheint mir der Umbau der Einmündung auf die Belforter. Wer da als Kraftfahrer links herum will, braucht einen Schwanenhals.

In der Belforter Str. 28 ist ebenfalls ein Haus im Nachkriegszustand mit sichtbaren Kriegsschäden. Grundschüler sprechen da vom „Geisterhaus".

In der Kollwitzstr. 20 wird gerade eine der letzten Kriegslücken geschlossen.

Wenn man in der Schönhauser Allee Stadt auswärts an den Baustellen hinter „Ziervogels Kult Curry" vorbei ist, ... ist dieser Neubau hässlich! ... gelangt man zum jüdischen Friedhof. Auf Anfrage beim NABU wurde uns berichtet, dass auf allen Friedhöfen in der Berliner Innenstadt, mit altem Baumbestand, Greifvögel nisten würden. Auch sehr viele Waldvögel würde es geben. Um diese Arten in Ruhe zu lassen und um zu verhindern, dass ganze Heerscharen von Touristen zu diesen Brutstätten pilgerten, mögen wir uns aber in unserer Berichterstattung darüber hier beschränken. Teilweise würde es auch noch im und am Rande des Berliner Urstromtals eiszeitliche Vegetationsreste geben, ... spezielle Mose, Flechten, Blumen oder Kräuter, die anderswo schon nicht mehr existierten und die man ... vor allem vor Hundekot und zu vielen Besuchern ... schützen müsse.

Die Altneubauten in der Knaackstr. 60 – 67 sind angeblich zeitgleich mit der Bebauung „Am Friedrichshain" unmittelbar nach dem Krieg entstanden. Wobei die ersten fertigen Wohnungen nach dem Krieg, aus dem Februar 1946, in der Hohenschönhauser Goeckestraße stehen. Aber diese hatte man bereits vor Kriegsende begonnen. In der Sredzkistraße wird seit vielen, vielen Monden „Erlebnis gebaut". Ständig sind irgendwelche anderen Abschnitte der Straße gesperrt. Die hier stehenden Pappeln halten ihr grünes Laub im Herbst länger, als alle anderen Bäume.

Hundekot, Tretmienen, sind im Kiez weniger geworden. Dafür gibt es um so mehr Ratten, die im übrigen in Berlin wieder meldepflichtig sind.

In der Sredzkistraße gibt's noch einen richtigen Schuster, der Reparaturarbeiten ausführt. Das Haus mit der Nr. 44 ist das dritte noch unsanierte Gebäude im Kiez. Die Ecke zur Kollwitzstraße ist umgebaut, vermindert den Verkehr und behindert dadurch Lieferanten. An der Rykestraße wird eine Kriegslücke bebaut und ein Ärztehaus-Neubau steht an der Ecke Prenzlauer Allee.

In der Prenzlauer Allee ist das Mietniveau im Berliner Vergleich mit am höchsten und wohl das selbe wie an gewissen Ecken in Wilmersdorf (erinnere an die „Wilmersdorfer Witwen" aus dem Musical „Linie 1" des „Grips-Theaters").

Das BAT-Studiotheater in der Belforter protestiert mit Transparenten „Spart uns nicht weg!"

Belforter Ecke Prenzlauer ist dann noch ein Laden, der in riesigen Plastik- und Glasbehältern „Sportlernahrung" verkauft, die hier wie „Smarties" aussieht. Hektoliter weise bunte Pillen!

Und ich armer Thor dachte immer, Sportlernahrung sei Fleisch, rohes Obst-Gemüse und Nudeln!

Einen riesigen Hof entdeckte ich in der Metzer Straße ein paar Grundstücke neben dem Hotel. Dieser Hof ist riesig und zieht sich bis zur Belforter hinüber. Große Sandkästen, vergessene Plastikschaufelbagger und -förmchen zeugen von der regen Nutzung durch kleine Kinder. Auch im „Zentrum Danziger 50" in der Danziger Str. 50 ist der neue Spielplatz vor der Grundschule endlich fertig und wird … „bespielt".

In der Schönhauser, kurz vor der Torstraße, zwischen „Rewe" und „White trash" gibt's in einer Kriegslücke in neu übereinander gestapelten Containern, so sieht jedenfalls diese „Installation" aus, eine neue hippe Galerie mit viel Ausstellungsfläche.

163

Ein letztes noch. Früher gab es sie überall einmal, heute sind sie die Ausnahme: Läden die so halb im Keller untergebracht sind. Diese Räume waren im Winter oft kalt und feucht und schwer zu heizen und entsprechend preiswert von der Miete her. Gemüseläden, die ihre Waren ohnehin feucht und kühl lagern mussten, Schuster, Kohlenhändler mieteten sich dort ein. Eines der letzten Relikte dieser Zeit findet man in der Metzer Straße zur Straßburger Str. hin.

*

Kollwitz – Oktober 2012 – am 14./17./19.9.2012
Prähistorische Steine auf dem ZK Fuhrpark

Der Herbst kommt mit Macht. Am schönsten ist er in der Knaackstr. zwischen Kollwitzstr. und Wasserturm wenn sich die Blätter der Ginkgo-Bäume in sonnigem Straßenbahngelb färben. Man merkt den Herbst aber auch an den Baustellen. Im August zählten wir beim Ausfahren der Zeitung über 250 Fahrbahnverengungen, Sackgassen, gesperrte Straßen, ausgebuddelte Gräben, eingerüstete Häuser mit dem entsprechenden gesperrten Parkraum usw. usf. in etwa zweiundfünfzig Straßen am Prenzlauer Berg. Gut, die Baustellen sind Ende September nicht weniger geworden, aber man merkt, dass jede einzelne von ihnen nicht mehr ganz so viel Raum einnimmt, dafür aber in so eine Art Winterschlaf verfällt.
Ich bin verabredet in einer Autowerkstatt auf dem Gewerbehof in der Straßburger Str. Der Besitzer einer der letzten freien, wie heißt es da so schön, „Typen offenen" Werkstätten erzählt, was mit dem Gelände dort zwischen Königstadtbrauerei und Backfabrik geschehen soll.
Vermutlich gehörte das Areal mal mit zu den Brauereien der Umgebung. Unter den heutigen Fundamenten vermutet man deshalb noch Reste von Brunnen.
Der letzte mir verbliebene Aschenbecher in meinem Nichtmehr-Raucher-Haushalt, ein Erbstück meines

Großvaters, macht Werbung für eine Firma „Chistoph & Peetsch, Berlin NO 55, Saarbrücker Str. 22 – 24". Das muss dort mit auf dem Gelände gewesen sein, bevor man die im Volksmund titulierte „Fahrbereitschaft des ZK" (ZK = Zentralkomitee der SED) in den späten 60er, frühen 70er Jahren baute.

Offiziell war auf dem Gelände der „Magistratsfuhrpark", klärt man mich auf. Aber der wurde durch das Wachregiment „Feliks Dzierzynski" kontrolliert. Dieses Wachregiment wurde nur eingesetzt, um direkte Staats- und Parteieinrichtungen in der DDR zu schützen. Es handelte sich bei diesem Regiment um eine Spezialeineinheit.

Es gibt Gerüchte, die behaupten, so erzählt man mir, dass es mal einen unterirdischen Tunnel zum Eckgebäude Prenzlauer Allee / Torstraße gegeben haben soll.

Als die Autowerkstatt vor zwanzig Jahren auf das Gelände zog, gab es noch ehemalige Heizer und frühere Busfahrer, die sich zu dieser Zeit bereits als Autoverkäufer und Versicherungsmakler betätigt haben sollen und mit denen kam man ins Gespräch und die erzählten so einiges an wilden Gerüchten, wird mir berichtet.

Wie alle anderen Mieter, muss auch diese Werkstatt ihren Standort hier in der Straßburger Str. bis zum Jahresende räumen. Ein großer Investor hat das gesamte Areal für viel Geld ersteigert.

Für einige Verwirrung unter den Altmietern auf dem Gelände sorgte es, dass noch im März neue Gewerbe-Mieter einzogen, die viel investierten, zum Beispiel für Regale. Schon im Juni kamen die Kündigungen, die eine „Unterwerfungserklärung" (keine nachträglichen Ansprüche nach der Kündigung) beinhalteten.

Vor allem Künstler nutzten in den letzten Monaten die Gebäude als Lager- und Ausstellungsfläche.

Das gesamte Areal war einst voll vermietet.

In den letzten Wochen sind die ersten Mieter mittlerweile freiwillig gegangen..

Noch immer gibt es dort u.a. einen Schützenverein, 'ne Lederrestauration, eine Fahrradwerkstatt, zwei Kfz-Werkstätten und eine kleine Spedition. Einen Autoverleih für die Filmwirtschaft hat es mal gegeben, genauso wie eine Autolackiererei.

Die ehemalige Waschanlage für die ZK-Fahrzeuge war noch bis vor wenigen Jahren als „freie Autowäsche" in Betrieb. Immer mehr Umweltschutzauflagen führten schließlich zu ihrem Ende.

Auch den Bildungsträger BTB gibt es an diesem Standort noch. Sie sitzen im Vorderhaus direkt am Eingang. Ich musste bei BTB im Jahre 2005 eine „Jobcenter-Maßnahme" (Bewerbungstraining) über mich ergehen lassen. Entsinne mich da noch voller Grausen an niedrige, ungelüftete, überheizte Räume mit bis zu fünfzig Teilnehmern, die nachhaltig nach kaltem, abgestandenem Zigarettenrauch stanken. … Muss ja heute nicht mehr so sein … … ….

Auf ein Problem machte mich die Autowerkstatt noch aufmerksam: auf die Parkplatznot, die es trotz der „Parkraumbewirtschaftung" gibt. Wird die ehemalige Fahrbereitschaft bebaut, fallen die letzten Ausweichmöglichkeiten in der Gegend weg. Die vorhandenen Parkflächen sind jetzt schon zu ca. 110 % ausgelastet. Heißt, viele stellen ihre Wagen in ihrer Verzweiflung dort ab, wo man eigentlich überhaupt nicht parken darf.

„Unsere" Werkstatt zieht zum Jahreswechsel um nach Weißensee in die Langhansstr. / Roelkestr. und ist somit raus aus ihrem alten Kiez. Ob sich der über Jahrzehnte hinweg aufgebaute Kundenstamm mitziehen lässt, steht in den Sternen.

„Heißt es denn nur noch > schöner wohnen < am Prenzlauer Berg?", fragte mich der Chef verzweifelt.

Das fragte mich letztens übrigens auch ein Teilnehmer auf einer meiner Führungen, der wissen wollte, wo es noch Live-Musik am Prenzlauer Berg gibt.

Ob sich der neue Besitzer, die WGF, mit ihrem hier angesiedelten Projekt „Berlin-Lavie" an seine Versprechen hält, die er abgegeben hat, um das Areal zu erwerben, bleibt abzuwarten.

Ältere Anwohner fürchten, dass es sich nur um eine reine Grundstückspekulation mit einem Filet-Stück in der Berliner Innenstadt handelt.

Es sollen ca. 350 (auch Miet-) Wohnungen gebaut werden und das Gelände soll öffentlich von allen Seiten zugänglich sein, im Gegensatz zum Beispiel zu der neuen Eigenheimsiedlung, die es seit ein paar Jahren Am Friedrichshain gibt und die sich, wie ich an dieser Stelle schon mal berichtete, mit hohen Mauern und Stahltoren abschottet.

Ob dann die auf dem Gelände der ehemaligen Fahrbereitschaft noch erhaltene prähistorische, eiszeitliche Geröllhalde als Naturdenkmal der Allgemeinheit zugänglich gemacht wird, wird sich dann noch zeigen.

Ich werde jedenfalls das gesamte Areal in meine Kiezspaziergänge durch den Kollwitzkiez im Oktober und November diesen Jahres mit einbeziehen, damit auch Sie noch einen letzten Blick auf das historische Bauensemble werfen können.[36]

*

Kollwitzplatz – Inspirationen - am 16.9.2013

An einem kühlen Septembermorgen saß ich auf der langen Bank am Kollwitzplatz, beobachtete die Menschen und die Häuser um mich herum und da flossen diese Zeilen wie von selbst aus mir heraus.

---

36 ... hab ich Anfangs noch ein paar mal gemacht, lohnte aber
    nicht und so stellte ich das Ende der Strecke schließlich um

Berlin, Berlin[37]
(an die Geliebte)
Rolf Gänsrich 12./13./14.9.2013

Glaspaläste
Mauerreste,
kleine Wichser
dröge Fixer
        Berlin
Kollwitzplatz
laut Rabatz
Kinderwagen
kaum ertragen
        Berlin
Hütchenspieler
Drogendealer
Spaß-Touristen
Salafisten
        Berlin
CDU
blinde Kuh
        Berlin
Feine Frau'n
großer Traum
Arbeitslos
Schicksal bloß
        Berlin
Demonstranten
Paten-Tanten
S-Bahn-Schienen
flotte Bienen
        Berlin

---

37 Das Gedicht wurde von der Redaktion damals nicht
   gedruckt. Ich kuppelte es deshalb ab und veröffentlichte es
   später in einem meiner passenden Bände und las es auch
   auf Lesebühnen vor Publikum

Eierleute
heiße Bräute
schwule Schwänze
Rosenkränze
Berlin
Laute Spatzen
alte Katzen
Hundekot
Schornsteinschlot
Berlin
Hinterhof
Lesbenschwof
laute Flügel
stille Prügel
Berlin
Straßenbaum
Lattenzaun
Kopfsteinpflaster
alte Laster
Berlin
U-Bahnwagen
Koffer tragen
Minijob
ex und hopp
Berlin
Tierparkflair
elitär
Reihenhaus
graue Maus
Berlin
flinke Ratten
Fressen hatten
Reichstagsufer
leiser Rufer
Berlin

Straßenraub
grünes Laub
Schulhoflärm
Katz'gedärm
    Berlin
Wahlplakate
von Renate
Großbaustelle
Straßendelle
    Berlin
Schön' Balkone
oben ohne
Kneipenecke
graue Hecke
    Berlin
Berlin, Berlin,
nur noch Berlin!

Der Kollwitzplatz war schon 1862 im Bebauungsplan von James Hobrecht eingetragen.

Bereits 1695 wurden in der Schönhauser Allee Bäume an der Landstraße nach Niederschönhausen gepflanzt.

1734 – 1737 wurde die erste Berliner Zollmauer, ein hölzerner Palisadenzaun, errichtet. Juden durften Berlin nur über das neu eingerichtete Prenzlauer Tor („Judentor") und durch das Hallesche Tor betreten.

Ab dem Jahr 1743 wurden auf der „Schönhausenschen Landstraße" (spätere Schönhauser Allee), etwa aber der heutigen Höhe Oderberger Straße bis ca. zum heutigen Bf. Pankow, die restlichen Bäume gepflanzt.

König Friedrich II von Preußen wies 1748 an, auf einem Gelände, das heute von der Saarbrücker, Metzer und Straßburger Straße begrenzt wird, fünf Windmühlen zu errichten. Daher der Name „Windmühlenberg".

Dort standen 1770 dann acht Mühlen, die durch Wege miteinander verbunden waren, die in etwa dem Verlauf der heutigen Straßburger und Metzer Straße entsprechen. Dass es auf dem Areal auch noch eine prähistorische, eiszeitliche Geröllhalde gab, ahnte zu diesem Zeitpunkt noch niemand.

Im Jahre 1822 wurden die Stadt auswärts führenden Straßen durch einen „Communikationsweg", der der heutigen Danziger Str. entspricht, miteinander verbunden.

Die Straßen waren die „Chaussee nach Pankow" (Schönhauser Allee), die „Prenzlauer Chaussee" (Prenzlauer Allee), die Bernauische Landstraße (16. Jh.um 1803) / Chaussee nach Weißensee (um 1803-1859) / Vor dem Königs-Thore (um 1859-1868) / seit 1868 Greifswalder Str. (einen Weg vom Dörfchen Gripheswald in Richtung Spree soll es schon um 1209 gegeben haben) und die „Landsberger Chaussee" (später und heute Landsberger Allee, von 1968 – 1992 Leninallee).

Nachdem im September 1824 die preußische Regierung verfügt hatte, dass alle Friedhöfe innerhalb der Berliner Stadtmauer geschlossen werden müssten, kaufte die jüdische Gemeinde im April 1825 für 5800 Taler ein fünf Hektar großes Gelände an der „Chaussee nach Pankow" (Schönhauser Allee).

Am 29.Juni 1827 wurde dieser Friedhof, der nach Plänen von Friedrich Wilhelm Langerhans angelegt wurde, durch den Rabbiner Jacob Joseph Oettinger geweiht.

Im Frühjahr des selben Jahres (1827) kaufte Christian Friedrich Bötzow die sieben Königlichen Mühlen auf dem Windmühlenberg.

In einer Randbemerkung des Königlichen Polizeipräsidiums zu diesem Kauf ist erstmals vom „Prenzlauer Berg" die Rede.

Bötzow verkaufte die Mühlen allerdings am 3.Juli 1828 wieder. Im gleichen Jahr wurde der Lehmpfad, der die „Chaussee nach Pankow" darstellte, gepflastert.

Am Fuße des Windmühlenbergs versuchte Julius Bötzow 1828/29 seine erste Brauerei/Brennerei zu etablieren. Was jedoch indes misslang.

Ein ehemaliger Kriegskommissar im Stab des Generals von Blücher, der bereits 1825 die Erlaubnis erhalten hatte, vom Brandenburger Tor nach Charlottenburg vier mehrsitzige Pferdewagen mit Verdeck für den Verkehr einzurichten, durfte mit seinen Wagen ab 1835 auch vom Schönhauser Tor nach Pankow fahren. Der Name des ehemaligen Kriegskommissars: Simon Kremser. Daher noch heute die Bezeichnung „Kremserfahrten" für 'ne Kutschfahrt in großer, geselliger Runde.

Fünfzehn Jahre später, am 1.Mai 1850, richtete die „Concessionierte Berliner Omnibus-Companie" eine (Pferde-) Buslinie vom Anhalter Tor über den Schlossplatz bis zum „Oestschen Lokal in der Schönhauser Allee" ein.

„Bullrich Salz" ist noch heute allgemein bekannt als Hausmittel gegen Sodbrennen. Der Apotheker August Wilhelm Adolph Bullrich war dessen Erfinder. Er errichtete 1851 in der Nähe des späteren Senefelder Platzes, in der Schönhauser Allee 167, seine Seifen- und Parfümfabrik und stellte dort diese, seine Erfindung her. „Bullrichsalz" ist indes nichts anderes als Natriumhydrogencarbonat, im Volksmund auch „Natron" genannt. Kennen Sie diese selbst gemachte Brause noch, die meist der Großvater an heißen, sonnigen Tagen im Garten bereitete? Etwas Essig wird in einem Glas mit Wasser verrührt, da hinein gibt man Natron und schon reagieren Essig und Natron – Chemieunterricht – Natron ist eine Base – miteinander und es entsteht u.a. auch Kohlensäure, die sich in dem Wasser dann löst. Zum nachmachen müssen sie die richtige Menge einfach mal ausprobieren. Handelsüblichen Essig und Natron etwa im Verhältnis 1 : 1 verwenden, bei Essigessenz dagegen sehr, sehr vorsichtig sein.

Im Jahre 1853 wurde die vom Apotheker August Heinrich Prell 1842 in der Neuen Jacobstraße 26 gegründete „Norddeutsche Lagerbierbrauerei" vom Putzhändler Jobst Schultheiß aufgekauft und unter dem Namen „Zum Schultheißbräu" weiter geführt. Prell hatte 1842 zur späteren Erweiterung seines Betriebes auch schon ein Areal an der Schönhauser Allee 39 erworben, das von Schultheiß gleich mit übernommen wurde. Der Brauereiausschank in der Schönhauser Allee wurde indes erst 1860 eingerichtet. Als Druck- und Ausgleichsstation wurde 1855/56 auf dem Windmühlenberg mit einem Steigrohrturm und einem offenen Reinwasserbehälter das erste Berliner Wasserleitungsnetz gebaut und mit Wirkung vom 1.Juli 1856 in Betrieb genommen. Einen Testbetrieb dieses Wassernetzes hatte es bereits ab dem 22.Dezember 1855 gegeben. Das Wasser kam vom Wasserwerk am Stralauer Tor.

Auf Beschluss der Berliner Stadtverordneten wurde am 1.Januar 1861 der größte Teil der Berliner Feldmark, der schon lange zum „Weichbild" gehörte, in die Stadt eingemeindet. Eine Volkszählung vom 3.Dezember 1861 sprach von 523.678 Berlinern.

Auf dem Windmühlenberg legte am 21.Mai 1864 die Bötzowbrauerei den Grundstein für ein Ausflugslokal.

Und im Jahr 1867 begann man mit dem Bau der geplanten Ringbahn. Bis 1871 entstand zunächst nur der Nordostring.

*

am 17.5.2010 - **Radweg**
Nach nur gut zweieinhalb Jahren Bauzeit steht der Vollendung der letzten ca. 150 m Radweg in Höhe S-Bf. Greifswalder Straße nun offenbar nichts mehr im Wege. Bald können Radfahrer ab Ostseestraße durchgängig über die Greifswalder Straße bis zum Alexanderplatz auf ihrer eigens gekennzeichneten Spur durchrauschen.

*

am 20.5.2009 - **Neuer O.K.B.**
Berlins Bürgerfunk wurde bereits am 27.Mai offiziell in „ALEX – Offener Kanal Berlin" umbenannt. Aus ca. 200 Namensvorschlägen machte dieser das Rennen. „ALEX" hat nun eine „trimediale" Plattform (Radio, TV, Internet) und

eine Programmstruktur. Bürger aus allen Berliner Bezirken sollen sich an der Gestaltung des Senders weiterhin aktiv beteiligen. In der nun neuen Mediathek lassen sich bereits gesendete Programminhalte nochmals abrufen.

*

am 29.1.2009 - **Kurzer Nachruf auf unseren Vater**

Mein Papa ist tot. Es trauern mein Bruder Uwe und seine Familie, meine Nichten und Neffen, meine Cousine Petra, Papa's Schwester, alle anderen Mitglieder der Familie ... und ich!
Er verstarb nach sehr, sehr schwerer Krankheit am 29.Januar um 4.04 Uhr im Krankenhaus Marzahn.
Diesen Faible für Stadtgeschichte hab ich von ihm. Danke, Papa! In den letzten Tagen am Krankenbett flüsterte er mir noch mit gebrochener Stimme zu: „Du musst deinen Lesern irgendwann einmal erzählen, dass ich die Verlobungsringe damals bei Uhren-Weist in der Schönhauser Allee gekauft habe. Verlobt haben sich dann deine Mutter und ich gleich nebenan in diesem kleinen Park zwischen Schönhauser und Cantianstraße."
Papa, ich hab's den Lesern ausgerichtet!

*

Unbekannte Ecken – Lilli-Hennoch-Straße am 20.9.2014

Die Straße zweigt Stadteinwärts (also in Richtung Fernsehturm gesehen) etwa fünfzig Meter hinter dem S-Bahnhof Greifswalder Straße nach rechts in den Thälmannpark ab. Das Wohngebiet entstand ab 1984 auf dem Gelände der ehemaligen IV.Berliner Gasanstalt, die von 1873 bis 1981 in Betrieb war. Auf dem „X.Parteitag der SED" im April 1981 wurde beschlossen, anlässlich des 100.Geburtstages von Ernst Thälmann am 16.April 1986 und der 750-Jahr-Feier Berlins 1987 das ehemalige

Gaswerksgelände in ein Wohngebiet mit großem Park umzuwandeln. Maßgeblicher Architekt war Erhardt Gißke, der als „Direktor der Aufbauleitung Sondervorhaben der Hauptstadt Berlin" maßgeblich an der Realisierung repräsentativer Bauwerke beteiligt war. Die heutige Lilli-Hennoch-Straße war mit Beginn der Abbrucharbeiten der Gasanstalt erst einmal nur eine Baustellenausfahrt, so kenne ich sie noch, als ich 1983 in diese Gegend zog. Aus meiner Berufsschulzeit fünf Jahre zuvor kenne ich an jener Stelle nur eine Feuerwehrzufahrt.

Ab 1984 benannte man diese Straße nach Wilhelm Florin (* 16. März 1894 in Köln; † 5. Juli 1944 in Moskau). Er war KPD-Politiker und Widerstandskämpfer gegen den Nationalsozialismus.

Die Straße wurde am 1.Februar 1993 nach Lilli-Hennoch umbenannt. Sie wurde am 26. Oktober 1899 in Königsberg i. Pr. geboren , starb am † 8. September 1942 bei Riga und war eine deutsche Leichtathletin und Turnlehrerin. Mit dem 19. „Judentransport" am 5. September 1942 wurde Lilli Hennoch zusammen mit ihrer Mutter in das Ghetto von Riga deportiert, welches sie jedoch nicht erreichte. Acht Kilometer vor Riga wurden sämtliche Insassen des Zuges in ein Waldgebiet geführt und erschossen.

Die Wohnhäuser in der Straße wurden vom WBK, die Schwimmhalle vom BMK IHB gebaut. Aus berufenem Munde weiß ich, dass die Baufirma der Schwimmhalle dieser wegen des schwierigen Untergrundes, schlechten und fehlenden Materials nur eine Lebensdauer von fünf Jahren voraus sagte.

Interessant sind die Hausnummern der Lilli-Hennoch-Straße. Es beginnt von der Greifswalder Straße aus links mit 1, 3, 5 … die Punkthochhäuser sind 19 + 17 (genau in dieser Reihenfolge).

Die Schwimmhalle ist Nr. 20. Alle anderen geraden Hausnummern fehlen. Einige Baracken auf dem Güterbahnhof, nicht aber der Güterbahnhof selbst, sind die

Nr. 21. Ich werde in einer der nächsten Folgen an dieser Stelle einmal versuchen, das undurchschaubare Hausnummernsystem in Berlin für Sie zu entwirren.

*

am 19.7.2007 - **Hier liegen Sie richtig**

Liebe Leser, befassen wir uns bei unserem heutigen Kiezspaziergang einmal etwas eingehender mit der Lychener Straße. Lychen ist ein niedlicher Kurort im Nordwestlichsten Zipfel der Uckermark in Brandenburg, und über kleine Landstraßen von der B 96, B 109 und A 10, A 11 zu erreichen.

Starten wir also von unten. Unten? ... also von links ... ich meine von der Danziger Straße aus, direkt gegenüber der Kulturbrauerei. Ein kleiner Platz direkt an der Danziger Straße „läutet" die Lychener Straße ein. Hier noch links und rechts kleine Cafés, Klamottenläden wie in der Kastanienallee und Galerien, die sich leider jedoch nie lange halten. Mein Künstlerkollege Dave, ein exzellenter Schreiber brillanter Kurzgeschichten und in der Gegend heimisch, klärte mich jüngst darüber auf, dass auf einen Eingeborenen etwa neun Touristen kommen. Der Kiez lebt also vom Tourismus.

In den Hausnummern 21 – 31, bei unserem Spaziergang nun auf der linken Seite, der „Friedhofspark". Täglich geöffnet im Sommer von 8.oo – 18.oo und im Winter von 9.oo – 16.oo Uhr. Ein ehemaliger Friedhof, auf dem noch immer die kleine Kapelle und einige Grabsteine stehen, ist „platt gemacht" worden. Rasen wurde gesät und Bänke aufgestellt. Unter einem wunderbar alten Baumbestand kann man sich so an heißen Tagen ein schattiges Plätzchen zum (Probe- ?) liegen suchen.

Etwa ab der Ecke Raumerstr. bis hinter den Helmholtzplatz dann massiv Cafés und Kneipen die zum Verweilen einladen. Brachland gibt es in der Hausnummer 53, wieder links. Dave beschrieb mir diese Ecke so: „Erst war es Brachland mit einem brüchigen, unansehnlichen Bauzaun. Dann kam ein Investor und schraubte überall große Tafeln an, auf denen zu sehen war, was er hier für wundervolle, luxuriöse Wohnungen bauen wollte. Einige Jahre später wurden diese Tafeln heimlich wieder entfernt, und seit dem gibt es einen neuen, ansehnlichen Bauzaun und auf dem Gelände wurden Parkmarkierungen für Autos angebracht. Seitdem werden dort Parkflächen vermietet."

Gleich daneben die Kita! Sie ist zweisprachig. Kinder wachsen hier mit Deutsch und Französisch auf. Und wiederum daneben Neubauten, die gerade noch hochgezogen werden. Dem gegenüber, in den Hausnummern 58 – 62, fehlen die Vorderhäuser. Künstler sind schon vor Jahren in die verbliebenen hinteren Gebäude eingezogen. In großen, ausgebauten Kellern und auf dem Vorplatz selbst finden verschiedene Veranstaltungen statt.

Das „5 Ziegen", der Nr. 62 fast gegenüber, gilt als eine der ganz alten Kneipen der Straße.

Nachdem die Lychener Straße die Stargarder Straße kreuzt, ist in alten Schulgebäuden der Hausnummern 75 – 77 das „Sport-Jugendzentrum" unter gekommen. Die Straße endet mit den Häusern 81 & 82.

Beide Gebäude sind noch unsaniert und strahlen mit ihren grauen Fronten und dem bröckelnden Putz einen gewissen Charme aus. Sie ergäben sicherlich eine hervorragende Filmkulisse. Fasziniert stellte ich schließlich fest, dass die Lychener Straße „im Nichts" endet. Kein „Prellbock", keine Leitplanke oder etwas ähnliches, die Lychener endet an einem Maschendrahtzaun. Dahinter, schon im Gefälle, nur etwas leichtes Gestrüpp und dann schon der Graben zur Ringbahn. Seit der letzten Gleissanierung klackert die S-Bahn nicht mehr über Schienenstöße (Wie machen die das nur? Ich dachte immer, Stahl braucht Dehnfugen!) sondern surrt fast geräuschlos vorbei. Mich wundert, dass hier noch kein Chaot versucht hat, mal die Flugfähigkeit seines Autos auszutesten. Ob dereinst geplant war, die Lychener Straße mit einer Brücke über die Ringbahn hinaus zu verlängern, lässt sich nicht sagen.

Ich denke, ich habe Ihnen wieder Stoff für einen kleinen Spaziergang geliefert.

*

Unbekannte Ecken – Mendelssohnstraße – am 5.2.2015

Uff Jrund der übaaus positiven Resonanz uff mein' Artikel hier in'ne letzte Folje, nu also ooch der hia 'n bisken uff Berlinisch. Wobei ick letztens leida die Einflüsse von't Jiddische („Mischpoke" für „Verwandtschaft"), von de Hujenotten („Bulette" statt „Frikadelle") oda des Niederdeutschen („Feudel" für „Putzlappen") verjaß. Urst ulkich sind dann Kombinationen aus mehreren Sprachen", wenn man uff den (französischen) Mopp 'n (niederdeutschen) Feudel packt, um mit den die Bude zu wienern.

So ziemlich das schlimmste „Nachtjackenviertel", und ja, es gehört zum Prenzl.Bg., ist das um die Mendelssohnstraße. Dort findet sich nichts, was dieses Viertel, das ich fast schon als eigenständig bezeichnen möchte, weil es so abgekuppelt liegt, irgendwie erwähnenswert machte. Hochhäuser, eine „Pädagogische Sonderschule", die >Helene-Haeusler-Schule – 03S03 – Förderschwerpunkt "Geistige Entwicklung"< und den „INA Kindergarten / Kita" Prenzlauer Berg 15 „einrahmen".

Weiter ist dort nichts, mal abgesehen von den angrenzenden Friedhöfen an „Prenzlauer Tor" und „Prenzlauer Berg". Kein Supermarkt, keine Gedenkstätte, kein Club … . Die Punkthochhäuser sind „Prenzlauer Berg 17 + 18". Dann geht's weiter mit Zehngeschossern in der Otto-Braun-Straße, in der Mollstraße und in der Mendelssohnstraße. Wonach man allerdings in der Mendelssohnstraße die Hausnummern verteilt hat, weiß ich nicht. Das preußische System kann es nicht sein, denn die Nummern fangen nach dem französischen System an der Mollstraße stadtauswärts

178

links mit der „1" an. Das französische System kann es aber auch nicht sein, weil es dann nach dem preußischen System rechts mit den Nummern „3 – 5" weiter geht. Ist nicht nachvollziehbar. Benannt ist die Straße nach dem Komponisten Jacob Ludwig Felix Mendelssohn Bartholdy, * 3.2.1809 Hamburg, + 4.11.1847 Leipzig. Schon 1734 / 37. Sie wurde an ihr vorbei ein Teil an der Berliner Zollmauer errichtet. Im Zuge der „Arisierung der Straßennamen" wurde am 27. Juli 1939 die alte Mendelssohnstraße, sie kam von der Linienstraße und kreuzte die heutige Mollstraße, und die Meyerbeerstraße, die von der Neuen Königstraße, heute Otto-Braun-Straße, kam, zur neuen Rombergstraße zusammengefasst und 1950 komplett in Mendelssohnstraße umbenannt. Nach dem Beschluss des Zentralkomitees zum „sozialistischen Aufbaus der Hauptstadt der DDR" an dieser Stelle, wurde die Straße räumlich verlegt. All dies erklärt vermutlich die eigenartige Hausnummerierung.

*

Unbekannte Ecken - Norweger Straße – am 18.8.2014

Das gesamte Bahngelände entlang der Nordbahn vom Ring bis einschließlich Wollankstraße (Kuriosum: der S-Bf. Wollankstr. liegt zwar auf Ostberliner Gebiet, war aber während der Teilung Berlins nur von Westberlin aus zugänglich) gehört bis etwa Höhe Esplanade / Dolomitenstraße zum Prenzlauer Berg.
Im Grenzgebiet lag die Norweger Straße. Noch bis etwa 1982 gab es weder zwischen den Gleisanlagen, noch am Rand zum Wedding, diese Betonmauer, sondern nur ca. zehn Meter hohen Maschendrahtzaun, so dass man bis zu diesem Zeitpunkt zwischen den Stationen Schönhauser Allee und Pankow die parallel fahrende West-S-Bahn als Ostberliner sehen konnte. Die S-Bahn-Züge, deren Türen sonst bei der Fahrt nicht verriegelt waren, konnten dies beim Durchfahren des Grenzgebiets indes tun. Auch waren die

Notbremsen während dieser Durchfahrt ausgeschaltet. Das schon 1952 angelegte Gleis, heute ein Fernbahngleis, das den Halt an der Bornholmer Straße zwischen Pankow und Schönhauser Allee umging, war erst am 10.Dezember 1961 S-Bahn-elektrifiziert. Der Streckenabschnitt heißt seit dem im Volksmund „Ulbricht-Kurve".

Die Norweger Straße, direkt an der Bahn gelegen, war in jener Zeit der Kolonnenweg der DDR-Grenztruppen. Ich fragte meinem Kumpel Martin, wie es sich dort so nah an der Grenze lebte: „... Wer da wohnte musste über die Isländische, Ueckermünder oder Finnländische Str. über den Hinterhof in sein Haus. Die Luken zu den Dachböden waren verriegelt, die Böden durften nicht betreten werden. Die erste Mauer verlief ja in diesen drei Straßen direkt über die Straße von Haus zu Haus, die Norweger Str. war praktisch der Grenzerpfad, wo die Soldaten mit ihren Autos zur Wachablösung oder Patrouille fuhren. Auf der Straßenseite zur S-Bahn hin stand dann die nächste Mauer, dann kamen die Gleise der Ost-S-Bahn. ... Im Falle eines Grenzalarms konnte es einem passieren, dass die Grenzer sogar schon vor der ersten Mauer standen. Man schloss abends ahnungslos die Haustür auf, knipste das Licht im Haus-Flur an und da stand vor einem ein Grenzer mit der Kalaschnikow. Das Schild "Grenzgebiet" stand interessanterweise erst direkt hinter der Haustür ... Soweit mal eine kurze Schilderung."

Die Norweger Straße ist heute Teil des Berliner Mauerweges. Richtig als Straße ausgebaut ist sie nur zwischen Behm- und Bösebrücke (nach „Wilhelm Böse", NS-Widerstandskämpfer) kaum einhundertfünfzig Meter lang und ansonsten vollkommen unspektakulär. Der Abschnitt bis zur Dolomitenstraße ist der sanierte Kolonnenweg der DDR-Grenzer, gesäumt von japanischen Kirschbäumen, die eine Spende japanischer Bürger anlässlich des ersten Jahrestages des Mauerfalls, im Jahre 1990 sind.

*

Unbekannte Ecken – Hausnummern - am 16.10.2014

Ich möchte in dieser kleinen Reihe heute mal fortfahren mit einer Sache, mit der nicht mal der Berliner Ureinwohner klar kommt: mit den Hausnummerierungen.

Schon ab 1519 gab es vereinzelt Hausnummern in Deutschland (Augsburg), ab 1737 in Preußen. Man wollte damit, vor allem in Preußen, erreichen, dass sich Militärangehörige in neuen Orten besser zurecht fanden, sei es bei der Einquartierung oder bei der Infrastruktur. „Geh'n 'se mal zum Bauer Grams ...", wurde eindeutiger mit dem Zusatz „in der Dorfstr. 37!"

Die einfachste Art, die man in Berlin aber (hoffentlich) nicht mehr findet, war, in einem Runddorf, von der Kirche ausgehend alle Häuser durch zu nummerieren. Jedes weitere gebaute neue Haus bekam eine neue Nummer, so dass dabei oft zwei aufeinander folgende Häuser an entgegengesetzten Seiten des Dorfes stehen konnten.

Das ab 1737 eingesetzte, sogenannte „preußische System" war Hufeisenförmig und ist in Berlin noch heute zu finden. Stadtauswärts rechts beginnt man mit der „1", „2" usw., kehrt dann am Straßenende wieder um und hat gegenüber der „1" beispielsweise die Nr. „287". Dieses System hatte den Nachteil, dass man Straßen nicht verlängern konnte. Verlängerte man eine Straße, so benannte man diese neuen Abschnitte oft um wie z.B. „Schönholzer Str." und „Neue Schönholzer Str.". Diese Nummern begannen, wie gesagt, Stadtauswärts rechts mit der „1".

Mit der Gründung von „Groß-Berlin" per 1. Oktober 1920 gemeindete sich die Stadt ja viele Vororte ein, die alle ihre eigenen Hausnummerierungen hatten. Die Berliner Str. in Pankow beginnt an der Breite Str. mit Nr. „1". Nach Berliner Str. 75 folgt die Schönhauser Allee 98, denn genau zwischen diesen beiden Häusern war mal die Stadtgrenze Berlins vor 1920. Die Schönhauser Allee beginnt an der Ecke Torstr. mit der Nr."1". Die Franzosen führten während ihrer Besetzung Preußens 1807 – 1815 ihre Art der Nummerierungen ein. Diese „Zick-Zack-Nummern", eine Straßenseite die ungeraden – links mit der „1" beginnend, die andere mit geraden Zahlen, rechts mit der „2" beginnend, setzten sich ab 1927 dann auch für alle neuen Straßen durch, weil dieses System flexibel genug auch für Straßenverlängerungen war.

Und jetzt kommt das Durcheinander! Wir haben auf den vielen, alten Hauptstraßen das preußische Hufeisensystem, auf neuen, auf mehrfach umbenannten und auf Nebenstraßen das französische Zick-Zack-System und die 1920 eingemeindeten Vororte mit ihren eigenen Systemen. Darum ist es in Berlin so schwer, eine Hausnummer zu finden! Die Bernauer Str. beginnt an der Gartenstr. rechts mit „1", ihre Verlängerung die Eberswalder beginnt an der Schwedter Str. rechts mit „1" (beide Straßen nach dem preußischen System nummeriert), deren Verlängerung, die Danziger Str. beginnt an der Ecke Schönhauser Allee LINKS mit der „1" (nach dem französischen System, weil die Danziger Str. mit deren Verlängerungen mehrfach umbenannt und verlängert wurde – so wurden aus der Danziger und der Elbinger Str. ab 1974 die Dimitroffstr. und diese dann zum 1.November 1995 komplett mit der ehemaligen Elbinger Str. zur Danziger Str.).

*

Eingangstext zu einer Laudatio an der Humboldt-Universität zu Berlin - Grenzenlos durch Vielfalt

Jeder Mensch gehört in irgendeiner seiner Beziehungen im Leben einer Minderheit an. Selbst wenn man ein Volk als ein Ganzes versteht, gibt es in diesem Volk mit Sicherheit Minderheiten. Aber gerade diese Vielfalt von Einmaligkeiten macht die Größe einer Gesellschaft aus. Der derzeitige Spitzenkandidat der Demokraten in den USA, Senator Barack Obama, verkörpert genau das, was die

Vereinigten Staaten schon immer an Positivem auszeichneten: eine multikulturelle Gesellschaft und ein Gemisch von Menschen aller Nationen, eine Zusammenarbeit von Minderheiten!

Eine solche Politik würde die Führungsrolle der USA international wieder herstellen!

Senator Barack Obama, aufgrund seiner persönlichen Erfahrungen, seiner Familiengeschichte und seiner Bildung, versteht das Bedürfnis der Menschen nach konstruktiver Kommunikation und Veränderung. Resultierend daraus, bringt er die Minderheiten zusammen, um letztendlich eine Mehrheit zu formen. Das ist einfache Arithmetik.

Und das ist genau das, was auch die Größe des Fountainhead® Tanz Theatres zusammen mit dem Black International Cinema Berlin, THE COLLEGIUM – Forum & Television Program Berlin und Cultural Zephyr e.V. ausmacht und schon seit Jahren als grandioses Beispiel vorlebt: die Zusammenarbeit vieler unterschiedlicher Menschen, alle mit ihren Erfahrungen, Zielen und Träumen, ihrem Wissen, ihren Stärken und Schwächen. Wir erfahren immer wieder, dass Verschiedenartigkeit nicht lästig, peinlich oder gar gefährlich ist, sondern sie uns als Vereinigung von Menschen voran bringt.

Wenn Senator Barack Obama dieses Ideal, zusammen mit den Menschen der USA, realisieren kann, wird es die ganze Welt revolutionieren. Grenzenlose Vielfalt und damit einher gehendes Verständnis und Respekt, wie wir sie schon vorleben, kann der Menschheit nur Frieden garantieren.

Berlin, 14. März 2008

*

Über den Dächern vom Prenzlberg

Wir trafen uns vor der Sredzkistraße 23 mit Joern Dudek, dem Bezirksschornsteinfeger, um auf den Dächern im Karree zu laufen und ihn bei seiner Arbeit zu beobachten. Im obersten Stock des Hauses, die Dachgeschosse sind mit

Wohnungen ausgebaut, trennte uns schließlich nur noch eine stabile Alu-Leiter vom Dach selbst. „Sind sie denn beide schwindelfrei?" Ich kleinlaut: „Na weiß nicht." Mir war das nicht geheuer! Zwei Anläufe brauchte ich, ca. dreißig Zentimeter Lücke zwischen Leiter und rechtem Lukenrand am Dach, also Augen zu, Bein schwingen, mich mit weißen Fingerknöcheln in den Lukenrand einkrallen, Schwung nehmen, rüber hieven, mit weichen Knien aufstehen .... und urplötzlich einen grandiosen Blick über den Prenzlauer Berg genießen! ...WOW! ... Unbeschreiblich! ... Wir waren oben! Ich dachte irrtümlich, alle Dächer seien nach allen Seiten stark geneigt und sie seien nach allen Seiten verziegelt.

Nein! Die Dächer in Prenzlauer Berg sind schon nach einer Seite sehr, sehr stark geneigt und dort auch mit Dachziegeln versehen. Oben ist es aber eine leicht schiefe Ebene, die nur mit Dachpappe versiegelt ist. Es federt leicht, wenn man darauf entlang geht!

Es gibt auch diese stark geneigten Dächer, bei denen man über Planken, ohne weitere Sicherung oder ein Geländer, von Schornstein zu Schornstein laufen muss und da hätte er uns garantiert nicht mitgenommen.

„Viele Leute wissen gar nicht, was wir hier oben machen und manche nicht einmal mehr, wer wir sind.", erzählte „unser" Schornsteinfeger.

„Einmal winkte mir von unten so eine KiTa-Gruppe zu und die Kinder riefen mir ‚Spiderman' zu!"

Joern Dudek, geschmeidig, behände, wie eine Katze, stand schon wieder auf dem nächsten Schlot.

Das Kehrseil aus Hanf ist etwa zwanzig Meter lang und rußgeschwärzt. Bei etwa fünfzehn Metern ist ein großer Knoten im Seil. „So tief sind hier in der Gegend die Essen. Der Knoten ist, damit ich weiß, wie weit ich das Seil noch ablassen kann." Am Ende hängt eine etwa 3 kg schwere Eisenkugel, die den darüber befindlichen Kehrbesen aus Drahtenden in den dunklen Abgrund hinein zieht. Eine, ich durfte es dann selbst einmal probieren, doch recht

schweißtreibende Tätigkeit. „Viermal im Jahr, zweimal im Herbst, zweimal im Frühling, kehren wir die Schlote, an denen noch Kachelöfen hängen, einmal im Jahr dort, wo es Gasheizungen gibt." In einem kleinen Büchlein hat er Grundrisse jedes Gebäudes, in denen die dort angeschlossenen Heizanlagen und –arten verzeichnet sind. „Hier, schnuppern sie mal! Das ist noch Kohleofen."
Ich hielt meine Nase in einen Schlot. Mich erinnerte dieser Geruch an Lagerfeuer im Garten. „Und das hier", ich roch an diesem Schornstein nichts, „ist Gasheizung. Die haben fast schon einen Wirkungsgrad von 100% und das, was dann hier oben heraus kommt, ist nur noch Wasserdampf."
Ich war hin und her gerissen, zwischen Gerüchen und Aussicht. Oben Lofts, manchmal über zwei Etagen, oft mit Dachterrasse.
Wegen der Einbruchsgefahr ist immer häufiger über den Brandmauern Stacheldraht ausgerollt, der auch den Schornsteinfeger zum Treppen ab- und aufsteigen nötigt. Apropos Brandmauern. Sie sind der Grund dafür, dass es in Berlin während der Bombardements im Krieg nicht zu solchen Flächenbränden kam, wie beispielsweise in Hamburg. Idealerweise sollten sie mindestens neunzig Minuten lang ein Übergreifen von Flammen auf das Nachbarhaus verhindern.
„Ist denn ihre Arbeit durch die Haussanierungen leichter geworden?", wollte ich wissen. „Ja, schon, aber von etwa vierhundert Handwerksbetrieben in ganz Berlin vor der Wende sind nur noch etwa zweihundertdreißig übrig geblieben. Die Fegereviere sind dadurch für jeden einzelnen größer geworden." „Und Nachwuchs?" „Wir bilden leider in ganz Berlin jährlich nur noch zwischen 12 und 20 Leuten aus. ... und dann fällt ja, laut E.U.-Beschluss, ab 2012 unser Monopol und es dürfen dann z.B auch Heizungsinstallateure unsere Arbeit machen." Man wird sehen, wie sich das auf die Qualität des Schornsteinfegens auswirkt.
An Tagen an denen es vom Wetter her zu gefährlich wäre,

auf die Dächer zu steigen, werden Abgasmessungen an Heizanlagen durchgeführt.

In den Schornsteinen entdeckt man auch, dass es Mieter gibt, die sich gegen die Modernisierungen ihrer Wohnung gewehrt haben. Und so hat man heute an einem Haus verschiedene Heizungsarten, die vom Kohleofen bis hin zur neuesten Gasheizung reichen und die Lofts haben manchmal sogar Kamin. Auch nur von oben zu sehen ist, dass die Straßenfassaden fein gemalert und gut verputzt sind, bei einigen Hinterhäusern, Seitenflügeln scheint die Zeit jedoch stehen geblieben zu sein. ...

... manchmal kurz nach dem Krieg.

Die Uhren hier oben ticken anders. Der Dauerlärm der Danziger Straße kommt nicht bis nach oben. Dafür sieht man hier gelegentlich mal eine streunende Katze, leere Bier- oder Sektflaschen von der letzten Party.

Nun ging es zum anderen Ende der Schlote, in die Keller. Der Schornsteinfeger kündigt sich auch heute noch durch sein Kreidezeichen (Leiter mit Besen) an den Haustüren an. In den Kellern ist alles anders: oben begrüntes Dach, unten muchtige Keller. Uralte Aufschriften wie: „Abgang zum Schutzraum", uralte Flugblätter in den Hausfluren, enge Nischen, flache, niedrige Gänge. Und hier unten ist es dann schornsteinfegermäßig schmutzig, hier wird der Ruß entnommen. Fiepende Ratten, die in Wandlöchern verschwinden, Kakerlaken, muffige Verschläge, Fernseher, einst ganzer Stolz ihrer Besitzer, uralte Waschmaschinen und Fahrradleichen. Einige Kellergewölbe vom Aussehen her noch immer so, als machte der Krieg nur gerade eine kurze Pause und die Hausbewohner kehrten gleich wieder in ihre Bombenschutzräume zurück.

Bei aller Schnelllebigkeit und Veränderung hat für mich der Prenzlauer Berg seine Wurzeln in den Kellern ... und auf den Dächern! Unten unverändert muffig, oben herrliche Weiten bis zum Horizont! - am 8./9./14.12.09

*

88vier – Freies Radio aus Berlin

Wie wir erfahren haben, hat die Medienanstalt Berlin-Brandenburg das Konzept eines Offenen Kanals in der Region für gescheitert erklärt. Als Grund dafür wird die fehlende Akzeptanz des Senders bei der Bevölkerung genannt. Der Umbau des einstigen OKB zu einem Freien Radio- und TV-Sender auf öffentlich-rechtlicher Basis ist bereits seit einem guten Jahr unter dem Namen ALEX im Gange und wird auch noch weiter gehen. So wurden und werden momentan bei ALEX Radio- und TV-Macher intensiv geschult und neue Technik beschafft. Offene Kanäle wurden ab 1985 in Deutschland gegründet. Sie sollten einen Gegenpol zu den, vom 1.Januar 1985 an gleichfalls zugelassenen privaten und ausschließlich marktwirtschaftlich betriebenen, rein kommerziellen Hörfunk- und TV-Sendern bilden und zumindest in der Berliner Region, jedem Bürger den freien und unzensierten Zugang zu den Medien erlauben. Wird mit der Abschaffung des Ur-OKB nun die Ausübung der freien Meinungsäußerung eines jeden Bürgers nach § 5 Grundgesetz behindert? Nein! Mit wenig technischem und finanziellem Aufwand kann heute jeder sein eigenes Internetradio betreiben oder seine Videos ins Netz stellen.

Bereits seit dem 25.Mai sendet nun ALEX auf der UKW-Frequenz 88,4 MHz. Im Handout, das dort die Macher der Sendungen bekommen haben, sind unter anderem Sprachregelungen wie „ALEX auf 88,4" vorgeschrieben, sonstige Formulierungen und andere Frequenzen werden nicht (mehr) verwendet! - die Formulierung „Offener Kanal Berlin" wird nicht mehr genutzt!

Der Radiosender ALEX, der nach wie vor 24 h im Kabel auf 92,6 MHz und im Internet sendet, teilt sich die Antennen-Frequenz 88,4 MHz mit anderen Anbietern, die aber, so der Wille der Medienanstalt, ein gemeinsames homogenes „Sounddesign" erhalten haben.

Gesendet wird auf 88,4 MHz vom Postgiroamt und auf 90,7 MHz vom Schäferberg. ALEX, als Einrichtung der Medienanstalt Berlin-Brandenburg, übernimmt die technische Koordination der einzelnen Anbieter auf den Frequenzen.

Neben ALEX senden unter anderem die „Radiopiloten". Dahinter steckt Berlins einstiger Piratensender „PI-Radio". Noch vor fünfzehn Jahren funkten diese Leute gelegentlich im OKB. Machten aber schon damals mit besonderen Aktionen auf sich aufmerksam. So sendeten sie gelegentlich heimlich, schwarz und illegal vom Wasserturm oder von Dachböden in Wohnhäusern im Prenzlauer Berg. Im Sommer 2008, im Herbst 2009 und im Februar diesen Jahres sendeten sie mit Genehmigung der Medienanstalt von der Turmspitze der Segenskirche in der Schönhauser Allee (gegenüber der Wörther Straße) unter dem Namen „Herbstradio", an dem auch ich mit meiner Sendung „Schlag 8" teilnahm. Das Studio der Radiopiloten, die damit wirklich Berlins erstes sogenanntes Freies Radio waren, ist in der Lottumstraße im Keller eines einstmals besetzten Hauses.

In Gegensatz zu öffentlich-rechtlichen Sendern, die sich überwiegend aus den Rundfunkgebühren finanzieren, den kommerziellen Sendern, die sich ausschließlich durch Werbung finanzieren oder der Deutschen Welle, die von Steuergeldern leben, dürfen Freie Radios keinen Gewinn machen und keine Werbung in ihrem Programm schalten. Sie finanzieren sich, beispielsweise wie Rockradio oder die Radiopiloten, die als e.V. firmieren, aus Mitgliedsbeiträgen, Spenden und Sponsoring.

„Multikult 2.0" beherbergt die Reste der einstigen RBB-Welle „Radio Multi-Kulti", die seit der Einstellung des Senders als Freies Internetradio weiter gemacht haben. Der „Ohrfunk", ist ein Freies Internetradio blinder und sehbehinderter Menschen. „BLN FM", ein freies

Internetradio mit einem Sound bestehend aus House, Techno und Trance. „Twen FM", ein Freies Berliner Untergrund-/Internetradio, das, so kann man bei Wikipedia nachlesen, mit der Szene der Kulturschaffenden eng verbunden ist. Ein weiterer Anbieter eines Freien Radios war bei unserem Redaktionsschluss noch im Gespräch.

UniRadio hat zwei Häuser von ALEX entfernt, auf dem Gelände der einstigen AEG in der Voltastraße 5 im Wedding vor kurzem eigene Redaktionsräume bezogen und sendet täglich von 16 – 17 Uhr.

Auf ALEX ist jeden Donnerstag von 13 – 14 Uhr die Sendung „O.K.beat" von unserem Redakteur Rolf Gänsrich und jeden Freitag von 13 – 14 Uhr ein Fenster des renommierten Internetsenders www.rockradio.de unter-gebracht, das zum Beispiel regelmäßig live aus Speiches Blues Kneipe in der Raumerstraße seinen Internetstream funkt.

Samstag und Sonntag von 12 – 16 Uhr sind die Frequenzen dem Ereignisradio für Übertragungen beispielsweise vom Karneval der Kulturen, dem CSD, Bienela, Interfilm, der Fete de la Musique oder 48 Stunden Neukölln, an denen sich in diesem Jahr auch erstmals die „Crazy Words" beteiligen werden, vorbehalten. (Texterstellung unklar)

*

Unbekannte Ecken – Preußstraße – am 17.11.2013

Die kürzeste Straße am Prenzlauer Berg ist die Preußstraße mit insgesamt sieben Hausnummern, die nicht so leicht zu finden sind. Die Nr. 1 + 2 existieren überhaupt nicht, die 3 + 7 sind unsanierte Wohnhäuser. Die Straße selbst geht von der Grellstraße zwischen der Hosemannstraße und der Gubitzstraße ab. Sie ist dem ersten Anschein nach nur ein Stummel von vielleicht dreißig Metern Länge. Auf

Satellitenbildern und auf Landkarten erkennt man, dass sich die Preußstraße noch ein wenig, allerdings als nicht öffentliche Straße, durch den Block fast bis zur Erich-Weinert-Straße schlängelt. Der holperige, grobe Kopfsteinpflasterweg, der zwischen Erich-Weinert-Straße und Grellstraße in die Gubitzstraße mündet, gehört nicht mehr dazu. Die Preußstraße ist im übrigen nicht benannt nach der zauberhaften, großartigen Schauspielerin Josefine Preuß, die von der Existenz dieser Straße vermutlich nicht einmal etwas ahnt. Angelegt wurde die Straße im Zuge der Erbauung der Carmen-Silva-Siedlung 1931 als Segitzstraße. Martin Segitz (starb 1927) war Zinngießer und Gewerkschaftsfunktionär.

Bereits im Jahr 1933 wurde die Straße in Bixschootestraße umbenannt. Bixschoote war ein Dorf im belgischen Flandern in der Provinz „Westvlaanderen", das vom Oktober 1914 bis Juli 1917 von den kaiserlichen Truppen Deutschlands besetzt war. Nach Heinrich Preuß wurde die Straße am 31.Januar 1952 umbenannt.

Dieser war Bäcker, antifaschistischer Widerstandskämpfer und Kommunist. Geboren 1886 verstarb er 1944 im Zuchthaus Brandenburg/Görden in das er 1942 eingeliefert worden war. Schon ab 1933 saß er bereits vier Jahre im Gefängnis wegen sogenannter „illegaler Gewerkschaftstätigkeit". Eine Gedenktafel an ihn ist an seinem ehemaligen Wohnhaus in der Stargarder Str. 13 angebracht.

Der INA-Kindergarten, der die Hausnr. 5 – 6 in der Preußstraße hat, wurde 1958 als Kindergarten und -wochenheim errichtet. Das Gebäude steht heute unter Denkmalschutz und wurde in den letzten Monaten dementsprechend saniert, wobei farblich etwas heller gestaltet.

Umrahmt ist das Kindergartengelände von den niedlichen Mieter-Schreber-Gärten des Blocks.

*

Wie der Kaiser zu seinem Wetter kam - am 20.7.2010

Bei dem Juli-Wetter in Berlin, das man hier auch gern als „Kaiser-Wetter" bezeichnet, könnte man ja fast an ein weiteres Sommermärchen glauben. Der Ausdruck „Kaiser-Wetter" geht auf folgendes zurück:
Als Deutschland noch von Kaiser Wilhelm II regiert wurde, gab es bereits die Photographie. Damals brauchte man allerdings sehr lange Belichtungszeiten und bei Photos außerhalb eines ausgeleuchteten Studios auch das entsprechende sonnige Wetter. Deshalb konnte man Kaiser Wilhelm II immer nur an Sonnentagen beispielsweise bei Beschäftigungen wie Brückeneinweihungen, Denkmalenthüllungen oder mit seiner Familie (beim Grillen) im Tiergarten photographieren. Er soll dann sogar die Photographen aufgefordert haben: „Machen sie mal'n Bild!". So kam es, dass sonniges Wetter „Kaiser-Wetter" geheißen wurde, weil man da den Kaiser gut photographieren konnte.

Zu Kaiser's Zeiten, in der Zeit der zweiten Reichsgründung, wurde zwischen 1870 und 1910 das Gebiet rund um die Winsstraße erbaut. Als das I. Deutsche Kaiserreich gilt ja das „Heilige Römische Reich Deutscher Nation" von 962 – 1806. Nach dem Österreichisch-Preußischem Krieg 1866 spaltete sich Österreich ab. Das II. Kaiserreich entstand nach dem Deutsch-Französischen Krieg 1870/71, an dem vor allem der Norddeutsche Bund unter der Führung Preußens beteiligt war. Trotz der Abdankung des Kaisers (war es am 9.November?) 1918 behielt das Land die Bezeichnung „Deutsches Reich" weiter. Das sogenannte „III. Reich" begann mit der Machtergreifung Hitlers und endete mit der bedingungslosen Kapitulation der Deutschen Wehrmacht am 8.Mai 1945 und spätestens mit der Gründung der DDR am 7.Oktober 1949 (so gab es ja noch bis zur Einführung der D-Mark bzw. „Mark der Deutschen

Notenbank" in der Sowjetischen Besatzungszone und später der DDR, noch bis 1948 die „Reichsmark"). Die „Deutsche Reichsbahn" fuhr gar bis zum 31.Dezember 1993 auf dem Gebiet der DDR und Westberlins!

Die Zeit der zweiten Reichsgründung ab 1871 ist auch als „Gründerzeit" in Deutschland bekannt. Durch die Reparationszahlungen Frankreichs nach dem verlorenen Krieg flossen ungeheure Geldmengen ins Deutsche Reich. Das führte zu enorm vielen Firmengründungen (Siemens & Halske, Daimler Benz, ...) einem Aufblühen der Wirtschaft, von Kultur und vor allem den Wissenschaften. Sicherlich aber auch durch eine bis heute andauernde und immer stärker werdende ökonomische Ausbeutung des Menschen durch den Menschen durch die immer stärker werdende Automation in der Produktion.

Wie gesagt, die Bebauung des Gebietes geschah in dieser „Gründerzeit". Die Errichtung der Hinterhöfe erfolgte dabei oft Spiegelbildlich, so dass man beispielsweise hinter Vorderhaus rechts von einem nur einen rechten Seitenflügel und hinter dem Vorderhaus links von einem nur einen linken Seitenflügel hatte, sich in beiden Fällen aber jeweils ein Hinterhaus anschloss und sich somit aus den Häusern eines rechten und eines linken Grundstück ein „O"-förmiger Innenhof bildete.

Die einzelnen Höfe hatten dabei gerade einmal so groß zu sein, dass sich eine Feuerleiter darin drehen ließ. Wo die Grundstücke größer waren, bildeten Vorderhaus, zwei Seitenflügel und Hinterhaus, schon damals leicht beschönigend „Gartenhaus" genannt, diese „O"-förmigen, zum Teil U-förmigen Höfe, an die sich weitere Höfe anschlossen, ... sehr schön zu sehen in der Prenzlauer Allee 36 in den Frankoniahöfen. Das Problem an diesen Höfen ist, neben dem fehlenden Licht und dem fehlenden Grün, dass sie oft wie Schalltrichter wirken und den Lärm, der von nur einem Balkon oder aus einem Fenster kommt, enorm verstärken.

Während die Vorderhäuser in den alten Berliner Mietskasernen meist mehrere Wohnungen mit vielen Zimmern, vor allem „für die Herrschaften" hatten, waren die Seitenflügel manchmal nur „einzügig" und sie hatten kleine Wohnungen mit nur wenigen Räumen. Schon immer gab es in Berlin ein Nebeneinander von Gewerbe (in den unteren Etagen) und wohnen. Das ist für Berlin typisch.

Ich habe dazu mal noch ein paar Zahlen aus der Zeit um etwa einhundert Jahre nach der Bebauung des Gebietes. So zeigt der Boden 1998 einen Versiegelungsgrad von 83 bis 94 Prozent auf. Das heißt, dass Wasser das auf diesen Boden trifft (Regen, Schnee) zu 83 – 94 Prozent in die Kanalisation abfließt und nicht in den, staub- trockenen, Boden. Das Trinkwasser in dem Gebiet kommt daher überwiegend aus dem Wasserwerk Berlin-Friedrichshagen. Bedingt durch die starke Bebauung und die vielen Höfe gilt auch der Winskiez als „klimatischer Belastungsraum" mit „hoher Schwülegefährdung", da die Höfe nur unzureichend belüftet sind und sich das Gebiet im Sommer als extreme Wärmeinsel darstellt. Schauen Sie Sich mal auf der RBB-Text-Seite 173 die Temperaturen für den Alex und den Prenzlauer Berg an! Da sind wir hier immer an der Spitze! Trotzdem Jablonski-, Christburger- und Chodowieckistraße einen teilweise herrlich alten Baumbestand haben, fehlt es im Gebiet dennoch an vielen Straßenbäumen, gerade entlang von Wins- und Marienburger Straße.

Nun noch einmal zum Gewerbe in dem Gebiet. Bei meiner Vor-Ort-Recherche habe ich festgestellt, dass mittlerweile fast überall, wo Gewerbe möglich ist, es auch existiert. Man sieht laufend kleine Firmen, auch auf Hinterhöfen, in denen bienenfleißige Arbeitnehmer ... an häufig falsch eingerichteten ... Computerarbeitsplätzen schmoren. Dienstleistungsfirmen für alle möglichen Belange wechseln mit Firmen für alle möglichen Dienstleistungen. In der

Winsstraße hält sich gar noch seit Jahren ein sehr kreativer Korbmacher, der nicht nur Gebrauchsgegenstände sondern auch Kunstgegenstände flicht.

Ich hab mir da mal noch ein paar Zahlen aus dem Prenzlauer Berg – Museum besorgt, aus denen man gern die wirtschaftliche Zukunft des Gebietes heraus interpretieren kann. Im Jahre 1992 waren von 255 Gewerbeeinheiten 176 vermietet. Bis 1998 erhöhte sich die Zahl der Gewerbeeinheiten auf 375, wovon 274 vermietet waren. Im gleichen Zeitraum sank der Anteil des Einzelhandels, trotz einer Zunahme von 92 auf 192 Läden von 52 % auf 37 % (Bitte rechnen Sie das jetzt nicht nach! Ich habe die Zahlen aus verschiedenen „STERN-Entwicklungsberichten" entnommen). Der Anteil der Dienstleistungen steigerte sich in dieser Zeit dagegen von 19 % auf 25 % und die Gastronomie steigerte ihren Anteil von 10 % auf 18 %. Der Einzelhandel beurteilte 1998 seine Lage insgesamt als sehr pessimistisch. Die Kaufkraft lag im Einzugsbereich des Gebietes (also damit ist der Winskiez einschließlich angrenzender Nebenstraßen gemeint) bei umgerechnet ca. 40 bis 45 Millionen Euro. Die Gewerbemiete lag damals, 1998, bei durchschnittlich 23,26 D-Mark pro Quadratmeter. Im selben Jahr zählte man im Kiez nur ca. 3.400 Parkplätze. Noch immer gibt es im Winskiez einige Kriegslücken, auf denen derzeit zum Teil NOCH Garagen oder Brachen sind. Aber auch hier werden, wie derzeit an der Ecke Winsstraße / Jablonskistraße diese Lücken leider wieder bebaut. Ich finde das immer wieder sehr schade, weil unbebaute, unversiegelte Flächen dem Stadtklima einfach gut tun und weil ich sicherlich auch zu den Berlinern gehöre von denen Kurt Tucholsky einst sagte, sie hätten im Vorderhaus gern den Kurfürstendamm und direkt hinterm „Gartenhaus" am liebsten die Ostsee. .... mein Gott, das wären Mieten! ....

*

am 12.11.2007 - **Entlang der Raabestraße**

Wenn ich „richtige" Haustiere hätte und ich rede jetzt nicht von Ratten, Kakerlaken und Wanzen, ich meine „richtige Haustiere", würde ich mir ja mal eines von denen nehmen, es an die Leine legen und durch den Prenzlauer Berg spazieren. Leider ist das spazieren gehen an der Leine für Welse, wenn man nicht gerade Hochwasser hat, extrem ungesund und so freue ich mich jedes mal, wenn ich Sie, liebe Leser, mal auf meinen Streifzügen mitnehmen darf. Die Raabestraße ist die bei weitem kürzeste Straße im gesamten Winsviertel.

Der Name hat nichts gemein mit dem Fleischergesellen, der angeblich bei Pro 7 „Fernsehen macht", der letztendlich aber auf billigste Weise und weit unter Niveau Zuschauer und Werbeträger verarscht. Auch Max Raabe & sein Palastorchester, Stammsitz „Wintergarten", haben nichts mit dem Namen zu tun. Den Namen hat die Straße „ ... seit dem 23.8.1902. ... vorher Straße Nr. 30 A, Abt. XII des Bebauungsplanes... .

Wilhelm (Pseud. Jakob Corvinus) Raabe * 8.9.1831 Eschershausen (Weserland), † 15.11.1910 Braunschweig, war Schriftsteller. Er besuchte von 1842 bis 1849 die Gymnasien zu Holzminden und Wolfenbüttel. Im Jahre 1849 begann er in Magdeburg eine Buchhändlerlehre und besuchte ab 1854 philosophische und historische Vorlesungen in Berlin.

Zu dieser Zeit wohnte Raabe in der Spreegasse, die aufgrund seiner "Chronik der Sperlingsgasse" (1856) im Jahre 1931 in Sperlingsgasse umbenannt wurde. 1862 siedelte er nach Stuttgart über und schrieb dort für Berliner Zeitungen. Von den Universitäten Tübingen, Göttingen und Berlin wurde ihm die Ehrendoktorwürde verliehen. ...", so die Edition Luisenstadt im Internet, damit die Quelle, von der ich dies abschrieb, genannt sei.[38]

---

38 Luise-Berlin ist leider, wie schon angemerkt, verschwunden

Fünf leere Gewerbeeinheiten zählte ich, bei meinem Spaziergang und Vor-Ort-Recherche am 17.9.07, also ein ideales Parkett für Firmenneugründungen. Beginnend an der Prenzlauer Allee ist in Hausnummer 1 eine Physiotherapie. Eine echte Kriegslücke findet man in Nr. 4, wo hinter hohen Mauern offenbar Parkplätze vermietet sind. In Nr. 5 der „Raabeplatz", der nur bei Eingeborenen (Einheimischen) so genannt wird, offiziell als solcher ausgeschildert ist er nicht. Kleiner Spielplatz und daneben ein paar Bänke, Rasenrondell und exotische Pflanzen wie z.B. Schilf oder ein „Trompetenbaum". In Nr. 7 dann ein paar ansässige Homöopathische Ärzte. Die Raabestraße endet an der Winsstraße und so gehen wir jetzt auf der anderen Straßenseite zurück. In Hausnummer 14eine Neurologin, die auch Lichttherapie anbietet. Ein Architektonisches Kleinod ist die Nummer 17. Herrlich große, gut Bürgerliche Fassade, an der man den Reichtum der einstigen Besitzer bis heute ablesen kann. Unser kleiner Spaziergang endet an der Ecke Prenzlauer Allee, wo wir noch in eine Sparkassenfiliale einkehren können.

Schauen wir mal, wo ich im nächsten Monat lande.

*

Kastanienallee – am 19./22.1.09

Liebe Leser! Vielen Dank für das Feedback auf meinen letzten Kiezspaziergang! Nun kann ich auch die Info nachreichen, dass das letzte Stück der Lychener Straße „Bullenwinkel" heißt, weil hier einst ein Viehmarkt statt fand. Wer hätte das gedacht?

Pappelallee und Kastanienallee sind mit die ältesten Straßen des Prenzlauer Bergs. Wilhelm Griebenow legte beide Straßen noch vor dem Inkrafttreten des Hobrechtplans (... ist die übliche Bezeichnung für den nach seinem Hauptverfasser James Hobrecht genannten und 1862 in Kraft getretenen Bebauungsplan der Umgebungen Berlins ...

– Quelle: Wikipedia) 1826 an, womit sich ihr ungewöhnlicher Straßenverlauf, jenseits von Radiallinien und Diametralachsen erklären lässt.

Die Kastanienallee hatte ihren Namen nach den hier ursprünglich gesetzten Straßenbäumen, den essbaren Edelkastanien. Die Bepflanzung von Stadt- und Landstraßen mit Bäumen war keine gute Geste rühriger Gentleman oder früher Umweltschützer, sondern schlichte Notwendigkeit, um das damals wichtigste Transportmittel, die Pferde zu schonen und um ihnen im Sommer ein wenig Schatten bei ihrer schweren Arbeit zu gönnen. Pferde waren (und sind) teuer und wurden deshalb von ihren Besitzern sehr umhegt! Es gab überall auf den Hinterhöfen Stallungen und die großen Tordurchfahrten mit ihren riesigen Flügeltüren sind für Pferdewagen mit ihren eisenbeschlagenen Holzrädern und den großen Achsnaben gemacht. Deshalb diese Spursteine rechts und links in den Einfahrten der Häuser!

Von den Bäumen der Kastanienallee sollen angeblich einige noch aus der Mitte des 19.Jahrhunderts stammen.

Sicherlich in Vergessenheit geraten ist der Tiergarten, den es vor der städtischen Bebauung der Gegend an der Ecke Oderberger, Choriner Straße, Schönhauser Allee von 1865 - 1875 gab. Der „Loßberger Tierpark" zeigte in der Art der damals üblichen Kuriositätenkabinette unter anderem Affen, Wölfe, Füchse, Löwen, Tiger und Leoparden. Diese Tiere wurden damals garantiert nicht artgerecht gehalten!

An selber Ecke gab es von 1887 – 1890 ein Gartenlokal mit Bühne und Tanzsaal ähnlich dem Prater, aber für einfachere Leute. Die Veranstaltungen wurden teilweise mit solch skurrilen Sprüchen angekündigt, wie zum Beispiel: „Sonntag: Tanz und Keilerei!"

Alljährlich fand das „Fliegenfest der Raschmacher" statt. „Raschmacher" waren „Weber von wollenem Kleiderstoff".

Die Anekdote dazu:

Die Berliner Innung der Raschmacher wollte Ende der 90er Jahre des 19. Jahrhunderts eigentlich nur einmalig ein Fest veranstalten. Während sie in einem Biergarten noch diskutierten, sammelten sich Fliegen auf den Rand des großen Glases, aus dem reihum (Iiih-gitt! Wie unhygienisch! Alle schlürfen aus einem Glas und sabbern da rein!) schön, süßes Berliner Weißbier („Berliner Weiße") getrunken wurde. So kam es zu dem Namen „Fliegenfest"!

Es wurde eine regelmäßige Einrichtung und ein Festumzug. Gestartet wurde Landsberger Allee / Barnimstraße. Der Zug führte dann zum Schönhauser Tor und von dort über die Schönhauser Allee bis nach Niederschönhausen (Pankow) mit Halt in jedem Bierlokal auf der Strecke.

Die Raschmacher-Innung wurde erst 1924 aufgelöst. Damit starb auch das Fest.

Feste gefeiert wurde auf dem legendären Hirschhof. Im Zuge der Recherche zu diesem Artikel habe ich mir das wunderbare Gelände, das an den Garten einer alten Ritterburg erinnert, angesehen. Umsäumt von den hohen Mauern alter Häuser findet man auf diesem Hof Spielplätze, herrlich alten Baumbestand und lauschige Ecken zum Sitzen und Feiern.

Der heutige Hirschhof befindet sich dort, wo bis zum Zweiten Weltkrieg das Gelände einer Käserei in der Oderberger Straße zu finden war. Die Käserei wurde im zweiten Weltkrieg zerstört. Der Straßenblock lag zu Zeiten der DDR in unmittelbarer Nähe die Berliner Mauer. Die Altbauten waren zunehmend verfallen. Die Behörden planten daher den Abriss des Straßenblocks, um hier Plattenbauten zu errichten. Die Anwohner wehrten sich jedoch erfolgreich gegen diese Pläne. Ich trieb mich selbst 1987/88 recht häufig in den abrissreifen Häusern der Kastanienallee herum, bewunderte die noch vorhandenen gedrechselten Treppengeländer, die Reste alter Kachelöfen und den Stuck der Wohnungen. Viele der Häuser waren damals schon entmietet. Auch half ich einmal einem Bekannten, eine schmiedeeiserne, emaillierte, schwere Badewanne aus einer leeren Wohnung in irgendeinem

Hinterhaus heraus zu schaffen. Das misslang. Die Wanne, die wir an Seilen die Treppenstufen langsam hinunter rutschen lassen wollten, glitt uns aus den Händen, durchschlug im Zwischengeschoss die Hauswand und landete unsanft drei Etagen tiefer laut polternd mitten im Bauschutt auf dem Innenhof, ... und wir machten, dass wir schnellst möglich, ohne kaputte Wanne, weg kamen.

Weil sich viele Mieter damals gegen den Abriss ihres Kiezes wehrten, wurden auf Initiative der Wohnbezirksausschüsse einige Hofabschnitte zusammengelegt. Es entstand 1982 ein kleiner Park, der von den Anwohnern angelegt und von staatlicher Seite mit finanziert wurde. Im Sommer 1985 fand dann die Eröffnung des Hirschhofes statt. Er erlangte bei den Anwohnern bald als Grünfläche inmitten des dichtbebauten Gebiets große Beliebtheit, befanden sich in dieser Gegend doch kaum Grünflächen, den Mauerpark gab es schließlich damals noch nicht .... weil dort die Mauer selbst noch stand und der Humboldthain genauso unerreichbar war, wie der „Central Park" in New York!

Ein Hirsch aus Metallschrott ist namensgebend für den Hirschhof, eine bunt bemalte Konstruktion aus Metallschrott der Künstler Anatol Erdmann, Hans Scheib und Stefan Reichmann und kein Relikt deutscher Wohnzimmerspießigkeit mit dem röhrenden Hirsch am Waldesrand als Ölbild. Unter ihm führt heute ein Weg hindurch. Im Hirschhof gab es zu DDR-Zeiten auch eine Kulturbühne. So entwickelte sich der Hirschhof bald zu einem Treffpunkt der Untergrundkultur Ostberlins. Die Staatssicherheit führte in der Folge eine Akte "Hirschhof". Jährlich fand das Hirschhoffest statt. Es gab eine Freiluftbühne mit verschiedenen Aufführungen.

Im Umfeld des Spielplatzes findet sich auch heute noch eine Reihe von Trümmerblöcken, die in den Spielplatz eingebettet sind. Früher ist davon ausgegangen worden, dass es sich hierbei um Teile des Berliner Stadtschlosses handele, das 1950 von der DDR-Regierung gesprengt wurde. Dieses

Gerücht bescherte der Oderberger Straße Touristenströme. Laut der Kunsthistorikerin Gabi Ivan handelt es sich hierbei jedoch um Trümmer des Berliner Doms, die von den Hirschhofinitiatoren aus der Deponie an der Falkenberger Chaussee geholt wurden. Bekanntlich ist ja auch ein Teil des Berliner Doms nach dem zweiten Weltkrieg abgerissen worden.

Die Häuser der Straßen um den Hirschhof waren beim Fall der Mauer in einem schlechten Zustand oder waren gar unbewohnbar, wiesen jedoch einen Charakter der Gründerzeit auf. Mit der Zeit fanden sich Investoren, die einige der Häuser nach und nach sanierten. Allerdings stiegen dadurch auch die Mietpreise stark an. Mit der Aktion „Wir bleiben alle (WBA)" konnte man sich jedoch gegen Luxussanierungspläne wehren, die den Hirschhof womöglich bedroht hätten. Der Bezirk sanierte den Hof für 50.000 Euro. Der beste Zugang, auch ausgeschildert, ist in der Oderberger Straße 19 bei einer Autowerkstatt.

*

Unbekannte Ecken - „hinterm Steuerhaus"
am 11.2.2014

Noch bis in die Mitte der 1970er Jahre hinein stand Landsberger Allee (damals Leninallee) Ecke Oderbruchstraße Stadteinwärts rechts und somit auf dem Gebiet des Prenzlauer Berg, ein kleines, verfallenes Häuschen, das größer als eine Gartenlaube war, allein schon deshalb, weil es zweite Etage hatte, aber dennoch von der Grundfläche her eher winzig wirkte. Gemauert war es aus weißen Ziegeln.

Für mich, als jemand, der in Hohenschönhausen an der Konrad-Wolff-Straße (damals Berliner Straße) aufwuchs, begannen als Heranwachsendem alle Wegerklärungen von Muttern mit den Worten „Du fährst mit der Linie 63 bis hinters Steuerhaus ...."

„Am Steuerhaus" gabelte sich stadtauswärts die Landsberger Allee. Nach rechts in die Karl-Lade-Straße ging es mit der Straßenbahn (Linie 69) nach Lichtenberg. Nach links quietschte die Straßenbahn (Linie 63 + 64) nach Hohenschönhausen. Geradeaus fuhr auf der Landsberger Allee, die damals ab dieser Gabelung eine kleine Chaussee mit nur einer Fahrspur pro Richtung und rechts und links von riesigen Kleingartenanlagen gesäumt war, nach Marzahn, bis Ende 1972 der O-Bus der Linie O 30 = Ostring 30[39]. Mit dem Aufbau der Wohngebiete in Lichtenberg wurde ab Mitte der 70er Jahre die Landsberger Allee auf den heutigen Stand ausgebaut und der O-Bus-Verkehr eingestellt.

Das „Steuerhaus" markierte bis zur Gründung von Groß-Berlin am 1.Oktober 1920, bei der Berlin sich seine Vororte eingemeindete, die Zoll- und Stadtgrenze der Reichshauptstadt. Beim Ausbau der Landsberger Allee verschwand dieses Steuerhaus. Interessant ist, dass ich von 1984 – 1991 in der HO-Kaufhalle „am Steuerhaus", auf Lichtenberger Seite, arbeitete.

Bis zum Umbau der Landsberger Allee in den 70ern sah auch der gleichnamige S-Bahnhof noch vollkommen anders aus. Die Straßenbahn hielt direkt auf der Brücke, der Zugang dorthin erfolgte über einen breiten Zebrastreifen. Rechts im Zugang zum Bahnhof waren kleine Geschäfte und eine Bockwurstbude untergebracht. Als Bahnhofsgebäude kenne ich noch das alte aus gelbem Backstein aus dem Jahr 1894/95 und auch das neu aufgebaute aus Beton und Glas aus dem Jahr 1968. Der Bahnhof besitzt seit Mitte der 70er Jahre leider kein Empfangsgebäude mehr. Im Kultfilm „Die Legende von Paul und Paula", DEFA 1973, kann man, wenn man es weiß, diese alte Straßenbahnhaltestelle mit dem Bahnhof „hinterm Steuerhaus" sehen.

*

---

39 ... und O 37 nach Bürknersfelde

Steinzeitjäger in der Kollwitzstraße – am 20.6.09

Einer der faszinierendsten Plätze im Prenzlauer Berg ist der Abenteuerspielplatz in der Kollwitzstraße 37. Als Kind wollte ich immer .... in der Reihenfolge meiner Wichtigkeit, ... Straßen-/ S-Bahnfahrzeugführer, Radiomoderator, Astronaut, Koch oder Feuerhüter in einer Steinzeitsippe werden.

Es ist viel zu schade, dass immer mehr Brachflächen in Prenzlauer Berg bebaut werden, und in so fern kann ich die Existenz des genannten Abenteuerspielplatzes und dass Kids in der Berliner Innenstadt dort das Steinzeitleben erlernen, nur höchst begrüßen!

Abenteuerspielplätze stehen in der Regel unter der Aufsicht von gemeinnützigen Vereinen oder kommunalen Trägern. Typische Merkmale sind Hüttenbaubereiche, Feuerstellen, abwechslungsreiche Geländemodellierung und außergewöhnliche selbstgebaute Spielgeräte. Die Kinder sollen selbst tätig werden, ihre Freizeit sinnvoll gestalten und Neugier, Mut, Geschicklichkeit, Kreativität, Selbständigkeit, emotionale und motorische Kompetenz, lösungsorientiertes Denken, Verantwortungsbewusstsein, Partnerschaftlichkeit und Solidarität erlernen.

Die ersten Abenteuerspielplätze wurden schon 1943 in Dänemark eröffnet wurden. Die Konzeption resultiert aus der Beobachtung des Landschaftsarchitekten C. Th. Sorenson, der Kinder beim Spielen auf Baustellen und Schrottplätzen beobachtete.

Der erste dieser Spielplätze in Deutschland entstand zwar schon 1952 (Mannheim). Erst Ende der 60er / Anfang der 70er Jahre wurde daraus jedoch eine Bewegung im Zuge der Entstehung von offener Kinder- und Jugendarbeit. Ziel war eine alternative Kindererziehung, die den Kindern wieder sinnliche Erfahrungen ermöglichte und Kindheit „entkolonisiert" und „entkommerzialisiert". Aus dieser Bewegung heraus kamen Spielmobile, Kinderspielclubs,

Spielhäuser und die Stadtteilbezogene Arbeit. 1967 entstand der erste Abenteuerspielplatz in Berlin im Märkischen Viertel. Bis zur Wiedervereinigung wurden in westdeutschen Ballungsgebieten rund 400 Abenteuer-spielplätze und Jugendfarmen gezählt.

Unter anderem auch durch das Westfernsehen und solche Sendungen wie „Rappelkiste", „Sesamstraße", „Löwenzahn" und „Die Sendung mit der Maus" schwappte die Idee zu solchen Spielplätzen in die DDR, wurde hier aber nie von staatlicher Seite aufgegriffen, da Abenteurer ja zumeist Individualisten sind und sie somit nicht wirklich ins Bild eines „sozialistisch geformten Menschen" passten.

Die erste Einrichtungen in Ostdeutschland entstanden 1990 in Berlin („Kolle 37" im Prenzlauer Berg, „Pinke Panke" in Pankow, „Kinderkleeblatt" in Hellersdorf und „Marzahn-West"). Weitere Einrichtungen in Dresden, Erfurt, Hoyerswerda und Leipzig folgten.

Die Abenteuerspielplatz-Bewegung ist konzeptionell und historisch eng mit der Spielmobil-Bewegung verbunden. Oft verstehen sich Spielmobile im ähnlichen pädagogischen Auftrag wie die Abenteuerspielplätze und sehen sich selbst als kleine rollende Abenteuerspielplätze.

Im Internet findet man zahlreiche Angebote zu den besten Spielplätzen.

In der Immanuelkirchstraße 24 trifft man übrigens eine deutschlandweite Einmaligkeit: eine Ludothek – eine Spielzeugausleihe!

Der Abenteuerspielplatz Kolle 37, der Montag – Samstag von 12.30 – 18.30 Uhr geöffnet ist und die Grundschule am Kollwitzplatz kooperieren. Diese Schule beschäftigt sich mit der Menschwerdung und dessen Entwicklung von der Altsteinzeit / Jungsteinzeit über Bronzezeit bis ins Frühmittelalter/Eisenzeit in der Region Brandenburg. Die Frage „Wie war das damals?" schließt ja auch immer die Frage ein „Wie gelangen Geschichtsforscher und so auch forschende Kinder an Wissen über die Vergangenheit?".

Experimentelle Archäologie kann diese Erkenntnisse mit pädagogischen Methoden hautnah zum Erfahren und Begreifen vermitteln. Es werden alte, vergessene Techniken wiederentdeckt und hier aufbereitet weitergegeben.

Seit September 2006 besteht nun für alle Grundschulen die Möglichkeit, handlungsorientierten Geschichtsunterricht in Kooperation mit dem Abenteuerspielplatz zu veranstalten. Das Beschäftigen mit alten Handwerken hat auf diesem Spielplatz eine lange Tradition: Lehmbau, Holzbau, Felle gerben, Kochen, Schmieden. Die Jungsteinzeit bietet unter den Themen „Essen" und „Wohnen" die Möglichkeit, Pfeile zu bauen und sich im Bogenschießen auszuprobieren, am Lehmhaus weiterzubauen sowie nach Rezepten zu kochen und zu backen, die pflanzliche Zutaten beinhalten, die für diese Zeit nachweisbar sind.

Die Bronzezeit spricht die Themen „Landwirtschaft" und „Kunst" an, wo Tierhaltung (Kaninchen, Schafe, Ziegen), Schafschur, Wollverarbeitung und Kupfer-/Zinnschmieden, Bronzeguss vorbereitet werden können. Das Frühmittelalter steht thematisch unter dem Zeichen von „Kleidung" und „Technik". Filzen und andere textile Techniken können Unterschiede zu den Zeiten der Urmenschen verdeutlichen, das Schmieden von Eisenwerkzeugen bringt auch neue Kulturtechniken mit sich.

Die wichtigste Erfindung der Menschheit, das handhaben und machen von Feuer, wird auf dem Spielplatz regelmäßig veranstaltet. Erst durch Feuer ist der Mensch in der Lage, sich eine Umwelt zu erschaffen, die ihm angenehm ist. Feuer wärmte, verscheuchte früher wilde und gefährliche Raubtiere von den Lagerstätten, Feuer spaltete die Proteine der Nahrung besser auf, so dass der Mensch selbst weniger Energie zur Verdauung benötigt und Feuer machte den Tag für sie länger, weil man die Nacht erhellen konnte, was Produktivität und Phantasie anregte. Ohne Feuer kein gebrannter Ton, keine Metallwerkzeuge, kein Strom für den Laptop und keine Raumfahrt. Aber, die Frage ist natürlich, könnten wir noch heute, in unserer modernen, technisierten Welt ohne Hilfsmittel wie Streichholz oder Feuerzeug Feuer machen? Könnten wir noch Tiere töten, sie für unseren Verzehr zubereiten, ihnen das Fell für Kleidung abziehen oder ihre Federn für's Kopfkissen rupfen? Ich könnte es nicht. Daran merkt man, es ist heute sicher einfacher, Astronaut oder Hörfunkmoderator zu werden, als Feuerhüter in der Steinzeit.

*

Kurzer Spaziergang im Bötzowkiez - am 19./20.Mai 2008

Es war einmal .... oder ... Es begab sich einst zu einer Zeit, als die Bäume noch ein märchenhaftes Hellgrün zierte, dass ich durch die Pasteurstraße schlenderte ... So könnte ein Märchen beginnen, ... oder mein Kiezspaziergang. Natürlich die Frage, warum ich just dort entlang spazierte? Vielleicht weil man, wenn man über den Bötzowkiez schreibt, nicht an der Pasteur- und der Esmarchstraße vorbei kommt?
Also, man könnte schon, wenn man nur wollte, denn dann ignoriert man beide Straßen und schlendert über die Dietrich-Bonhoefer-Straße zur Greifswalder oder die Bötzow selbst mal rauf und runter. Ich aber wollte gerade dort entlang, um mich wie von einem (Film-) Märchen verzaubern zu lassen.
Wir trinken heute pasteurisierte Milch (Milch ist sehr gesund und hinterlässt einen ekligen Schleim auf den Zähnen), nehmen pasteurisierte Nahrung zu uns, warum also nicht mal in die Straße, die den großen Namen trägt?
Die Pasteurstr. verläuft von Greifswalder Straße bis Kniprodestraße und heißt bereits seit 4.7.1904 so. Louis Pasteur, * 27.12.1822, † 28.9.1895, war ein französischer Naturwissenschaftler, Physiologe, Bakteriologe.
Er schuf die Grundlagen für die heutige Bakteriologie und Sterilisierungstechnik und entwickelte u. a. Impfstoffe gegen Tollwut, Milzbrand und Rotlauf. Ich begann meinen

kleinen Spaziergang „oben" an der Bötzowstr. in Richtung Greifswalder. Hier „oben" ist noch die Ursprungsbebauung mit Altbauten aus den Gründerjahren zu entdecken.

Dann auf der rechten Seite eine riesige Kriegslücke, in der seit Jahren ein Supermarkt, mit einem herrlich großen Parkplatz dahinter, steht. Heute ist der Betreiber „Extra", früher war es der „Konsum".

Ob das Gelände noch heute der Konsumgenossenschaft Berlin gehört, war für mich nicht in Erfahrung zu bringen[40].

Gegenüber vom Koofnix ein Spielplatz in einer weiteren Kriegslücke. Der Spielplatz schrumpft gerade, weil auf einem Teil von ihm ein neues Wohnhaus gebaut wird.

Als Ausgleich entsteht dafür an der Ecke zur Esmarchstr. ein neuer Kinderspielplatz unter herrlich alten Bäumen. Die Esmarchstr. verläuft von der Käthe-Niederkirchner- bis zur Pasteurstraße.

Ihren Namen hat sie seit 13.4.1904. Johann Friedrich August Esmarch, * 9.1.1823 - † 23.2.1908, war Mediziner. 1870 hatte er die Position des Generalarztes und beratenden Chirurgen im Deutsch-Französischen Krieg.

Er führte die Samariterschulen in ganz Deutschland ein und publizierte 1882 die Schrift "Die erste Hilfe bei plötzlichen Unglücksfällen". Esmarch praktizierte in Berlin und war einer der populärsten Ärzte seiner Zeit. Die Esmarchstr. ist eine, äußerlich noch recht alte Straße mit vielen, bröckelnden Fassaden.

Während ich angesichts der Straßenbäume, von süßen Waffeln mit Ahornzuckersirup träumte, gelangte ich zur Esmarch / Lieselotte-Herrmann-Str.

Im Gebäude der einstigen Grundschule ist heute die Kurt-Tucholsky-Bibliothek, die ende letzten Jahres zu traurigem Ruhm gelangte, weil das Bezirksamt sie schloss. Heute ist die Bibliothek in freier Trägerschaft durch einen sehr engagierten Verein.

---

40 ... alter Text halt – mittlerweile steht dort ein riesiges
    Wohnhaus mit Supermarkt und Tiefgarage

Gleich gegenüber eine Eckkneipe, die mittlerweile wohl leider geschlossen ist, die Esmarchklause. Filme sind ja Märchen für Erwachsene. Und manche Filme liebe ich. „Sommer vor'm Balkon" ist einer davon. Eine Milieu-Studie nach einem Drehbuch von Wolfgang Kohlhaase. Es passiert nicht wirklich was in dem Film, aber er zeigt das Leben, so wie es meist ist, es tröpfelt so dahin und nach einiger Zeit ist man oft genau an dem Punkt, an dem man schon einmal im Leben war. Nicht mehr und nicht weniger zeigt „Sommer vor'm Balkon". Drehort waren u.a. der Helmholtzplatz, die Gleimstraße, Thälmannpark und Schönhauser Allee.

Nur, verdammt, wo war die Kneipe, in denen sich die Hauptdarsteller in dem Film immer herum getrieben haben? Wochenlang suchte ich die Kneipen am Prenzlauer Berg ab. Schließlich kaufte ich die DVD (gebraucht) und an einer Stelle, mit Hilfe der Funktion „Einzelbilder" auf meinem DVD-Laufwerk am PC, hatte ich es dann: die Kneipe war die „Esmarchklause", schräg gegenüber der Tucholsky-Bibliothek. Und während ich davon träumte, dass man im Prenzlauer Berg noch viele Filme auf Zelluloid bannen könnte, meinetwegen auch sehr gern mit Inka Friedrich und Nadja Uhl, ... mh ..., schlenderte ich die Esmarchstr. weiter bis zu ihrem Ende an der Käthe-Niederkirchner und auch wieder zurück.

Während Kollwitz-, Helmholtzplatz und Kastanienallee mittlerweile fest in der Hand von Tou-(nicht Terro-)risten sind, ist diese Gegend nun wirklich noch szenig und auswärts meist unbekannt. Das Berliner Pflaster der Fahrbahn ist schon herrlich herunter und rund gefahren. Vorsicht! Bei aller Patina, rutscht das bei Nässe schön!

Auf dem Rückweg bemerke ich dann auch endlich mal, herausgerissen aus märchenhaften Träumen von elfengleichen Schauspielerinnen, die sich hier tummeln könnten, so sie nur wollten, dass die Ecke zur Hufelandstraße vollkommen umgestaltet wurde. Diese

Kreuzung ist für Fußgänger nun übersichtlicher und für Autos besser einsehbar. Der Erneuerung gingen monate-, wenn nicht gar jahrelange Bauarbeiten an unterirdischen Kabeln und Leitungen voraus. Die Apotheke ist dort aber noch immer.... eine echte Drogenecke also. Ich schlendere zurück bis zur Pasteurstr. und diese nun entlang in Richtung Greifswalder. Auf der rechten Seite in einem großen, roten Backsteinbau, das Abendgymnasium, in dem Erwachsene (also theoretisch auch ich) abends ihr Abitur nachholen können. Eine Grundschule und das „1.Gymnasium Prenzlauer Berg" sind hier gleichfalls untergebracht. Dem gegenüber auf der anderen Straßenseite (also nun links) ein ebensolcher Bau, der die 6.Grundschule beherbergt, die die sprachliche Ausrichtung Deutsch / Griechisch hat.

Irgendwie muss ich mich wohl hungrig gelaufen haben, denn die schönen Jungfrauen verwandelten sich in meinem Geiste zusehends in knackige, gebratene Hühnchen, die vor meinem Geiste auf mich zu schwebten, aus denen dann, beim Anblick des italienischen Restaurants an der Ecke, dann doch üppig belegte Pizzen und ein leckeres Glas Rotwein wurden. Nun sind Frauen ja manchmal auch rund und sehr üppig belegt, aber ich zog in diesem Falle die Gaumenfreuden vor (man wird ja langsam älter) und genehmigte mir dann zum Abschluss des Kiezspaziergangs ein märchenhaftes Mahl. ... bei mir zu hause!

*

Markttag - am 13.4.08

Ich habe derzeit offenbar eine Schreibblockade. Mutter ist vor kurzem gestorben, ... Beisetzung war erst vor einer Woche (5.April). Liegt wohl daran, dass ich keinen ordentlichen Satz zustande bringe und statt dessen am Computer lieber Piraten kille. Die endlose, sinnlose Grübelei, was ich ihr am Krankenbett zu Ostern noch hätte sagen sollen, nimmt ein Ende, als ich gebeten werde, einen

Kiezspaziergang entlang der Bötzowstrasse zu machen. Es soll dort einen neuen Wochenmarkt geben. Ich nehme diesen Strohhalm, entschuldige mich hiermit bei meinen Lesern für meinen Voux pax (oder wie immer solch ein Fehltritt geschrieben wird) in der letzten Ausgabe, in der ich den Ringbahnhof „Sonnenallee" mit „Köllnische Heide" verwechselte und mache mich an einem Samstagvormittag auf den Weg. Sonne scheint, Mutter ist tot, ein laues Lüftchen fechelt leichten Blütenduft durch die Stadt und die Straßenbäume tragen ein hauchzartes Grün.

Da bin ich auch schon am Arnswalder Platz, der Platz mit dem Stierbrunnen. Der Brunnen ist seit Jahren abgesperrt, der rote Sandstein[41] des Brunnens bröckelt, weshalb ich davon ausgehe, dass es Sandstein ist, denn Granit ... ja, also der wäre einfach härter und bröckelte nicht so schnell. Der neue Wochenmarkt befindet sich in der Pasteurstraße am südwestlichen Rand des Arnswalder Platzes zwischen Hans-Otto-Straße und Bötzowstr. Kleine Marktbuden mit Spielplatz dahinter. Ideal für Familien! Es wird Biogemüse angeboten, aber auch Kunsthandwerk, frisch gekochter Kaffee, Fisch und echte Filzmützen. Ein Wochenmarkt hat bislang wirklich im Bötzowkiez gefehlt, stelle ich fest.

Märkte sind eine sehr ursprüngliche Form des Handels. Schon unsere Vorfahren, Frühmenschen, hielten im weitesten Sinne Märkte ab, also Zusammenkünfte, bei denen Erzeugnisse der einen Sippe gegen Produkte anderer Sippen getauscht wurden.

Fein bearbeitete Feuersteinklingen wechselten hier ebenso die Besitzer, wie Ketten aus Muschelschalen. Als der Mensch sesshaft wurde, kam es zunehmend zur Arbeitsteilung. So wurden Märkte zum Austausch der Produkte immer notwendiger. An Furten und Weggabelungen entstanden die ersten Marktplätze. Berlin ist so entstanden, aus zwei Fischerdörfern (Cölln – Berlin) an einer Furt durch die Spree mit einem Marktflecken. Die

---

41 ... nicht Sandstein, sondern roter Porphyr - Vulkangestein

offizielle Vergabe des Marktrechtes durch den Lehns- oder Landesherren im weitesten Sinne war dabei immer die Vorstufe zur Entstehung einer Stadt. Das Marktrecht konnte aber auch teuer beim „zuständigen Fürsten" erkauft werden. Der Marktplatz war dann der zentrale Ort in einer mittelalterlichen Stadt, an dem sich auch die Obrigkeit in Form des Rathauses, der Kirche und unter Umständen des Gildehauses „präsentierte".

Der Marktplatz war der Hauptversorgungsort der Städter mit Lebensmitteln und der Bewohner aus dem Umland (den Gehöften und Dörfern) mit den Erzeugnissen der Handwerker. Das Ladengeschäft war damals eher unüblich. Schreiner, Landmann, Bäcker, Schuster und Töpfer boten ihre Waren auf dem Markt feil. Dazu kam immer auch „fahrendes Volk", Gaukler und Schausteller, die ihre Künste vorführten. Und der Barbier stutzte nicht nur Frauenhaar und männliche Bärte, sondern zog auch so manchen Zahn.

Mit zunehmender Größe der Städte wurden spezielle Produktmärkte betrieben, also verschiedene Marktplätze in der Stadt, auf denen man, wie am Beispiel des Molkenmarktes an der Mühlendammbrücke, nur Molkereierzeugnisse kaufen und verkaufen konnte. Auch Jahr- und Saisonmärkte waren schon eine spezialisierte Marktform. Erinnert sei hierbei an den Berliner Weihnachtsmarkt oder an den Pferde- und Heiratsmarkt in Havelberg (eine der ältesten Städte östlich der Elbe, an der Mündung der Havel in die Elbe gelegen, mit einem weltberühmten Dom), den es seit 1250 gibt.

Bis vor etwa einhundert Jahren (das ist also noch gar nicht so lange her), versorgte sich die städtische Bevölkerung hauptsächlich auf den Märkten mit Lebensmitteln. Wobei ein gewisser Eigenanbau selbst uns Citybewohnern geblieben ist, und sei es nur der Petersilientopf auf dem Fenstersims.

Ich kenne aus meiner Kindheit keine Wochenmärkte. Wie bekomme ich jetzt die Kurve, ohne zu jammern: „Ja, wir armen Ossis, selbst das war ja unter der Stasi verboten ....!" Ich habe lange recherchiert, um zu erfahren, dass es damals keine regelmäßigen Wochenmärkte gab. Es machte ja auch keinen Sinn! In der DDR gab es durch die staatliche Plankommission zentral festgelegte „End-Verbraucher-Preise", den EVP, der auf alle Produkte gleich auf die Verpackung gedruckt war, und bei frischen Lebensmitteln ohne Verpackung gab es wöchentlich staatlich heraus-gegebene Preislisten. Danach musste beispielsweise die grüne Salatgurke nicht nach Stück sondern nach Gewicht verkauft werden, so es sie denn gab. Orangen, meist aus Kuba, kurz vor Weihnachten in Berlin auch aus Spanien, kosteten 4.00 Mark/kg. Zitronen kosteten 5,00 Mark das Kilo, Erdbeeren 4,80 M, Melonen pro Kilo 0,85 Mark. Die Stück Butter kostete überall 2,40 Mark, der Liter Milch 0,66 Mark und die Flasche einfaches Pils, 0,33l, egal von welcher Brauerei, 0,61 Mark.

Und da es ohnehin fast nur staatliche landwirtschaftliche Erzeugerbetriebe gab, die Verträge mit dem staatlichen Groß- und Einzelhandel eingehen mussten, machten Wochenmärkte gar keinen Sinn! Wer hätte da was anbieten sollen? Es gab keine Anbieter! Im Gegenteil musste der Einzelhandel den Kleingärtnern noch deren Überschüsse abkaufen, mit oft skurrilen Auswirkungen durch die zum Teil staatlich gestützten Preise.

So bekam zum Beispiel Opa Bruno für sein Walnüsse aus seinem Garten 9,00 Mark für das Kilo, verkauft wurden sie aber vorn über die Ladentheke für nur 6,00 Mark/kg. Der staatliche Handel machte alles platt. 1980 gab es im ganzen Bezirk Köpenick noch einen einzigen voll privaten Lebensmitteleinzelhändler, Engelke, direkt am Rathaus. Häufiger gab es noch „Kommissionshändler".

Am S-Bahnhof Greifswalder Straße gab es damals noch den Obst/Gemüsehändler „Riese" als privaten, der nur seinen mobilen Stand dort auf dem Bahnhofsvorplatz, später dann am Taxistand in der Naugarder Straße hatte. Und in der

Käthe-Niederkirchner-Straße, direkt neben dieser Freifläche, existierte noch 1988 ein privater Laden, in dem der Kamm neben der Butter lag und das Nähgarn neben den Zitronen und in dem man von den netten Inhabern noch persönlich über den Tresen bedient wurde.

Damit habe ich den Bogen hoffentlich wieder zurück und nicht überspannt. Und, oh Wunder, schönen Tag auf dem Markt gehabt und Schreibblockade überwunden. Wenn das Muttern noch lesen könnte.

*

Tatort Marienburger Platz - am 12.8.08

Da mir mein August-Artikel gelungen schien, ließ ich mich auch in diesem Monat darauf ein, mit einer Bekannten im Schlepp, den Kiez zu erkunden. So traf ich mich also an einem, von der Witterung her eher durchwachsenen Samstag-Nachmittag mit Marina, die auch gleich noch ihre Freundin Sonja mitbrachte, am S-Bf. Prenzlauer Allee. Ich bat beide Damen, die Straßenbahn der Linie 2 Richtung Alex zu benutzen und an der Haltestelle Marienburger Straße auszusteigen und auf mich zu warten. Na, als Radfahrer ist man aber eh schneller, als die BVG. Nun jedenfalls von dort schlenderten wir zum Marienburger Platz, wo wir uns auf einer Bank nieder ließen. Das, was ich mir als Journalist immer wünsche, wurde wahr: die beiden Damen brauchten von mir immer nur einen kleinen Schubser und schon erzählten sie.

Icke: „Na, was ist Euch aufgefallen?"

„Die Straßenbahn." „Also unser erster Eindruck ist sehr gut!" „Ja, das ist ein recht grüner Bezirk." „So viele, schöne, bunte Häuser." „Alles ist so ... farbenfroh, abwechslungsreich und freundlich." „Und dann dieser Kontrast vorn mit der sehr belebten Hauptstraße und hier diese Ruhe, nur ein Querstraße weiter ..." „Auch diese Mischung aus wunderbaren alten Häusern und Moderne, das hat seinen eigenen Charakter." „Das Publikum ist sehr gemischt." „Die Leute sind hier quer Beet." „Ja, so knalle bunt, aber auch reich und chic, über lässig bis hin zum Penner." „Jeder kann hier so herum laufen, wie es ihm gefällt und keiner schaut ihn deshalb schief an." „Die Kiezgeschäfte haben etwas sehr Einladendes! Das hat man bei uns in Mariendorf nicht." „Das mit diesen kleinen Geschäften, das strahlt so eine angenehme Urlaubsatmosphäre aus." „Ja, es ist wirklich schön hier!" „Sehr entspannend!"

Icke: „Wie alt seid ihr?

Gelächter! „.... weit ü 30. ..."

Icke: „Wo kommt ihr her? Warum seid ihr in Berlin?"

„Na ich bin eine waschechte Berlinerin. Komme aus Mariendorf. Aber ich fühle mich in Berlin nicht mehr wohl und will eigentlich hier weg."

„Ich wohne seit April in Französisch Buchholz. Ursprünglich komme ich aus Frankfurt am Main. Frankfurt ist gegenüber Berlin doch sehr klein und die Leute dort sehen alle so gleich aus, ... so grau ... . Berlin ist viel freundlicher, weltoffener, bunter. Man hat auch keine weiten Wege. Auf der einen Seite hat man die Großstadt und ganz nah dran das Grün. Der Erholungswert in Berlin ist viel höher. Ich liebe diese Stadt mit ihren Menschen. Zum Glück habe ich in der WiPa (einer Fortbildungseinrichtung, die ich mittlerweile liebe! – Anmerkung icke) einen Job bekommen. Also ich fühle mich sehr wohl hier!"

„Mh, ja, jede Medaille hat zwei Seiten. Ich fühle mich hier gar nicht wohl. Berlin ist mir zu anonym, die Leute zu unfreundlich. Ich will nicht immer ständig im Getümmel stehen. Ich sehne mich nach Ruhe!"

Icke: „Wie gefällt euch der Marienburger Platz?"

„Wenn man von den Graffities und diesen ganzen anderen Wandschmiereereien absieht, sehr gut." „Ja, auf diesem Platz gibt es Erholungsmöglichkeiten für alle Altersgruppen." „Die Spielgeräte für die Kids ... " „...ja, und die Wiese für die Erwachsenen." „Es ist sehr schön hier." „Du solltest mal über diesen Platz schreiben." Gekicher.

Icke: „Vielen Dank an Euch beide. Das Gespräch mit euch war einfach reizend. Würdet ihr mich möglicherweise im nächsten Monat nochmals begleiten?" „Ja gerne!" „Sag uns Bescheid!"

Ich lud beide Damen noch zu einem Bummel über den Kollwitzplatz ein und wir ließen den Tag dann in einem Café in der Kollwitzstraße ausklingen.

Etwas später, als ich dieses Interview in meinen PC hackte, fiel mir eine Frage ein, die ich noch per E-Mail stellte: „Wie habt ihr zwei euch kennengelernt?"

„Ich hab Sonja letztes Jahr durch Zufall in einer Cocktailbar kennengelernt."

Wunderbar! Solche Kiezspaziergänge machen echt Spaß!

Und hier noch einige Fakten, die ich Ihnen nicht vorenthalten will:

Die Marienburger Straße heißt so seit dem 25.9.1884 und war vorher der Taraschwitzweg (vor 1875-1884) und davor Vorher Straße Nr. 26, Abt. XII des hobrechtschen Bebauungsplanes. Marienburg war eine Kreisstadt in der früheren Provinz Westpreußen, Regierungsbezirk Danzig und ist heute unter einem anderen, polnischen Namen, Kreisstadt in der Woiwodschaft Pomorskie (Pommern, Hauptstadt Gdansk), Polen, am Nogat, 40 400 Einwohner (1997). Ab 1274 begann der Deutsche Ritterorden an jenem Ort mit dem Bau seiner Ordensburg. (Quelle: Luise Berlin)

Und nun noch einige Worte zur Freifläche und zum Spielplatz, von dem lange Zeit nicht klar war, ob sie bestehen bleiben kann, da das Gelände der Berliner Feuerwehr gehört. Der damalige Bezirk Prenzlauer Berg hatte es 1997 für die Dauer von zehn Jahren zur kostenlosen Nutzung übertragen bekommen. Ab 2007 sollte auf dem Gelände eine neue Polizei- und Feuerwache gebaut werden.

Das nun neue Bezirksamt von Pankow einigte sich dann aber noch rechtzeitig mit der Berliner Feuerwehr auf einen Flächentausch. Das Bezirksamt darf die Fläche behalten und gibt der Feuerwehr dafür ein Grundstück an der Werneuchener Wiese in der Nähe der Danziger Straße. Dort soll angeblich irgendwann die neue Feuerwache gebaut werden.

*

am 21.9.2008 - **Unterhaltung am Kollwitzplatz**

Ein laues Lüftchen fächelte dieses mal leider nicht durch den Prenzlauer Berg. Statt dessen klatschte der erste viel zu frühe Herbststurm Anfang September graues, feuchtes Laub an Laternenmasten, auf Brillengläser und in Kinderwagen mit schreienden Bälgern. Ich versuchte meinen Auftrag zu erledigen und mich mit einem langjährigen Anwohner vom Kollwitzplatz in einem gemütlich, kuscheligen Café genau dort zu treffen. Da ich von Natur aus zur Faulheit tendiere, wie ja wohl fast jeder Mensch, hatte ich mich mit meiner Cousine verabredet. Sie lebt seit 1982 am Kollwitzplatz und hat seit 1991 ihre eigene Arztpraxis im Helmholtzkiez. Wenn also jemand die Veränderungen im Prenzlauer Berg in den letzten fünfundzwanzig Jahren mit bekommen hat, dann sie. Da sie obendrein auch noch „nur" mein Cousinchen ist, konnte ich auf's „angraben" der Frau verzichten und mich auf das Wesentliche der Information konzentrieren.

Ich: „Du wohnst ja schon relativ lange hier. Welche Veränderungen sind dir über die Jahre hinweg so aufgefallen?"

Cousine: „Früher waren hier mehr unterschiedliche Geschäfte."

Ich: „Wie?"

Cousine: „Na so im Laufe der Jahre ist vieles einfach Verschwunden. Knaack Ecke Wörther Straße gab es einst eine wundervolle Kinderbibliothek, in der man nicht nur Bücher sondern auch noch Schallplatten und altersgerechte

Musik-Cassetten ausleihen konnte. Für meine Kinder war das immer ein schöner, kurzer Weg. Dann gibt es hier überhaupt kein Kurzwarengeschäft mehr. Man braucht doch immer mal Garn, um einen Knopf anzunähen oder auch ein Schlüpfergummi. Du kennst das doch auch noch, wenn wir im Garten bei Opa Gummi-hopse gespielt haben."

Ich entsinne mich dunkel ... aber kennen die Kids von heute sowas noch?

Cousine: „Alle kleinen Drogerien sind hier nun auch weg. Es gibt höchstens noch die ‚Ketten'. Von den einst fünf Fleischereien ist noch eine, vorn an der Prenzlauer (Gottschlich?) übrig geblieben. Dort gehe ich recht gern hin. Der letzte echte Lebensmittelladen in der Knaackstraße ist nun auch weg. Statt dessen haben wir hier mittlerweile, ich glaube fünf Frisöre in der Gegend. Nun gut, die alten Berliner Bäcker sind abgelöst worden durch die Backshops. Das ganze ‚kleine' Handwerk gibt es leider nicht mehr. Dass sich die Vietnamesen in die nun entstandene Lücke von Dienstleistungsgeschäften einbringen, ist ganz okay. Die arbeiten zu fairen Preisen. Was ich sehr gut finde, sind die ganzen unterschiedlichen Cafés. Hier gibt es ja nun alles."

Ich: „Erzähl bitte mehr!"

Cousine: „Mich nervt etwas der zu antiautoritäre Umgang der vielen jungen Mütter mit ihren Kindern. Ich habe manchmal den Eindruck, diese Frauen nehmen sich hier etwas zu wichtig."

In diesem Augenblick hörten wir auf der Kollwitzstraße einen voll beladenen Getränke-LKW keine zwanzig Meter hinter der Fußgängerampel eine Vollbremsung hinlegen. Eine junge Mutti mit ihrem Buggy war beim Überqueren der Straße ca. zwanzig Meter neben der Ampel mitten auf der Fahrbahn plötzlich stehen geblieben, um ihrem Kleinen mit einem Taschentuch etwas Schnodder aus den Mundwinkeln zu tupfen. Wütend starrte die nun den laut fluchenden LKW-Fahrer an.

Ich: „Meinste sowas?"

Cousine: „Ja, ich finde, die jungen Muttis von heute machen viel zu viel Gewese um sich. Unsere Kinder hatten noch klare Regeln damals, aber so, wie sich die Mütter heute mit ihren Kindern benehmen, da habe ich wirklich Angst, dass die antiautoritäre Erziehung eines Tages mal nach hinten los geht. ... Und dann müssen die mit ihren Kinderwagen auch in jedes Geschäft, egal wie klein es ist, reingehen. Wir haben noch die Wagen mit'ner Fahrradkette angeschlossen und die Kinder beim Einkaufen auf den Arm genommen ... aber heute? Ich meine, beim Einkauf in Supermärkten kann ich es ja noch verstehen, dass man den Kinderwagen da mit rein nimmt, aber bei kleinen Geschäften? Tja und dann finde ich, dass die Gesellschaft insgesamt aggressiver geworden ist. Niemand hält sich mehr an Regeln. Sieh mal, alleine im Straßenverkehr, da wird, auch von vielen Radfahrern, gnadenlos bei Rot gefahren, Rechts vor Links zählt gar nicht mehr, Blinken ist sowieso Luxus. Aber eine Gesellschaft braucht gewisse Regeln, an die sich alle halten. Nur so funktioniert sie. Ich glaube, zu viele Menschen sind heute zu egoistisch. Das war früher, auch hier am Kollwitzplatz, anders. Man hat so etwas den Eindruck, als verwandle sich die Gesellschaft in eine Besetzer-Mentalität. ... Also ich muss nochmals sagen, generell freue ich mich über viele Kinder, denn es ist überhaupt nicht mehr einfach, in dieser Gesellschaft Kinder großzuziehen."
Ich: „Was hältst du von den Touristen?"
Cousine: „Finde ich gut! Die sind ganz wichtig für die Wirtschaft Berlins. Es gab eine Zeit, in der wurden die Touristen in ganzen Reisebuskolonnen hier angekarrt. Das ist etwas weniger geworden. Dafür sind die Touristen jetzt etwas chicker."
Ich: „Ich danke dir für das nette Gespräch."

Und nun noch ein paar Fakten zum Kollwitzplatz, gefunden bei „Luise Berlin", Anleihen bei Wikipedia und aus meinem eigenen Wissensfundus. Der Kollwitzplatz hieß von 1875 –

1947 Wörther Platz, womit gleichzeitig auch der Name einer der angrenzenden Straßen genannt sei. Die anderen Straßen, die den Platz umgeben sind die Kollwitzstraße, und Knaackstraße.

Die Husemannstraße nimmt hier ihren Anfang. Die Kollwitzstraße, wie der Platz benannt nach der antifaschistischen Künstlerin Käthe Kollwitz (* 8.7.1867 Königsberg, † 22.4.1945 Schloss Moritzburg b. Dresden, Graphikerin, Bildhauerin, Opfer des NS-Regimes), hieß 1874 – 1947 Weißenburger Straße. Interessant ist vielleicht, dass die Senefelderstraße und der Senefelderplatz räumlich nicht zusammenhängen sondern durch die Kollwitzstraße von einander getrennt sind. Straßen und Plätze rund um den Kollwitzplatz sind Teile des einstigen Hobrechtschen Bebauungsplans.

Der Hobrecht-Plan ist die übliche Bezeichnung für den nach seinem Hauptverfasser James Hobrecht genannten und 1862 in Kraft getretenen Bebauungsplan der Umgebungen Berlins. Dieser sollte als Fluchtlinienplan die Führung von Ring- und Ausfallstraßen und die Bebauung der Städte Berlin, Charlottenburg und fünf umgebender Gemeinden für die kommenden fünfzig Jahre regeln.

Noch Anfang des 20.Jahrhunderts[42] verkehrte eine Straßenbahn vom Senefelderplatz über die Weißenburger Straße bis zum damaligen Wörther Platz.

Bis zur Deutschen Wiedervereinigung 1990 war die Bausubstanz im Gebiet arg herunter gekommen. einzig die Husemannstraße, die man von Hinterhäusern und Seitenflügeln entkernte, wurde als leuchtendes Beispiel sozialistischer Wohnungsrekonstruktion propagandistisch hochgejubelt. Das fand zum Beispiel seinen Ausdruck darin, dass Willie Stoph höchst selbst diese Straße im Rahmen der 750-Jahr-Feier Berlins 1987 besuchte.

---

42 ... ab dem Fahrplan vom 1. Novmber 1934 taucht hier keine Straßenbahn mehr auf – sie Text "Straßenbahn Weißenburger Straße" in Band 3

An der Ecke Kollwitz/Knaakstraße speisten hingegen im Jahre 2000 der damalige Bundeskanzler Gerhard Schröder und der damalige US-Präsident Bill Clinton in einem Restaurant, das noch heute von diesem Ruhm zehrt. Dank „Ureinwohner" Wolfgang Thierse, DDR-Bürgerrechtler, Bundestagspräsident und heute, so glaube ich, Bundestagsvizepräsident, sind die Gaststätten rund um den Kollwitzplatz bei allen Politikern recht beliebt. .... Man sieht dann gelegentlich mal größere, gepanzerte Limousinen irgendwo herum stehen. ...

So, das zu den Infos. Wollen Sie Sich nicht mal mit mir im nächsten Monat über den Kollwitzplatz unterhalten?

*

... und wir sitzen auf der Marie ... - am 14./15./16.7.08

Da meine Texte für die Zeitung sogenannte Auftragsarbeiten sind, fehlt ihnen manchmal das gewisse Etwas, das Texte haben, die bei mir aus dem Bauch einfach raus müssen. Außerdem ... habe ich nicht schon über alles –zig mal geschrieben? Wird das nicht langweilig? Vielleicht fehlt mir ja auch nur eine andere Sicht, die Sicht, die jemand hat, der nicht ein Eingeborener ist. Hey, I'm a Native Prenzel-mountener! ... Um ein wenig die Perspektive zu wechseln, lud ich, Frau M. ein, die in meiner Fortbildung bei der WiPa derzeit meine nette Nachbarin ist. Frau M. wohnt seit 1988 im Prenzlauer Berg. Sie hat zwei schon relativ große Kinder, ist alleinerziehend und hat auch die Umbrüche im Kiez (der Kiez bricht ja ständig um, was für sein Leben spricht) erlebt. Sie hat dadurch eine vollkommen andere Sichtweise, als ich, denn sie sieht vieles als sorgende Mutter.

Deshalb traf ich mich mit ihr an einem sonnigen Samstag. Gemeinsam schlenderten wir durch den Thälmannpark, hechelten über die allgemeine Qualität der Jugendclubs am Prenzlauer Berg und wanderten ins „Zielgebiet". Christburger Ecke Winsstraße erzählte sie: „...da hinten in dem roten Backsteinbau auf der linken Seite, waren wir früher immer zum Röntgen." „Mh ... M., das war einst die Rettungsstelle im Prenzlauer Berg." „Ja, mit der Großen war ich öfter da."

Wir gingen weiter und erfreuten uns am lauen Lüftchen, das durch die Winsstraße fächelte. Kurz vor der Kreuzung zur Marienburger Straße wunderte M. sich: „Das kenne ich ja nun noch gar nicht. Das war früher nicht hier." Sie meinte den Neubau auf der Winsstraße, der „die Marie" an dieser Stelle abschließt. Wir studierten das angebrachte Informationsschild: „Gartenhaus – Sportverein vom Pfefferwerk – Jugendclub – Musikprojekt - ..." mit nur einem Blick, dann betraten wir auch schon die Ecke Marienburger / Winsstraße. Ich wiederholte meine Bitte an sie: „M., was fällt dir hier auf?" „Die neue Ampelanlage?", fragte sie unsicher zurück. „Und?", setzte ich nach. „Na dass das Kopfsteinpflaster hier an der Ecke nicht mehr ist. Die Kreuzung sieht frisch asphaltiert aus. ... Und dann ... also die ganze Ecke hier strahlt mir, bis auf den Straßenbelag, eine gewisse Schmuddeligkeit aus." „Liegt das vielleicht am KAISER'S, der so vergammelt aussieht?", hakte ich nach. „Ja, Rolf, genau das ist es!"

Wir schlenderten um die Ecke herum zur „Marie", diesem riesigen Park- und Spielplatzgelände entlang der Marienburger Straße zwischen Winsstraße und Prenzlauer Allee.

[Laut einer Anzeige bei Kaufland ist die Mehrzahl von Park „Parke" und nicht „Parks" (aus dem Text der Anzeige: „Kaufland – Partner der Naturparke ..." ???) und da dieses „Parke" im Text der Anzeige auch mehrfach wiederholt wird, kann es sich dabei NICHT um einen einmaligen DrÜck-Fehler handeln.]

M. war über die parkähnliche Anlage der „Marie" sichtlich begeistert! „Alles erneuert hier! ... Und sieh mal, diese Solaranlagen an jeder Laterne, das ist wirklicher Umweltschutz." Wir schlenderten gemächlich auf eine Bank zu, die hinter der Sprinterstrecke, direkt am Zaun zur

Grundschule hin liegt. „Es ist wirklich wunderschön hier.",
plauderte M. weiter, „Man sieht hier kaum Hunde, alles ist
relativ sauber und auch gepflegt. Auf dieser Wiese dort
könnte man herrliche Kindergeburtstage feiern. Es gibt
Spielmöglichkeiten für alle Altersklassen. .... Und hier, diese
Sprinterbahn mit dem elastischen Belag, genau das Richtige
für die Knöchel. Der Anlauf für den Weitsprung (mit
Sandkasten dahinter) auch alles genau markiert. Die Kinder
der Grundschule hinter uns werden im Sport auf diesem
Gelände ihre helle Freude haben. ... Lass uns mal noch an
die andere Seite des Platzes gehen, denn da waren vor zehn
Jahren noch so Kleintiere und Nager in irgendwelchen
Ställen untergebracht. ..."
Wir verweilten jedoch noch eine Minute auf der Bank,
während sie mir erzählte, wie schwer es allein erziehende
Elternteile heute haben. Die Gesellschaft insgesamt ist nicht
kinderfreundlich, selbst wenn die Regierung hin und wieder
an dem einen oder anderen Rad in der Gesetzgebung dreht.
„Strafen helfen niemandem. Einzig die Vorbildwirkung ist
nachhaltig. ..."
Als wir uns auf den Weg zur anderen Ecke der „Marie"
machten, inspizierten wir die riesige Säule im Zentrum der
gesamten Anlage, die ich für einen Obelisken hielt, genauer.
Sie entpuppte sich als „Meilenstein" mit Kilometerangaben
für die europäischen Großstädte in allen
Himmelsrichtungen. M. wieder: „Es ist auf der Marie
wirklich alles schön vielfältig und herrlich weitläufig. Ich
kann diesen Park Familien nur empfehlen!"
Am anderen Ende des Platzes angekommen, entdeckte ich,
dank guter Führung durch Frau M., noch den pädagogisch
betreuten Abenteuerspielplatz und als Service für Sie die
Öffnungszeiten: Dienstag – Samstag 13.00 – 20.00 Uhr
An den Gehegen und Käfigen für die dort gehaltenen
Kleintiere steht ausdrücklich: Füttern verboten!
Damit war der Kiezspaziergang, dieses mal mit einer ganz
speziellen, persönlichen Note, abgeschlossen.

Ich bedanke mich bei Frau M., lade sie noch zu einem Kaffee ein und schaue, wer mich im nächsten Monat inspiriert.

*

Hans-Otto-Str. und Bötzow-Eiche – am 19.6.08

Mach doch mal was über die Bötzow-Eiche, hatte es im letzten Monat geheißen. Nun gut, zwischen Fortbildung in der WiPa, Lesungen, OKbeat, Ausbau meines Terrariums zur Ameisenfarm und den seit 2005 konsequent anhaltenden Bauarbeiten in meinem Haus, meinem Vermieter sei „Dank", würde ich schon noch ein wenig Zeit erübrigen, um nebenbei, in Unterrichtspausen, oder nach Schulschluss im Internet oder vor Ort einiges über die Bötzow-Eiche zu erfahren. Sie steht an der Einmündung der Bötzowstr. in die Straße Am Friedrichshain auf einem kleinen Platz vor der Seniorenfreizeitstätte. Eichen können mit über 1.000 Jahren sehr alt werden. Sie gelten in Mitteleuropa als heilig und als der urdeutscheste aller Bäume. Ihre Blätter sieht man u.a. auf Uniformen (Stirnseiten der Mützen von DDR-Militär, Polizei usw. / Mützen der US-Navy) und auf deutschen Euro-Münzen. Eichen waren bei den Germanen dem Gewittergott Donar (= Thor) geweiht. Die Sachsen beteten die Irminsul an.

Der heilige Bonifatius (Apostel der Deutschen) fällte die Donareiche bei Geismar im Jahr 723, um den zu bekehrenden Heiden zu beweisen, dass ihr Gott ein ohnmächtiges Wesen sei, das nicht einmal seinen Baum schützen könne. Wegen der religiösen Bedeutung wurde unter Eichen Gericht gehalten (Gerichtsbäume, zum Beispiel Femeiche). Die Früchte der Eiche sind für den Bären sehr wichtig, um sich einen dicken Pelz zu zulegen, der ihn über den Winter bringt. Andere einheimische Tierarten wie Hirsch, Reh und vor allem das Wildschwein ernähren sich in der kalten Jahreszeit von den Eicheln, deshalb waren Eicheln auch früher in der Landwirtschaft für die Bauern von enormer Bedeutung. Über die Bötzow-Eiche habe ich nichts erfahren, außer dass die PDS[43] vor einigen Jahren an ihr einmal ein Fest veranstaltete. Ich könnte über die Kaiser-Eiche in Friedenau (steht zwischen Breslauer Platz und Walter-Schreiber-Platz) berichten, an der einst Kaiser-Wilhelm urinierte, aber über die Bötzow-Eiche, now way, no information ... gehe ich später einmal intensiver an.

Da der Tag, an dem ich die Vor-Ort-Recherche machte, sehr schön war, beschloss ich die Hans-Otto-Str. von der John-Schehr-Str. bis zur Käthe-Niederkirchner zu erradeln. Ursprünglich hieß diese Straße, so lehrt uns „www.luise-berlin.de" Braunsberger Str. und hatte den Namen ab 15.9.1903.

Braunsberg war eine Kreisstadt in der früheren Provinz Ostpreußen, Regierungsbezirk Königsberg, heute Braniewo, Kreisstadt in der Woiwodschaft Warminsko-Mazurskie (Ermland-Masuren, Hauptstadt Olsztyn), Polen. Seit dem 4.9.1974 heißt die Straße nach Hans Otto, * 10.8.1900 Dresden, † 24.11.1933 Berlin, Schauspieler, Widerstandskämpfer gegen das NS-Regime. Am 14.11.1933 wurde er verhaftet und in die SA-Kaserne in der Voßstraße transportiert, wo er ermordet wurde. Er ist auf dem Waldfriedhof Stahnsdorf (landeseigen), Bahnhofstraße 2, bestattet. Viele kennen vom hören sagen sicher auch das gleichnamige Theater in Potsdam.

Beginnen wir also in Richtung Käthe-Niederkirchner-Str. unseren Spaziergang. Auf der rechten Seite gleich ein Schule. Neben uns die Gleiseinfahrt der Wendeschlaufe der Straßenbahn aus der Danziger Str. in Richtung Kniprodestr. Die Hans-Otto-Str. hat hier noch eine Mittelpromenade. Gefährliche Spurrillen haben sich hier auf dem Kopfsteinpflaster ergeben, die bei Nässe sicher schön glitschig sind. Dann weiter auf der rechten Seite typische DDR-Platte. Hinter der Danziger (hier kann man nur als

---

43 PDS = Partei des demokratischen Sozialismus –
   Vorgängerpartei von "Die Linke"

Fußgänger/Radfahrer kreuzen) dann der Arnswalder Platz mit seinem baufälligen Stierbrunnen. Genau auf halber Strecke geht hier links eine Sackgasse hinein. Ein großer Innenhof erwartet uns mit rundum Versorgungsstraße und vermieteten Parkplätzen. Die KiTa „Bambini Oase", klärte mich eine Anwohnerin auf meine Frage hin auf, hat hier, wie man auch sehen kann, ihren Platz gefunden.

Daneben schlängeln sich herrlich kleine Wege mit lauschigen Bänken unter schattigem Grün entlang. Wie ein Dschungel kommt es einem vor.

Diese Park ähnliche Anlage stößt bis an die hintere Seite der Häuser an der Straße Am Friedrichshain vor. Zurück zum Arnswalder Pl., an dem hier zur Pasteurstr. hin jeden Samstag ein Öko-Wochenmarkt ist. Nun ist in der Hans-Otto-Str. beidseitig Bebauung noch aus Kaisers Zeiten. Rechts, an Nr. 25, steht derzeit ein Baugerüst und anschließend ist ein Spielplatz.

Gegenüber nun Gebäude aus den späten 50-ern. Sind hier Kriegslücken bebaut worden? Meine gute Coni wohnte einst hier. Einige meiner Kurzgeschichten, die ich auf Bühnen vortrage, sind genau in dieser Gegend angesiedelt. An der Ecke zur Hufelandstr. ist dann links ein unbebautes Grundstück. Keine Ahnung, was sich hinter dem einschüchternden Zaun befindet …. oder doch …. halt …. ich entdecke eine Lücke in den Zaunlatten, linse hindurch und entdecke vermietete Parkplätze.

Am äußeren Rand viele alte, windschiefe Bäume. Dann wieder beiderseits Altbauten. Rechts in Nr. 3 ist eine tolle, schmiedeeiserne Haustür, eingerahmt von einer Rosenhecke, die Dornröschen zur Ehre gereicht hätte. Gegenüber in Nr. 2 fehlt der linke Hausflügel. Auch eine Kriegslücke?

Der Spaziergang endet an der Käthe-Niederkirchner, in der, und das sollten Sie Sich für das nächste Jahr vormerken, Ende April herrlich rote Kirschen (sind es Kirschen?) blühen.

[44]Ich fahre mit dem Rad wieder zurück in Richtung John-Schehr-Str. und krache hinter der Danziger Str. fast in einen PKW, der durchaus Vorfahrt hat. Zwischen Haus 54 und Nr. 56 ist die Ein- und Ausfahrt zur Heinz-Kapelle-Str, die das Karree zwischen John-Schehr, Kniprode, Danziger und Hans-Otto-Str. quer durchschneidet.

Passiert so etwas hier öfter? ... also Zusammenstöße? Die Heinz-Kapelle-Straße hat ihren Name ab 4.9.1974 und hieß früher Goldaper Straße (1911-1974 - Goldap, Kreisstadt in der früheren Provinz Ostpreußen, Regierungsbezirk Gumbinnen; heute Goldap, Woiwodschaft Warminsko-Mazurskie > Ermland-Masuren, Hauptstadt Olsztyn<, Kreis Olecko-Goldap >Olecko<, Polen), Heinz Kapelle, * 17.9.1913 Berlin, † 1.7.1941 Berlin-Plötzensee, war Buchdrucker und Widerstandskämpfer gegen das NS-Regime.

Die Rundumbebauung des Karrees ist Zuckerbäckerstil der frühen 50-er. Mich interessiert nun die Heinz-Kapelle-Str. und ich folge ihr zu ihrem anderen Ende an der Kniprodestr. Die Bebauung ist uneinheitlich. Neben leicht plüschigem 50-er Jahre-Stil sind hier auch Häuser aus der Kaiser-Zeit von vor dem 1.Weltkrieg, mit hübsch verlotterten Hinterhöfen und z.T. noch unsanierten Seitenflügeln. Einsame Sandkästen für Kids ringen mit der Botanik um die besten Plätze an der Sonne.

Mir kommt es in dieser Straße so vor, als wenn ich die Gegend schon seit mindestens sechzig Jahren kenne, dabei bin doch erst 47! Habe ich da ein Dejavu?

Zum Abschluss drehe ich nochmals eine Ehrenrunde zurück zur Bötzow-Eiche und freue mich innerlich schon auf den Kiezspaziergang im nächsten Monat.

Mal sehen, wohin der Wind (oder die Bitte der Redaktion) mich dann weht.

*

---

44 ... dieser Rest des Artikels wurde nicht gedruckt.

Es ist Sommer. Die rotbraune Farbe des Fells der kleinen Mammutherde, die am Rande eines reißenden Flusses steht, hebt sich nur undeutlich vom schmutzigen Weiß des gigantischen Eispanzers ab, der hier endet. Eines der Jungtiere trompetet verzweifelt, als es von den Fluten mitgerissen wird. Seit Jahrtausenden und –zig Generationen kommt die Herde in jedem Frühling hierher, an den nördlichsten Rand der Tundra mit ihren so saftigen Wiesen. Doch in diesem Jahr scheint etwas zu geschehen! Die sonst so vielen kleinen Rinnsale am Rande des Gletschers fließen schneller, vereinigen sich recht bald und bilden einen breiten Bach, der sich in das Berliner Urstromtal hinabwälzt. Die Feuer der menschlichen Nomaden fallen noch nicht ins Gewicht. In dieser Zeit ist der Mensch fast noch eine vom Aussterben bedrohte Art, und bis hierher wagen sich diese Tiere nur selten.

So könnte die Szenerie ausgeschaut haben, am Ende der letzten Eiszeit. Wer die Greifswalder Straße verlässt, muss immer nach oben. Diese Straße ist in einem alten Flussbett angelegt. Entlang weit mehr modderiger Untergrund, als sonst in Berlin üblich, zugeschüttete Teiche stadtauswärts noch vor dem S-Bahn-Ring, in Weißensee und Hohenschönhausen die letzten Reste dieses Flusses ins Berliner Urstromtal, in dem sich heute Spree und Havel winden. Die Greifswalder Straße ist Teil der Bundesstraße 2 von Stettin über Biesenthal, Bernau, Berlin, Leipzig, Hof, Augsburg, München bis nach Innsbruck. Die Nummerierung geht auf die frühere Reichs- und Fernstraße 2 zurück.

Über Tausende von Jahren hinweg war diese Gegend hier nur schwach besiedelt. Ganz Europa ein einziger Dschungel. Die bizarren Misch-Urwälder mit ihrem undurchdringlichen Dickicht breiteten sich nach dem Ende der letzten Eiszeit in der früheren Tundra recht schnell aus. Wisente, Luchs, Wolf und Hirsch, aber auch Bär und Uhu lebten in diesen morastigen Wäldern. Gelegentlich streifte ein Clan urzeitlicher Menschen umher, das reiche Angebot an jagdbarem Wild, Früchten und Fisch in den Gewässern gut nutzend. Germanen ließen sich erst relativ spät, nach deren Ost-Expansion im 11. Jahrhundert, von der Elbe aus kommend, hier nieder, wie man u.a. an der ersten urkundlichen Erwähnung Berlins (Cölln) im Jahre Anno 1237 sieht. Davor siedelten Slaven.

Machen wir nun einen großen Sprung ins 19. Jahrhundert! Auch nach der Eröffnung der östlichen Hälfte der Berliner Ring-Eisenbahn 1871, waren die Gebiete entlang der Greifswalder Straße noch weitgehend unbebaut. Allerdings betrieb man ausgiebigen Ackerbau.

Mit der Entdeckung des Films als Medium entstanden in Weißensee die ersten Filmateliers der Welt, noch vor Babelsberg und noch weit vor Hollywood. Der S-Ringbahnhof in der Greifswalder Straße hieß bis nach dem II. Weltkrieg noch „Weißensee".

Nach der Gründung „Groß-Berlins" 1920 und der Eingemeindung ganzer Gemeinden, Dörfer und Landkreise, wurden viele Äcker in der großen Stadt in Bauland umgewandelt. Wo dies nicht unmittelbar geschah, wurden mit Zutun der Berliner Sozialdemokratie Kleingarten-Kolonien errichtet, die der armen und arbeitenden Bevölkerung Berlins nicht nur Erholung, sondern auch die Möglichkeit der Eigenversorgung mit Obst, Gemüse und Kleinvieh bieten sollten.

So geschehen auch zwischen Ringbahn, Gürtel-, Greifswalder und Kniprodestraße. Magere Reste dieser Schrebergärten kann man noch heute vom S-Bahnsteig aus sehen. Überwiegend auf der östlichen Seite der Storkower Straße entstand bereits vor dem Krieg eine langgestreckte Wohnsiedlung die ab Ende der 50er Jahre durch „Q3A-Bauten" und entsprechende Infrastruktur, Schulen und Kindergärten ergänzt wurden. Die Michelangelostrasse war damals noch ein besserer Feldweg durch die Gärten hindurch. Das Wohngebiet wurde bis Ende der 70er Jahre komplettiert. Neben den reinen Wohnbauten entstanden so auch Wohn-Geschäftshochhäuser entlang der Greifswalder Straße, in denen noch heute u.a. die Sparkasse sowie die Stadtbezirksbücherei (Heinrich Böll) untergebracht sind.

Die Wohnungen in dem Gebäude waren großzügig und speziell auf die Bedürfnisse Kinderreicher Familien zugeschnitten.

Zur neu entstandenen Infrastruktur, die bis Ende der 70er Jahre fertig war, gehörten außerdem eine große HO-Kaufhalle mit mehr als 1800 qm Verkaufsfläche (heute KAISER'S), der „Dienstleistungswürfel" mit Post, Blumenladen, Reinigung und im Obergeschoss mit dem „üblichen" Jugendclub (das Gebäude rottet seit Jahren vor sich hin – der Jugendclub ist nur rund einhundert Meter weiter in einen flachen Neubau mit großem Keller gezogen). Außerdem gab es gegenüber an der Thomas-Mann-Str. die Clubgaststätte „Zur Mühle" mit Kneipe, Kegelbahn, Veranstaltungssaal und gehobener Gastronomie.

Heute befindet sich an derselben Stelle das wohl kleinste und dadurch gemütlichste Einkaufszentrum Berlins, das „Mühlenbergcenter" und direkt dahinter die gleichfalls in den 70ern erbaute Schwimmhalle in der Thomas-Mann-Strasse. Direkt am S-Bahnhof die „Schaubude" mit dem Puppentheater, das auch bereits zu DDR-Zeiten existierte.

Der ehemals am S-Bahnhof beheimatete Obst- und Gemüsehändler „Riese" wurde mit seinen Buden beim Neubau der Bahnanlagen von seinem Stammsitz, dem Bahnhofsvorplatz am S-Bahnhof, erst an die Ecke zur Naugarder Straße vertrieben und überlebte dann die politische „Wende" nicht. Weiterhin von vornherein angelegt in diesem Wohngebiet sind mehrere Schulneubauten, viele großzügig angelegte Sportplätze und Kitas. Die einstige HO-Kaufhalle mit rund 1000 qm Verkaufsfläche an der Kniprodestraße, gegenüber dem Polizeirevier, wurde zwar noch von KAISER'S übernommen, steht nun aber auch schon seit Jahren leer. Damals gleichfalls mit eingeplant waren die Seniorenwohnstätten entlang der Michelangelostrasse. Die Traglufthalle ist jüngeren Datums. In ihr wurde jahrelang Beach-Volleyball gespielt. Während des Neubaus der Bahnbrücken in der Greifswalder Straße von 1984 – 1987 wurde auch die „Protokollstrecke" über Kniprode- (damals Artur-Becker-Str) und Michelangelostraße umgeleitet. Für alle Nichteingeborenen sei erwähnt, dass auf der „Protokollstrecke" die Partei- und Staatsführung der DDR morgens aus dem sogenannten „Dörfchen" bei Wandlitz nach Mitte und abends wieder zurück fuhr. Da konnte es dann schon mal vorkommen, die Ampeln wurden in der Zeit von Hand geregelt, dass für eine halbe Stunde und mehr kein Verkehr die Greifswalder Straße kreuzen durfte. U.a. aus diesem Grunde die Fußgängerunterführung zur Straßenbahn direkt am S-Bahnhof Greifswalder!

Damals wurden auch immer mal schnell die Häuser der ersten 50 m der kreuzenden Seitenstraßen getüncht und das Angebot in den Geschäften war entlang der Protokollstrecke gleichfalls besser! Ich hab das alles gesehen!

Nach der deutschen Einheit entstanden lediglich noch im Übergangsbereich Michelangelo-/Kniprodestraße zwei Hochhäuser sowie ein Supermarkt.

In der Verlängerung der Michelangelostrasse bis hin in zum jüdischen Friedhof in Weißensee ist nochmals ein kleines Gewerbegebiet, in dem sich u.a. auch das Grünflächenamt vom Prenzlauer Berg befindet.

Insgesamt hat man den Eindruck von Weite in dem gesamten Gebiet.

Es ist so völlig untypisch Prenzlauer Berg und dennoch leben etwa 15 % der Bewohner des Stadtteils hier. Machen Sie sich auf den Weg und erkunden sie die Gegend selbst! Es lohnt sich!

*

genaues Erstelldatum unbekannt, aber irgendwas vor 2014, vermutlich um 2009 - **Warum der Schah von Persien in der Schönhauser Allee nicht stürzte**

Im Zuge der ganzen Fernsehbilder, die man rund um den 20. Jahrestag des Mauerfalles sah, hab ich mich gefragt, wie denn wohl die Kontakte zwischen Ost- und Westberlin während der Mauer aussahen.

Die persönlichen Kontakte rissen ja unvermittelt ab. Wusste man da nicht mehr, wie es der Verwandtschaft, den Freunden im anderen Teil der Stadt erging?

Wie war das? Briefe konnten geschrieben werden.

Die Post wurde weiter befördert. Wobei man sicher sein konnte, dass nationale wie internationale Geheimdienste garantiert das eine oder andere mitlasen.

Es dauerte auch. Zehn bis vierzehn Tage für die Laufzeit waren da normal.

Und dann gab es zu Weihnachten das legendäre „Westpaket" von der Oma, dem Onkel oder den Freunden von „drüben".

Der Inhalt der Westpakete, die mit der Aufschrift „Geschenksendung, keine Handelsware" gekennzeichnet sein und ein Inhaltsverzeichnis enthalten mussten, ähnelte sich oft. Verschickt wurden neben Kleidung vor allem Süßigkeiten, Orangen, Kaffee, Zigaretten und Obstkonserven wie Dosenananas.

Die Paketkontrollen in der DDR waren sehr scharf, so dass es passieren konnte, wenn die Inhaltsangaben ungenau oder falsch waren, dass solche Pakete mit ihrem gesamten Inhalt beschlagnahmt und eingezogen wurden. Zurückgeschickt wurden sie nie!

Dennoch enthielten Pakete, deren Versand die westdeutschen Absender steuermindernd geltend machen konnten, pro Jahr etwa 1000 Tonnen Kaffee und fünf Millionen meist gebrauchte Kleidungsstücke. Ich erinnere mich, dass diese Westpakete, wenn man sie öffnete, immer besonders rochen, ... so etwas süßlich nach Orange, Tabak, Marzipan und andere Zuckerwaren. ... Für mich der Inbegriff des Weihnachtsgeruchs!

So ab etwa 1976 wurde gerade der Kaffee, der die DDR-Bürger per Westpaket erreichte, gar von der „Staatlichen Plankommission der DDR" bei der Versorgung der Bürger mit diesem Devisenprodukt regelrecht mit eingeplant.

Erst das Viermächte-Abkommen von 1971 regelte einen kontinuierlichen Besuchsverkehr zwischen West- und Ost-Berlin. Dabei wurde auch ein Zwangsumtausch von der DDR erhoben. Anfangs waren es 10 DM[45], später dann 25 DM die pro Person und pro Besuchstag in der DDR von den Westberlinern bei der Einreise nach Ostberlin zum Kurs von 1 : 1 in DDR-Mark umgetauscht werden mussten. Hatte man das Geld dann nicht ausgegeben, durfte man es bei der Ausreise aus Ostberlin jedoch nicht wieder zurücktauschen! Was also tun? Die Westler" besuchten uns 2 – 3 mal im Jahr meist am Samstag- oder Sonntagnachmittag, also zu einer Zeit, in der die Geschäfte schon geschlossen und selbst die Schönhauser Allee fast menschenleer war.

Und so entsinne ich mich noch mit Entzücken an eine Situation an der uns „die Westler" nun ausnahmsweise einmal mitten in der Woche besuchten und die über die nun sehr belebte Schönhauser Allee staunten. Und das machten viele. Von diesem zwangsumgetauschten Geld ging man sehr luxuriös essen oder es wurden Fachbücher oder Schallplatten mit klassischer Musik gekauft. „Eterna" war ein Plattenlabel des staatlichen DDR-Tonträgerproduzenten „VEB Deutsche Schallplatten Berlin" für klassische Musik, Opern, Operetten, politische Lieder (Arbeiterlieder) sowie Volkslieder, Jazz und Kirchenmusik. Das Label wurde von der „Lied der Zeit Schallplatten-Gesellschaft mbH" gegründet, die 1947 als Unternehmen des Sängers Ernst Busch entstand. Das Lable hatte international einen außerordentlich guten Ruf, was es seinen hervorragenden

---

45 ... 5 DM waren es vor 1976

Aufnahmen klassischer Musik verdankte. Schönhauser Allee Ecke Schivelbeiner Straße gab es einen Plattenladen. Schräg gegenüber, dort, wo heute die Sparkasse ist, gab es bis in die 90er Jahre das legendäre „Café Nord". Alle DDR-Bürger kannten das „Café Nord". Heute gibt es ein gleichnamiges Café in Pankow in der Grunowstr. 21, ohne das einstige morbide Flair der DDR.

Überhaupt galt die Schönhauser Allee damals als DIE Einkaufsmeile in diesem Ländle. Magistratsschirm, Konnopke, Café Nord, Wäsche-Hoffmann, Uhren-Weist, Colosseum - die Schönhauser Allee war über Jahrzehnte die Kultadresse Ostberlins. Die Straße war Filmdiva, Warenhaus und Vergnügungsort. Und es gab immer etwas zu sehen.

Der sowjetische Parteichef Breschnew holperte zum Staatsbesuch 1967 in seiner Tschaika-Limousine ebenso über das Pflaster, wie hundert Jahre zuvor der deutsche Kaiser auf seinem Weg zum Schloss nach Niederschönhausen. Wie oft wurde der Unterricht bei uns ausgesetzt, weil wir als Schüler Spalier für DDR-Staatsgäste bilden mussten, zur Jubelstaffage an der „Protokollstrecke", ausgestattet mit „Wink-Elementen" (Fahnen). So wurden wir auch 1978 an die Jubelstrecke geschickt. Relativ plötzlich hatte der Westen den Schah von Persien, des Iran, Schah Mohammad Reza Pahlavi, wie eine heiße Kartoffel fallen lassen und dieser nun wiederum orientierte sich um in Richtung Ostblock. Der angekündigte Besuch in Ostberlin war Teil der neuen iranischen Politik. Wirklich in letzter Sekunde wurde dieser Staatsbesuch, wegen Unruhen im Iran, jedoch durch den Schah selbst abgesagt und wir jubelten dieses mal nicht in der Schönhauser Allee und der Schah stürzte hier auch nicht.

Die 1962 erbaute Empfangshalle des S-Bahnhofes Schönhauser Allee faszinierte mich wegen ihrer Größe und ihrer Glas- und Stahlkonstruktion. Und ich erinnere mich noch an die „Wannen" für die Fahrkartenknipser kurz vor dem gläsernen Zugang zum Bahnhof.

Sehr beliebt war das Kino Colosseum. Ein Teil des Gebäudes wurde 1894 als Wagenhalle der Berliner Straßenbahn benutzt. Anfangs wurden hier ebenfalls zunächst die Pferde, nach der Umstellung auf elektrischen Betrieb nur noch Busse untergebracht. Am 12. September 1924 eröffnete das erste Filmtheater an diesem Ort. Es hatte 1000 Plätze für Besucher, welche hier neben Stummfilmaufführungen auch Varietéveranstaltungen mit Orchesterbegleitung erleben konnten.

Im Zweiten Weltkrieg wurde das Kino geschlossen; die Räume wurden als Lazarett genutzt. Nach Kriegsende diente das Gebäude als Wärmehalle, in der gelegentlich Kinovorführungen stattfanden. Im Anschluss daran wurde hier die Spielstätte des Metropol-Theaters eingerichtet, da dessen Gebäude im Krieg zerstört wurde. Nach einem Umbau eröffnete das Kino am 2. Mai 1957 erneut. Bis zur Errichtung des Kino „International" 1963 war das Colosseum das Premierenkino Ost-Berlins und damit der gesamten DDR. Schade, dass hier nach einem Umbau in den 90er Jahren nur noch die äußere Fassade erhalten geblieben ist. Ich habe mir kürzlich im „International" einen wunderbaren DEFA-Schwarz-Weiß-Film angesehen. Dieses Kino ist, einschließlich Vorhängen im (einzigen Kino-)Saal und Clubsesseln im Vorraum, noch vollkommen im Vor-Wende-Zustand, so dass der Film total zum umgebenden Ambiente passte.

Tja und dann der „Magistratsschirm". Heißt der noch so? Viele interne Ortsbezeichnungen halten sich nur kurzzeitig, wie zum Beispiel „LSD-Viertel" für den Kiez rund um die Lychener, Stargarder und Dunckerstraße. Berlin hatte Jahrhunderte lang als eigenständige Regierungsform den „Magistrat". Erst nach Inkrafttreten der West-Berliner Landesverfassung im Oktober 1950 wurde dort der Begriff „Magistrat" trat nach Vorbild der Hanse-Stadtstaaten in

„Senat" umgewandelt. Der Name „Magistrat von Groß-Berlin" blieb für den Ostteil der Stadt bis zur Wiedervereinigung erhalten.

Der „Magistratsschirm" war (?) die Bezeichnung für die Hochbahnstrecke der U-Bahn in der Schönhauser Allee, weil man damals unter ihm problemlos entlang bummeln konnte. Will sagen, schon als Kind und jugendlicher Mann mochte ich die Schönhauser Allee, ... wegen der „Kettwurst" (DDR-Produkt ähnlich dem „Hotdog") und der „Grilleta" (dem Pedant zum „Hamburger"), wegen des Plattenladens, der ganzen Bücherläden, dem „Sporthaus Olympia" gegenüber vom S-Bahnhof, wegen des „Colloseums", wegen „Konnopke" und wegen des „Franz-Clubs". Wobei der „Frannz" heute längst nicht mehr das Flair des „Franz-Club" hat und die Konnopke-Wurscht zwar noch immer Kult, aber heute leider viel zu teuer ist. Und dann gab es da auch noch Uhren-Weist, die 1998 schlossen. In der Milastraße gab es die Fahrschule, eine von nur einer handvoll Fahrschulen in Ost-Berlin, und kurioser Weise von „VEB-Taxi", einem Teilbetrieb der Ost-BVG, betrieben. Es gab das Goldbroiler-Restaurant, eine Vielzahl von Eckkneipen, viele Geschäfte und sogar Leuchtreklame.

... letztendlich hatte die Ostberlin nur eine einzige wirkliche Shopping-Meile: und das war die Schönhauser Allee.

*

am 8.8.2006 - „Vergessene" Stadtviertel Rund um die Schneeglöckchenstraße

Es war noch mitten am Tage, als die Sonne bereits hinter den Gipfeln verschwand. Winni Wummer trat leicht die Bremse. "Judith Auer Straße!", sagte er ins Mikrophon. Beinah wäre ihm "Oderbruchkippe" herausgerutscht. Nur noch zwei Stationen und er hatte für heute Feierabend. Nur noch zwei Wochen und er hatte für immer Feierabend. War ja auch Zeit. Fünfundvierzig Jahre Straßenbahn fahren, erst vornehmlich auf der "63", jetzt auf der "M 5", war einfach viel. Als er damals anfing, waren "die Gothaer" Wagen noch nagelneu! In der Hohenschönhauser Straße lagen die Tramschienen stadtauswärts rechts neben der Straße in einem extra Gleisbett und brachen so häufig. Ringsumher waren Schrebergärten und auf der Kreuzung zum Weißenseer Weg regelte noch eine "Weiße Maus" den Verkehr. Bis weit in die 60er hinein hatte dort die Linie 3 noch Vorkriegstriebwagen. Die beiden Hügel des heutigen Volksparks Prenzlauer Berg entstanden erst. Schutt aus der Stadtsanierung Ost beim Aufbau Berlins zur "Hauptstadt der DDR". Der Schutt am Ende der Oderbruchstraße war der Auslöser für die volkstümliche Bezeichnung "Oderbruchkippe".

Bis Mitte 1983 qualmte noch der Schornstein einer Hütte an der Ecke zur Maiglöckchenstraße. Ein altes Weiblein ließ sich nicht von ihrer Gartenparzelle vertreiben. Erst als sie starb konnte der Volkspark beendet werden. Heute ist der südliche Hügel der idealste Platz Berlins zum Drachensteigen! Generationen von Vätern lebten hier schon ihren Spieltrieb aus!

Winni Wummer übergab am S-Bahnhof Landsberger Allee gerade seinen Zug ordentlich der Spätschicht, als er von einer jungen Frau angesprochen wurde. "Kenn' sie sich hier aus? Ick such det Polizeirevier in der Storkower!" "Ham se Zeit, Meechen? Ick hab nämlich jrad Feieramd!" "Die Kubaner bei mir im Haus machen nur laufend Randale und da wollt ick uff dem Revier nur mal nachfragen, ob et noch 'ne andere Möglichkeit jibt, det die ruhig sind, außer 110 anzurufen. Denn mit denen Reden hilft immer nur für drei Tage!" "Lust uff 'ne Sightseeingtour?" Tina nickte. "Na denn man tau, Meechen!" Los ging es. Er erklärte, sie hippelte hinterher.

"Da drüben, stadtauswärts auf der rechten Seite der Landsberger Allee, der russische Supermarkt, war mal eine der ersten HO-Kaufhallen. Das ist schon die Lichtenberger Seite. Hier direkt vor uns (Storkower Str. / Landsberger Allee), dieses blau-weiße Gebäude mit den vernagelten Luken, das so extrem nach Urin stinkt, war früher mal ein Wohnheim für Kubaner und Vietnamesen. Bis in die 80er hinein gab es an der Ecke Karl-Lade- / Oderbruchstr. / Leninallee, ... so hieß damals die Landsberger Allee 'ne zeit lang, Leninallee ... noch die Straßenbahnstation 'Steuerhaus'!" "Das war Stadtgrenze bis 1920?" "Richtig! Bis in die 70er fuhr hier auch noch, von der Greifswalder Str. kommend und von hier weiter über das Dorf Marzahn und Tierpark der O-Bus, Oberleitungsbus. Man munkelte immer was von 'Beutefahrzeuge aus Kiew."

"Warum gibt's heute eigentlich in Berlin keine O-Busse mehr?" "Weeß nich? Is mir ooch unklar. O-Bus ist billiger als Straßenbahn und langlebiger als die Vergaserbusse! ... Na, jedenfalls, so war det damals. Sehn'se mal dieses repräsentative Gebäude hier in der Schneeglöckchenstraße, jejenüber von dem geschlossenen Supermarkt?"

"Wat 'n det? Vergitterte Fenster? Alte Parteizentrale der NSDAP?" "Das hab ich noch nicht raus bekommen! Sicher ist, dass das nach dem Krieg mal ein Finanzamt war. Nach der Wende in der DDR residierte hier eine Zeit lang die Treuhandanstalt. Heute ist hier 'Spektrum' drin. Die kümmern sich um psychisch angeschlagene Menschen. Machen ReHa-Kurse am PC und sowas. Musst mal im Internet unter 'Spektrum' kieken oder unter Berlin 47 99 120 nachfragen. Haben übrigens jetzt erst am 1.August hier auch eine Behindertenwerkstatt eröffnet."

"Ich kenn die! Sind sehr nett und enthusiastisch!" "Lass uns mal weiter latschen. Hier hinten ist schon 'Kaufland'! Die haben hier nach dem Ende der DDR die Hallen des Großhandels 'Wirtschaftsvereinigung Obst-Gemüse-Speisekartoffeln – Handelsbetrieb II' übernommen und ausgebaut. Überhaupt, während das Wohngebiet in den 30-er und 50-er Jahren, wie man noch an den Q3A-

Plattenhäusern sehen kann, gebaut wurde, wurde das Gewerbegebiet entlang der Storkower Str. erst in den 70-ern so richtig erschlossen. Der 'Militärverlag' für alle möglichen Publikationen war hier und die 'T-T-Spielzeugeisenbahnen' im Maßstab 1:120. Übrigens in der 'Uniondruckerei' hier im Gebiet, fast neben dem sehr versteckt liegenden Jobcenter, werden die 'Prenzelberger Ansichten' gedruckt.

Hinter Kaufland, so um den Syringenplatz herum, entlang des Stedinger und Altenescher Wegs ist die Bebauung nochmals anders. Ein-, Zwei-Familienhäuser! Vollkommen untypisch für den Prenzlauer Berg. So in dieser Ecke Storkower / Kniprodestrasse ist dann auch das Polizeirevier, das sie suchen!"

"Komischer Name: 'Kniprode'?" "War wohl 'n oller Raubritter!

Die Straße hieß zwischenzeitlich auch mal 'Artur-Becker-Strasse' nach dem Vorsitzenden des kommunistischen Jugendverbandes der KPD. Wurde übrigens im Spanischen Bürgerkrieg 1938 von Faschisten ermordet." "Na, ick weeß ja nich, welcher Name dann besser für so'ne Straße ist."

"Die heutige Kniprodestraße will man übrigens schon seit den 30er Jahren als Ausfallstraße mit der heutigen Hansastraße direkt verbinden. Liegt aber der jüdische Friedhof in Weißensee dazwischen. Darum jeht det nich. Man kann ja nich die Totenruhe stören."

"Noch dazu bei einer solch sensiblen Angelegenheit!" "Aber da liegt auch noch ein anderer Straßenbau auf Eis. Die Verlängerung der Michelangelostrasse durch die Kleingärten zum Weißenseer Weg!"

"Naja, Kleingärten wurden in Berlin ja häufig auf Brachen zugelassen, wo zwar was geplant war, sich aber mindestens über die nächsten zwanzig Jahre bautechnisch nischt rührt."

"Ja und heute sind Bürgerinitiativen stark! ... So Meechen, ick muss! Da vorne is det Bullenrevier! Kiek dir ruhig noch in det Jewerbejebiet um! Tschöchen!" "Und ick danke den netten Fahrern der BVG! Vielleicht eröffne ick ja hier selber noch'n Gewerbe, gleich neben det Jobcenter ... für jefall'ne Meechen's?"

Epilog
Nach dem Besuch des Polizeireviers schlenderte Tina gedankenverloren Richtung Norden weiter ...

*

Das „Taut-Viertel" - am 23.9.2006

Vorab, liebe Leser: ausführlichere Informationen zu „Taut", „Bauhaus", „Carl-Legien-Siedlung" u.a. finden sie in der Internet-Enzyklopädie „Wikipedia"! Stadtpläne und Satellitenbilder können Sie unter „Google-Maps" einsehen (hochinteressant!), die „Staatliche Ballett- und Artistenschule" hat eine eigene Homepage!
Beschäftigen wir uns heute also mit dem Stadtviertel von der Lehderstraße bis zur Ringbahn und von der Greifswalder Str. bis zur Prenzlauer Allee! Die Wohnblöcke entlang der Greifswalder Str., insbesondere die im Dreieck Greifswalder Str., Naugarder Str., Erich-Weinert-Str. wurden bereits um 1906 gebaut! Gerade entlang der Naugarder Str. entwickelt sich derzeit eine florierende Kneipen- und Cafè-Szene! 1997/98 wurde die Naugarder Str. durchsaniert und die Fahrbahn verbreitert, zusätzlich entstanden an der Kreuzung zur Erich-Weinert-Str. zwei hübsche Plätze die, dank anliegender Café's, nun auch zum Verweilen einladen. An genau jener Ecke ist auch ein museales Pumpwerk für Abwasser, dass in regelmäßigen Abständen „Tage der offenen Tür" veranstaltet. Der hier beginnende Schmutzwasserkanal, der erst in der Spree mündet, gilt als der längste begehbare Tunnel dieser Art in Berlin! Vor dem Bau der Schule in der Erich-Weinert-Str. war die Naugarder Str. übrigens über die Hosemannstr. hinaus bis zur Schieritzstr. verlängert.

An der Ecke Hosemann/Erich-Weinert-Str. trifft man auf die „Staatliche Ballett- und Artistenschule Berlin", ... übrigens der einzigen ihrer Art in Deutschland. Die Ballettschule selbst wurde bereits 1951, jedoch an anderer Stelle, in Berlin gegründet. Ursprünglich handelte es sich bei den, Mitte der 70-er Jahre gebauten Häuser, um die Ballettschule und um eine Polytechnische Oberschule.

Letztere wurde irgendwann zur Grundschule und später, vor noch gar nicht langer Zeit, von der Ballettschule übernommen. Zur Ballettschule gehören auch ein Internat, eine eigene Mensa sowie zwei erst vor wenigen Jahren fertiggestellte Sporthallen! Die Ausbildung ist kostenlos!

Kurz vor der Prenzlauer Allee, in der Erich-Weinert-Str. befindet sich der Schandfleck des Gebietes, die Ruine des früheren Seniorenheims! Bereits im Frühjahr 1998 berichtete ich in „TV vom Berg" über dieses brache Anwesen. Seitdem hat sich dort auch weiterhin nichts getan! Eine weitere Besonderheit gibt es unter dem Ostseeplatz! Hier sollen schon beim Bau der angrenzenden Wohnhäuser riesige Luftschutzkeller und unterirdische Garagenräume errichtet worden sein.

Der „restliche", von mir hier noch nicht behandelte Teil des Wohngebietes ist die, nach einem Gewerkschaftsführer benannte „Carl-Legien-Siedlung", zu der auch die „Hufeisensiedlung", die man auf Satellitenfotos trefflich erkennen kann, in der Grellstr. gehört. Bruno Taut (* 4.Mai 1880 - + 24.Dez. 1938), einer der Mitbegründer des „Bauhaus" 1919 in Weimar, plante diese von 1928 bis 1930 gebaute Wohnsiedlung für die damalige gemeinnützige Wohnungsbaugenossenschaft.

Damals lebten am Prenzlauer Berg ca. 350.000 Menschen (heute nur noch ca. 134.000[46]) in überfüllten, stickigen, engen Mietskasernen mit –zig Hinterhöfen ... „Zilles Milieu"! Die hier nun durch Taut geplanten Komplexe waren für die damalige Zeit unerhört luxuriös! Alle

---

46 ... 2024 dann rund 167.000

Wohnungen hatten zum Beispiel ein eigenes Bad mit Innentoilette sowie elektrischen Strom und teilweise Balkon! Die begrünten Innenhöfe waren hell und licht und boten, neben reinen Grünflächen, auch Gartenparzellen, die den hier Lebenden wenigstens ein geringes Maß an Eigenversorgung mit preiswerten, weil allein herangezogenen Lebensmitteln (Obst, Gemüse, Kleinvieh ... Karnickel) boten. Relativ große Fenster sorgten für helle Wohnungen!

In den wenigen Gewerberäumen dieses Gebietes halten sich bis heute standhaft einige kleine „Tante-Emma-Läden". Die einst hier ansässige mittelständische Bäckerei der „PGH Backbär" existiert schon seit Jahren nicht mehr.

Vor einiger Zeit gab es Proteste von Anwohnern, die sich gegen das ausholzen der Grünanlagen wehrten. Dem fielen Buschwerk und kleinere Bäume zum Opfer!

Durch die Entfernung dieser Gehölze gewann aber das Wohngebiet wieder an Licht. Wie es mit den, zu DDR-Zeiten von vielen Mietern ohne Genehmigung umgebauten Balkonen zu Loggia's bestellt ist, ist mir nicht bekannt. Die „Carl-Legien-Siedlung", die noch immer fleißig saniert wird, soll in den nächsten Jahren ins „Welterbe der UNESCO" aufgenommen werden.[47]

Der kleine „Kaiser's Supermarkt" an der Prenzlauer Allee, in dem auch ich schon mal gearbeitet habe, sollte bereits 1995 schließen, blieb aber nach Anwohnerprotesten bis heute geöffnet.

Letzte Station in diesem Wohnviertel ist schließlich noch die Anfang der 1986 gebaute Poliklinik Grellstr. / Prenzlauer Allee, die sich heute „Ärztehaus" nennt.

*

---

47 .... seit 2008 ist sie Teil des UNESCO Welterbes

Horst Buchholz am Prenzlauer Berg - Unbekannte Ecke - Februar 2015 - am 28.12.2014/19.1.2015

In unsere heutije Floje jehts ma um 'n erstklassijen Schauspieler von Weltruhm, der hier aus'm Kiez stammt. Der Text ist dieset ma uff echt Berlinisch, wat ja inne jewisse Weise ooch schon für viele fast 'ne unbekannte Ecke, zumindest det Sprachraums, is. Ick kam uff die Idee mit den Berlinisch, weil ick ende Dezemba bei 'ne Führung 'n nettet Pärchen hier aus'm Kiez hatte, die det noch so richtich einwandfrei quatschen konnten, jenauso wie die eene kleene Kassiererin aus den een Supermarcht anne Greifswalder. Und da is ma, bei det Pärchen, uffjefalln, det man unsere Mundart hier kaum noch hört. Alle möchlichen Sprachen hört man hia, ooch Bayerisch, inne DDR wurde zunehmend jesächselt, heute wird vaschwäbelt und imma, wenn ick denke, det Berlinisch stirbt aus, seh ick'n Silbastreif an' Horizont.

Det Urberlinisch is nur 'n Vaschliffenet Hochdeutsch, wat ja eijentlich 'n sächsisch is, mit Einflüssen aus'm Pommerschen, wejen die janzen Wandaarbeeter, die in'ne Kaiserzeit von da zu uns in'ne Reichshauptstadt kam' und mit'ne ziemlich eijenartije Jrammatik, die so halb aus'm Platt kommt und bei die man Genitiv, Dativ und sonst alle Fälle uff keen' Fall richtich einsetz'n dürfen tut.

Horst Buchholz is sicha so unbekannt nu nich. An' 4. Dezemba letztet Jahr erhielt det Haus in'na Sodtkestraße 11, in den Buchholz offiziell von 1938 bis 1951 wohnte, 'ne von'ne Jasag jespendete Jedenktafel. Jeborn am 4.12.1933 in Neukölln, verstarb'er an' 3.März 2003 ooch hia in Berlin.

Unzählich sind die Filme, in die er mitjemimt hat: „Die Halbstarken" von 1956 war sein Durchbruch, an „Eins, Zwei, Drei" von Billy Wilder, 1961 während des Berliner Mauerbaus jedreht mit dem lejendären Spruch „Was Amerika nicht schafft, Coca-Cola schafft es!" a-innat man sich noch heute. Die Rolle des Chico im Westernklassiker

241

„Die glorreichen Sieben" machte ihn unsterblich. 1973 kehrte er aus den USA nach Deutschland zurück und spielte sowohl im Fernsehen, als ooch wieda uff' de Bühne – z.B. im Theater des Westens – bis zu sein' Tode.

De Sodtkestraße selba wurde nach'm Antifaschisten und Kommunisten Arthur Sodtke (* 25. Dezember 1901 in Hohensalza; † 14. August 1944 im Zuchthaus Brandenburg) 1952 benannt. Sie hieß ab 1933 Kemmelweg ('n Höhenzug in Belgien) und davor, von 1931 an, Jäckelstraße nach Ernst-Herrmann Jäckel, 'nem Berliner Jewerkschaftsfunktionär der 1928 starb.

*

am 18.11.2014 - **Unbekannte Ecken**
Der Stummel oder Die Sonnenburger Straße

Auch in dieser Ausgabe gibt's wieder einmal interessante Einblicke in Ungewöhnlichkeiten des Prenzlauer Bergs.

Am 31.November kam es im Haus Sonnenburger Straße 4 zu einem überraschenden Autodiebstahl, als Schackeline Maier ihrer Freundin Schanntall Schulze das Bobbycar unter dem Arsch weg zog.

Was fällt Ihnen an der Meldung auf?
Richtig! Die Sonnenburger Str. 4 gibt's überhaupt nicht!
Wer in die Sonnenburger Straße kommt, sieht eigentlich nur noch ein klägliches Rudiment derselben. Die Straße beginnt am Durchgang hinter der Gaudystr. mit der Nummer 54!
Im Hobrechten Bebauungsplan von 1862 war die Sonnenburger Str. als „Straße 16 der Abt. XI" verzeichnet und lief über den ebenfalls von Hobrecht geplanten Exerzierplatz der preußischen Armee. Tatsächlich angelegt wurde sie ab dem 22. Juni 1903 und bekam am 16.August 1906 ihren heutigen Namen. Auf Beschluss der Stadtverordneten Berlins wurde ein Teil des Exerzierplatzes schließlich dem Heer des Deutschen Kaiserreichs abgekauft,

um die Sonnenburger Straße von der Gaudy- bis zur Eberswalder Straße durchzulegen. Dieser Abschnitt trug von 1920 bis 1935 den Namen Rudolf-Mosse-Straße, nach dem gleichnamigen Verleger. Im Jahr 1935 wurde dieser Teil in Sonnenburger Straße rückbenannt. 1951 entstand durch Ablagerung von Kriegstrümmern auf dem Gelände der Friedrich-Ludwig-Jahn-Sportpark.

Der Teil der Sonnenburger Straße zwischen Gaudy- und Eberswalder Straße musste dem weichen. Darum fehlen der Sonnenburger Str. die Nummern 1 – 53.

Die zwischen Gleim- und Gaudystr. entstandene Sackgasse wird von Fahrschulen gern zum Lehren der Dreipunktwendung genutzt.

Die Sackgasse von der Kopenhagener Str. bis zur Ringbahn mit der Fußgängerbrücke sollte 2012 zum Sonnenburger Platz umgebaut werden. Allein, es fehlt dem Bezirk an Geld. Ursprünglich gab es anstatt der Fußgängerbrücke eine richtige Straßenbrücke zur Dänenstraße. In den letzten Kriegstagen 1945 „beharkten" sich an jener Stelle sowjetische T 34 Panzer auf der einen mit Tiger-Panzern der Deutschen Wehrmacht auf der anderen Seite der Ringbahn gegenseitig, wobei die Sonnenburger Brücke zerstört wurde. Nach dem Krieg gab es ein zu geringes Kraftfahrzeugaufkommen, so dass ein Wiederaufbau der Straßenbrücke keinen Sinn gemacht hätte. Warum man aber für die Fußgänger und die Versorgungsleitungen der BEWAG nicht einen gemeinsamen Brückenbau über die Ringbahn durchführte, darüber kann man nur Vermutungen anstellen. Jedenfalls ist es durch diese Versorgungsleitungsbrücke unmöglich, von der Fußgängerbrücke aus direkt in Richtung Westen und damit nach Westberlin zu schauen. Und das war ja wohl sicher die beabsichtigte Wirkung.

*

Unbekannte Ecken - St. Marien- & St. Nicolai-Friedhof II - am 14./15./18.5.2012 + 12.12.2014

Der St. Marien- & St. Nicolai-Friedhof II gehört zur Marienkirche, die am Alexanderplatz neben dem Neptunbrunnen, gegenüber vom Roten Rathaus steht und zur Nicolai-Kirche. Letztere ist die Kirche, die dem „Nicolaiviertel", der Keimzelle Berlins, mit dem letzten Futzelchen Berliner Stadtmauer[48], ihren Namen gab.

Als der erstere der beiden Friedhöfe dieser Kirchengemeinden kurz vor der Akzisemauer und dem Prenzlauer Tor angelegt wurde, lag er am Rande der Stadt an den Windmühlenbergen direkt an der Berliner Feldmark. Der erste Teil wurde von den Gemeinden innerhalb der Akzisemauer am 27. Juli 1802 eröffnet und 1814 und 1847 jeweils erweitert - auf insgesamt 35.400 m².

Im Jahre 1858 wurde unweit in der Prenzlauer Allee Nr. 7 ein neues Grundstück gekauft, der Neue bzw. der St. Marien- und St. Nikolai-Friedhof II.

In den letzten Jahren wurde dieser Friedhof aufwändig restauriert. Vor allem die fast geschlossene Ostwand mit Erbbegräbnissen unterschiedlicher Baustile hat sich erhalten. Die Nordwand wurde beim Endkampf um Berlin im II.Weltkrieg zerstört. Nachdem der Friedhof 1970 für Beerdigungen geschlossen worden war, wurde er 1995 dafür wieder geöffnet. Man findet auf ihm ein Feld mit sehr frischen Gräbern. Es ist dies genau der Ort, auf dem ich selbst dereinst einmal meine Ruhestätte finden möchte, hier am Prenzlauer Berg.

Ab etwa 2010 wollte man einen Teil des Friedhofs, an der Heinrich-Roller-Straße gelegen, mit hochpreisigen Wohnhäusern bebauen. Die Anwohner wehrten sich wacker dagegen und hatten an dieser Stelle erst einmal Erfolg. Im Ergebnis wurde ein Drittel der Friedhofsfläche, halt der an

---

48 .... das ist falsch, denn der Rest Stadtmauer steht in der Nähe der Ruine der Klosterkirche

der Heinrich-Roller-Straße, zu einem Park umgewandelt und im Mai 2012 eröffnet. Schüler der „Grundschule an der Marie" und der Schule direkt gegenüber vom Friedhof einigten sich bei der Namensgebung auf Leise-Park. Der Leisepark, der mal mit mal ohne Bindestrich auf den unterschiedlichsten Internetportalen geschrieben wird, ist nur am Tage durch eine Gittertür erreichbar und geöffnet.

Der einstige direkte Zugang zum Friedhof, von der Prenzlauer Allee 7 aus (gegenüber der Bötzow-Brauerei) wird wohl nicht mehr geöffnet werden, weil genau in diese Lücke seit ein paar Wochen neues „Betongold" hinein gegossen wird.

Ein weiteres Drittel des Friedhofs, vom einstigen mittleren Hauptweg, der Parallel zur Prenzlauer Allee verläuft, bis hin zu den Häusern an der Prenzlauer Allee, ist gleichfalls durch hohe Bauzäune abgesperrt.

Es sieht so aus, als wolle man dieses Gelände gleichfalls mit hochpreisigen Wohnhäusern bebauen. Warum gibt's da eigentlich noch keine sich dagegen wehrende Bürgerinitiative, oder ist die auch schon, wie in so vielen Fällen, durch den Investor gekauft?

Und so gelangt man auf den winzigen verwilderten Restteil des Friedhofs nur noch über den St. Georgen/Parochial-Friedhof an der Greifswalder Straße. Aber dieser Teil ist durchaus sehenswert!

*

am 22.10.2013
Relativ unbekannte Ecken: An der Stedinger Straße

In dieser kleinen Serie möchte ich mich fortan um nicht ganz so bekannte Ecken oder Ereignisse kümmern.

Der Prenzlauer Berg hat auf einer Fläche von 11 km² 192 Straßen mit eine Länge von ca. 92 km bei aktuell 152.000 Einwohnern. Der größte Teil der Fläche ist dicht bebaut. Das Blumenviertel ist eher wie eine Berliner Vorstadt.

Kommt man von der Kniprodestraße in Richtung Michelangelostraße an die Fußgängerampel, so geht es vor dieser Ampel in den Stedinger Weg hinein, und rechts daneben beginnt die Kleingartenanlage „Neu Berlin", gegründet 1901, die sich als „schmales Handtuch" zwischen den Wohnhäusern mit ihren Gärten am Stedinger Weg und dem Gewerbegebiet an der Storkower Straße entlang schlängelt. Über allem schwebt ein Duft nach alten Apfelsorten und knorrigen Bäumen.

Nach ein paar kleinen Biegungen endet die KGA in einem Asphaltweg, der rechts erst von einem wundervoll ungepflegtem Dickicht und dahinter von den ersten Baracken des Gewerbegebiets begrenzt wird. Links vom Weg stehen hinter Zäunen die Weinreben des Bezirks. Dieses Areal als „Weinschaugarten" ist gelegentlich für die Öffentlichkeit zugänglich.

Der Fußweg endet am Syringenplatz / Sigridstraße neben einer großen Niederlassung von Vattenfall und einem kleinen, engen Fußweg, durch den man in das Gewerbegebiet und zum Jobcenter gelangt. Auf dem Abschnitt Sigridstraße bis Stedinger Weg wird auf einem derzeit noch verwilderten Grundstück an Baracken gebaut.

Der Stedinger Weg ist altes Kopfsteinpflaster mit mageren Resten Asphalt.

Der Fußweg ist zum größten Teil nicht befestigt. Die kleinen Mehrfamilienhäuser haben nur zwei Etagen mit ausgebautem Dach. Schmiedeeiserne Gitter wechseln mit bemoosten, brüchigen Betonpfeilern. In Höhe des Steengrafenweges gelangt man nach links durch eine schmale Gasse wieder in der KGA. Vor Hausnr. 13 ist im Garten ein imposantes Baumhaus. Schräg gegenüber in Nr. 12 steht im Vorgarten als Exot ein Affenschwanzbaum / Araukarie. Es ist ein winterharter Nadelbaum aus den südlichen Anden und Patagonien.

*

am 14.3.2007 - **Straßburger Str. / Saarbrücker Str.**

Berlin hat zwar seit ein paar Jahren regelmäßig an einem Wochenende seine Biermeile (entlang der Karl-Marx-Allee), der Prenzlauer Berg hingegen hat seit gut einhundert Jahren seine Bier-Brauerei-Meile!

Gehen wir heute in unserer Serie, in der ich Ihnen die Kieze im Prenzlauer Berg vorstelle, in die „Keimzelle" des Bezirks (Stadtteiles). Kehren wir gewissermaßen zu den Wurzeln zurück.

Saarbrücker Str. und die Straße Am Prenzlauer Berg bilden so in etwa die Grenze zwischen den Ausläufern des Barnim und dem Berliner Urstromtal. Jahrhunderte lang vor den Toren der Stadt gelegen wurde an den Hängen einst Wein angebaut. Später standen dort die ersten Windmühlen der Stadt zur Verarbeitung des Getreides der Städter. Bereits in der zweiten Hälfte des 19. Jahrhunderts war die Gegend mit der, später typischen Berliner Art, die Wohnen und Arbeiten miteinander verband, bebaut.

Weil Berlin ab 1871 Reichshauptstadt war, übte es einen gewissen Sog gerade auf die ländliche Bevölkerung Ostpreußens und der Mark Brandenburg aus.

Die wachsende Zahl durstiger Kehlen in der Stadt zog die Gründung zahlreicher Brauereien nach sich.

Da die maschinelle Kühltechnik noch nicht entwickelt war, mussten sich die Brauer etwas einfallen lassen, um ihr Bier zu lagern. Die Ausläufer des Barnim, boten sich ideal an. Die Brauerei Pfeffer, die Königstadtbrauerei und die Brauerei Bötzow erwarben hier nun Grundstücke, erbauten ihre Betriebe und anliegende Biergärten.

Als Baurat Hobrecht 1862 seinen Bebauungsplan vorlegte, gab es „Reibereien" mit der Königstadtbrauerei, die ein größeres Gelände forderte. Daraufhin wurde dann auch der Bebauungsplan geändert. Das Ergebnis war ein dreieckiges Reststück, das sich nicht mehr für die Errichtung größerer Gebäude eignete. Der so entstandene Platz hieß ab 1882

Thusneldaplatz. Auf Kaiserliche Kabinettsorder und auf Anstoß, Initiative und Kosten der deutschen Druckereiarbeiter wurde der Platz 1896 in Gedenken an den Erfinder der Lithographie Alois Senefelder umbenannt. Direkt dort, an der spitzen Seite des Platzes mit seinem Denkmal, gegenüber dem Pfefferwerk, beginnt die Saarbücker Straße. An dieser Ecke auch die stadtbekannte Schwulenkneipe „Courage". Dann das Gelände der alten Königstadtbrauerei, das derzeit frisch saniert und in freier Trägerschaft viele Räumlichkeiten für diverse kleine und mittlere Gewerbetreibende bereit hält.

Am „Prenzlauer Tor" (Prenzlauer Allee / Saarbrücker Str.) die „Backfabrik" mit ihren Gewerben. Direkt auf der Gegenüberliegenden Seite der Saarbrücker Str. stand einst das „Schloss im Norden", die Villa der Familie Bötzow. Die Villa wurde im II. Weltkrieg zerstört. Auf eben diesem Gelände gründete sich 1919 ein Revolutionsausschuss aus KPD und USPD. Der dort vorhandene Karl-Liebknecht-Gedenkstein erinnert noch heute daran.

Viele Gebäude der angrenzenden Bötzow-Brauerei blieben erhalten. Auch sie beherbergen heute Gewerbe. Vor der Fertigstellung des Großhandelslagers in der ehemaligen Leninallee Ecke Rhinstraße in der zweiten Hälfte der 80-er Jahre lagerte die „HO" hier Spirituosen, Tabakwaren und Waschmittel.

In der Straßburger Straße, zwischen Saarbrücker und Tor Str., ist das Gelände der einstigen Fahrbereitschaft der DDR-Regierung übrig geblieben.

Da die Eigentumsverhältnisse des Geländes noch immer unklar sind, sind die dort heute ansässigen Firmen, nur vorübergehende Mieter. Beginnend an der Torstraße führt die Straßburger Straße dann nach der Kreuzung der Saarbrücker Str. an alten Mietskasernen mit dem herunter gekommenen Charme des Sozialismus vorbei, kreuzt die Metzer Str., und endet dann, nachdem man „Q3A" Plattenbauten neben sich gelassen hat, vollkommen unspektakulär an der Belforter Str. direkt am Eingang zum Wasserspeicher. Vielleicht habe ich Sie, liebe Leser, ja auch heute wieder ein wenig neugierig gemacht ... auf eine Gegend, die wir sonst in den Prenzelberger Ansichten immer etwas vernachlässigen und auf Gewerbegebiete, die Sie vielleicht noch nie erkundet haben. Tun Sie es!

*

... als man „am verlorenen Weg" noch Mädchen vor der Prostitution bewahrte ... - am 19./20.4.2010

Sie begegneten mir zum ersten mal im Juni 1966 im „Mosaik 115" von Hannes Hegen, in der Ritter-Runkel-Reihe der Digedags, diese Krieger der teutonischen Leibgarde des Kaiser's von Byzanz.
Seitdem assoziiere ich mit dem Teutoburger Platz auch immer gleich diese Hörnerhelm tragenden Figuren aus eben diesen Comic-Folgen. Ich weiß nicht, wie das kommt? Ich denke an diesen Platz und ... schwups ... sind die Hörnerhelme da!

Meine ehemalige Kumpeline Antje, die im Job damals, 1991 – 93 mindestens genauso gemobbt wurde, wie ich, lebte in der Zeit in der Christinenstraße. Eine andere gute Kumpeline hat Jahre später in der Lottumstraße mal beim Kickern im ... ähm .... „Freudenhaus" ihren Prinzen kennengelernt und hat nun auch schon seit ich glaube etwa zehn Jahren ihr Prinzesschen.
Und in der Chorinerstraße wurde ich dereinst, mit meinem vierundzwanzig Jahre alten Opel-Kadett mindestens zweimal geblitzt, obwohl ich bei dem Wagen immer froh war, wenn der mal von sich aus schneller als 30 km/h wollte. In der Lottumstraße hab ich übrigens erst letztes Jahr beim Herbstradio meine Sendung „Schlag 8" hingemurkst. Das zu meinen Erinnerungen![49]

---

49 ... dieser Absatz wurde nicht gedruckt

Die Gegend rund um den Teutoburger Platz bestand noch vor knapp zweihundert Jahren, so um 1822 herum, aus lauter Feldfluren. Schon seit dem 13.Jahrhundert ist hier Berliner Ackerland belegt.

Die nicht weit davon in Mitte liegende Ackerstraße mit der früheren Markthalle, der „Ackerhalle", zeigt dies noch heute, zumindest dem Namen nach, an.

Die Zuordnung zu den einzelnen Berliner Bezirken fällt an dieser Stelle recht schwer und ich habe wirklich erst noch Berliner Stadtpläne von 1956 zu Rate ziehen müssen.

Für mich gehörte bislang rein logisch die Schwedter Straße komplett zum Prenzlauer Berg und der Zionskirchplatz und die komplette Kastanienallee rein emotional.

Dem ist aber, was die Straße angeht, nicht so.

Die Bezirksgrenze verläuft von Nord nach Süd parallel zur Schwedter Straße, ab der Ringbahn längs durch den Mauerpark, ab Bernauer Straße gehört nur noch geographische Ostseite der Schwedter zu Prenzlauer Berg, und erst ab der Choriner Straße dann beide Seiten.

Wobei dann nun wieder die Choriner Straße die Bezirke trennt und auch hier bis hinunter zur Torstraße die geographische Westseite der Straße zu Mitte und die Ostseite zum Prenzlauer Berg gehören.

Bereits im Jahre 1841 entstand an der Christinenstraße, auf dem Gelände zur Schönhauser Allee hin, die Brauerei Pfeffer.

In der WDR-Doku vom 16.April „Wie (beinahe) das Bier aus Dortmund verschwand" wurde davon geredet, dass Dortmund einst, auf Grund seiner acht Brauereien, mal die Brauereimetropole Mitteleuropas gewesen sein soll.

Ich habe während der Sendung fast einen Lachanfall wegen des Dortmunder Größenwahns bekommen, erinnern wir uns doch daran, dass um 1900 herum allein auf dem heutigen Gelände des Berliner Stadtteils Prenzlauer Berg mindestens zwölf Brauereien zeitgleich ansässig waren.

Eine davon halt die Brauerei Pfeffer.

Die Schwedter Straße hieß zur damaligen Zeit noch „Am verlorenen Weg". Dort, wo gerade jetzt Baukrane steil in den staubigen Berliner Himmel aufragen und bald in überteuerten Wohnungen aus grauem Beton und blitzendem Glas und Stahl neue Menschen einziehen, in der Schwedter Str. 37 – 40, gab es einst eine Mägdeherberge unter dem Namen „Marthahof". Hier wurden „Mädchen vom Lande" aufgenommen, um sie vor der Prostitution im boomenden Berlin zu bewahren.

Es gibt ja diese drei „P"-Berufe als „älteste Gewerbe der Welt", Prostituierte, Pfaffe und Propagandist. Im „Marthahof" bekamen die Mädchen eine Unterkunft sowie, was für die damalige Zeit ein bedeutender Fortschritt war, eine berufliche Ausbildung zur Krankenschwester oder zum Haus- und Kindermädchen, und die jungen Frauen wurden in vielen Fällen anschließend in eine Stellung vermittelt.

Die Reste des alten „Marthahof" wurden, da im Krieg teilweise zerstört, nach 1945 abgerissen und ab 1954 entstanden auf dem Areal Behelfsbauten.

Die Gegend rund um den Teutoburger Platz wurde nach den Berliner Verordnungen von 1853, 1887 und 1897 bebaut. In einer ersten Phase von 1862 bis 1881 entlang der Torstraße, der nördliche Teil des Platzes von 1870 bis 1895. Nur sechs Prozent des Gebietes wurde zwischen 1945 und 1999 neu bebaut. Laut Berichten der Entwicklungsgesellschaft STERN gilt das Gelände als „Denkmalwürdig".

Die sehr faktenreichen Ausführungen von STERN, die man im Lesesaal des Archivs im Prenzlauer Berg Museum in der Mühlhauser Straße nachlesen kann, führen zum Teil auch Einzelheiten auf, die man als Anwohner nicht immer auf den ersten Blick wahr nimmt. Ich wusste zum Beispiel nicht, dass der Grundwasserspiegel dort zwischen vier und zwanzig Metern liegt und auch noch Jahreszeitlich bedingt schwankt. Also wenn Ihre Gören mal lehmig, staubig und nass vom Spielplatz kommen, muss das nicht unbedingt am Vulkanascheregen liegen.

Auch Flora und Fauna sind genauestens aufgeführt. So gibt es als Pflanzen vorwiegend Gartenunkraut, Pflanzenritzen-, Tritt- und Ruderalgesellschaften (z.B. Brennnessel, Giersch, Beifuß), Büsche und Bäume. Die Tierwelt ist auf den zweiten Blick gleichfalls vielfältiger, als man glaubt. Neben der lästigen Wanderratte und und der verwilderten Haustaube gibt es noch Ringel- und Türkentauben, Steinmarder, Fledermäuse, Grünfink, Kohl- und Blau-Meise, Spatz, Mauersegler, Eichelhäher, Hausmäuse, Elstern, einige Schmetterlinge (lassen sie einige Brennnesseln in ihrem Hinterhof stehen, denn sie dienen den Raupen des Tagpfauenauges als Nahrung!), Mehlkäfer, Speckkäfer, Stubenfliege, Hauswinkelspinne, Ameisen, Hummeln, Wespen, Kellerasseln, Küchenschaben uvam. Man soll in den letzten Jahren Nachts gar Füchse und wilde Kaninchen herumstreifen gesehen haben

Die STERN-Berichte förderten aber noch andere Dinge zu Tage. So gab es in den Jahren 1992 bis 1998 drastische Umsatzrückgänge im Einzelhandel. Im selben Zeitraum verschoben sich die Branchen, meist durch Inhaberwechsel. Der Anteil der Handwerksbetriebe sank so von 13 % auf 6 %, der Gastronomieanteil erhöhte sich indes von 15 % auf 23 % aller Gewerbetreibender.

Und noch ein paar Zahlen aus dieser Zeit. Noch vor etwa zehn Jahren waren 40% aller Wohnungen in diesem Gebiet Zweiraumwohnungen, je ca. 25 % Ein- und Dreiraum- und etwa 9,2 % Wohnungen mit mehr als drei Zimmern.

An der Ecke Schwedter/Templiner Straße steht übrigens für jeden Besucher der Gegend ein Highlight, das man so hier nicht erwartet. Eine ehemalige Tankstelle und dahinter die, soweit ich weiß, einzigen Fachwerkhäuser im Prenzlauer Berg. Die Tankstelle ist schon seit vielen Jahren geschlossen. Auf dem Gelände finden, so erzählte mir meine

Bekannte Stine, im Sommer und bei großen Fußballveranstaltungen per Videobeamer öffentliche Vorführungen statt. „Public Viewing" heißt ja so etwas neudeutsch.

Die markanten Fachwerkhäuser sind ehemalige Stallungen ... vermutlich für Pferde.

Sie sollten auch mal nach Hohenschönhausen fahren und die Vorderhäuser in der Konrad-Wolf-Straße oder in den Seitenstraßen zur Küstriner Straße hin durchqueren! Dort sind überall noch in den Hinterhäusern die ehemaligen Stallungen für Pferde, Kühe, Schweine und Scheunen sehr gut zu erkennen!

*

Teuto – Mai 2012 - am 10./13./16./17./18.4.2012

Es hat schon was. Das Jobcenter hat mich in seiner „unbeschreiblichen Güte" in ein „Jobcoaching" für Leute mit Nebenverdienst gesteckt. Nun baue ich die zu leistenden Stunden im genehmigten Gleitzeitverfahren um meine Minijobs herum. Und dabei immer die offene Frage, zählt die Vorbereitung der Kiezspaziergänge da mit rein oder nicht? Wenn ich Auftragstouren mache, rechne ich diese Zeit mit dazu, bei den „normalen" Touren, rechne ich die Vorbereitung besser nicht mit rein, sonst sieht der Stundenverdienst so mickerig aus.

Heute also „Vor-Ort- und -Prenzlauer Berg – Archiv – Recherche" eingebaut in durchschnittlich sechs Stunden Jobcentermaßnahme.

Ich bin mit meinem Fahrrad unterwegs, um vor Ort direkt nachzuschauen, was mir im Viertel auffällt. Templiner Ecke Schwedter mag ich schon immer. Die einstige Tankstelle steht noch, daneben der ehemalige Pferdestall im Fachwerkstil. Da kommt Urlaubsgefühl auf. Sehe kleine Fachwerkgassen in Mecklenburg vor meinem inneren Auge. Ein alter, roter Feuerwehrwagen steht mit auf dem Gelände der einstigen Tanke und junge Leute basteln an ihm.

Weiter mit dem Rad um die Ecke und quer über den Teutoburger Platz. Wenn besseres Wetter ist, wimmelt es vor Gören. Die Gebäude, ehemalige Trafohäuschen auf der Nordseite, sind denkmalgeschützt.

Ich quere die Christinenstraße und denke an meine einstige Kollegin Antje, die mit ihrem Sohn in der Christinenstraße wohnte und die immer an den Tagen von meiner Kaiser's Marktleiterin gemobbt wurde, wenn ich meinen freien Tag hatte. Sonst war ich ja ständig fällig. „Herr Gänsrich, im Vorraum ist ein Ketchupglas herunter gefallen. Waren sie das?" Seit ich bei Kaiser's Anno 1998 raus bin, kaufe ich in der Kette nichts mehr. Aber sie tolerieren unsere Zeitung und am Teutoburger Platz lege ich sie sogar selber ab. DANKE!

Nun werde ich kriminell und zum Fahrradschieber. Ab der Einfahrt zum Pfefferberg steig ich ab. Das Gelände ist mitten in der Sanierung. Die Mauer der einstigen Brauerei zur Christinenstraße hin ist abgerissen. Dahinter Bagger, die sich durch matschigen Lehm wühlen. Das Areal ist riesig. Hostel, Firmen, Galerien, Café's, großer Parkplatz. Alles Denkmal gerecht saniert. Aber man kommt nicht nach vorn zum Biergarten durch, ohne ein Gebäude zu durchqueren, … wegen der Bauarbeiten. Wieder rauf auf's Rad, einmal über Christinen-, Schwedter Straße und Schönhauser Allee um die Ecke und das Gefährt vor dem Pfefferberg-Eingang Schönhauser Allee „parken".

Der herrliche Brunnen im Aufgang zum Pfefferberg sprudelt wieder. Das Wasser plätschert aus bronzenen Adlerschnäbeln im kaiserlich-wilhelminischen Stil in eine Betonschale. Sehr dekorativ und endlich nach Jahren wieder funktionstüchtig. Oben auf dem Platz sind die Ausflugslokale geöffnet. Gartenstühle stehen bereit. Alles ist sauber, ordentlich und saniert. Auf der linken Seite, von der Schönhauser aus gesehen, ist man noch fleißig bei. Große Sperrholzwände versperren den Blick, aber dass da was gemacht wird, ist unüberhörbar.

Wieder herunter und mal weiter schauen. In der Schönhauser Allee links neben dem Pfefferberg lockt angeblich eine Sauna. Ich schaue mal vorsichtig in die Hofeinfahrt und werde neugierig. Die Zufahrt zu dem Etablissement hat grobes Kopfsteinpflaster. Erinnere mich dabei noch an einen Ausflug mit meinem Großvater, als ich noch ein Drei-Käse-hoch war und er was über „Katzenkopp-Pflaster" bei solch einer Straße redete und ich dann ängstlich fragte: „Mussten denn dann für unsere Straße hier viele Katzen sterben. …?"

In der Hofeinfahrt zu dieser Sauna hat man noch den morbiden Charme heruntergekommener Altbauten aus der letzten Phase des „real existierenden Sozialismus". Hüfthohes Unkraut wuchert auf Brachen hinter dem Vorderhaus. Putz bröckelt in ganzen Fladen schichtweise von Turm hohen Fassaden. Letzte Pfützen mit silbrig glänzenden Ölfilmen finden sich in vom Regen ausgespülten Wasserrinnen zwischen den „Katzenköppen". All das passt so gar nicht zu den auf Hochglanz polierten Fassaden der Vorderhäuser rund um den Senefelder Platz.

Pi-Radio ist auch so ein Relikt. Die sendeten Jahre lang vom Kirchturm der Segenskirche in der Schönhauser Allee.
Ihr Studio haben sie in der Lottumstraße 10. Dies wiederum ist ein ehemals besetztes Haus.
Unter dieser Seite:
http://kulturserver-berlin.de/home/piradio/funklehr.htm
habe ich folgende kleine Ein- und Anleitung entdeckt:
„... Pi-Radio behauptet: Einen Radiosender zu bauen ist einfacher und ungefährlicher, als ein Mofa zu tunen. Ein kompletter Sender ist schon für einige hundert Mark zu realisieren. Umso unverständlicher ist es, warum der Sendebetrieb künstlich so teuer gehalten wird. Der Rundfunksender muss von der TELEKOM gemietet werden (10.000 DM pro Monat) genau wie die Standleitungen vom Studio zum Sender (5.000 DM je Monat). Kein Wunder

also, warum nur fette Medienkonzerne die Möglichkeit haben, Radio zu betreiben. … Wir weisen jedoch deutlich darauf hin, dass der Betrieb der vorgestellten Bastelarbeiten verboten ist, und wenn, dann nur in bleigepanzerten und abgeschirmten Laborräumen oder Atombunkern stattfinden darf. … Trotzdem sollten uns die hohen Bußgelder von bis zu 1 Mio DM deutlich von dem Betrieb eines Piratensenders … abhalten .…"

Man merkt an Hand der DM-Preise, dass diese Seite nicht mehr ganz so aktuell ist.
Pi Radio ist ein nichtkommerzielles Freies Radio aus Berlin. Es ist in Berlin und Potsdam auf der UKW-Frequenz 88,4 MHz und der 90,7 MHz an derzeit zwei Werktagen empfangbar (diese Frequenzen teilen sich mehrere Freie Radios, so ist darauf nicht nur Pi -radio sondern unter anderem auch „alex-offener kanal berlin" zu hören[50]) und im Internet per Livestream unter www.piradio.de

Pi Radio begann in der „Wendezeit" mit seinem Betrieb. Man wollte nach dem Vorbild von schon existenten „Freien Radios" in der westlichen Hemisphäre einen unabhängigen Hörfunk, unabhängig vom Staat, mit der Erfahrung der zensierten Medien der DDR oder der Nazi-Zeit davor, unabhängig aber auch vom Diktat der Wirtschaft und der großen Medienkonzerne gründen.
Teilweise sendete man illegal Stundenweise von Dachböden, immer der Verfolgung von Messwagen durch die Deutsche Telekom ausgesetzt.
Im Jahre 1995 wurde auf Initiative des Landesverbandes Freier Radios Berlin-Brandenburg der Verein Pi-Radio e.V. gegründet – ein Zusammenschluss verschiedener Freier Radio-Gruppen, kultureller Initiativen und interessierter Einzelpersonen. Pi-Radio sendete bis Ende 1995 einen

---

50 Alex-berlin sendet bereits seit Jahren auf der eigenen Frequenz 91,0 MHz

wöchentlichen Vier-Stunden-Block auf dem Offenen Kanal Berlin, aber das System des öffentlich-rechtlich finanzierten OKB und des freien, mehr anarchistischen Pi-Radio bissen sich.

Im Oktober 1995 organisierte der Verein die Berliner Unabhängigen Radio Nächte (B.U.R.N.), ein 48-stündiges Modellprogramm auf der Veranstaltungsfrequenz 94,8 MHz, verbunden mit Konzerten in 11 Berliner Clubs. Im Jahr 1996 und im Frühjahr 1997 veranstaltete Pi-Radio Hörfunk-Events auf öffentlichen Plätzen bei denen die Programminhalte und Arbeitsweise von Freien Radios vorgestellt wurden. Im neuen Jahrtausend beteiligte sich Pi-Radio an der Kampagne für ein Freies Radio, führte Kulturveranstaltungen, Podiumsdiskussionen, Unter-schriftensammlungen und Partys durch. Da die Medienanstalt Berlin-Brandenburg (MABB) in absehbarer Zeit keine eigenständige Sendelizenz an ein einziges Freies Radio ganz allein in Berlin-Brandenburg vergibt, wurden mehrere Veranstaltungslizenzen vom Verein Piradio e.V. und der Initiative Radiopiloten initiiert, beantragt und durchgeführt. Vom 31. Mai bis 4. Juni 2001 gab es die „HipHop-Sommerschule" auf der Frequenz UKW 104,1 MHz in Zusammenarbeit mit der Volksbühne Berlin. Vom 1. Juni bis 5. Juni 2003 gab es „Ersatzradio" – gleichfalls auf 104,1 MHz MHz für den Prater im Prenzlauer Berg. Vom 19. Dezember 2003 bis 10. Januar 2004 gab es „Radioriff auf Reisen", gleichfalls auf 104,1 MHz für die Radiokampagne Berlin. Vom 10. bis 12. Juni 2005 hieß es „Say What!" auf der Kinofunkfrequenz im Raum Berlin-Wuhlheide UKW 95,2 MHz im FEZ Wuhlheide im Rahmen von „Projekt P".

Ich war mit eigener Sendung erstmals dabei vom 9. bis 11. Dezember 2005 im „Radioherbst FM". Dafür wurde auch wieder eine Kinofunkfrequenz, die für Berlin-Mitte UKW 88,4 MHz für das ehemalige Theaterhaus Mitte am Koppenplatz genutzt. Auch vom 21. Juli 2008 bis 17.

August 2008 war ich bei „Funkwelle FM" dabei, nun auf der Frequenz UKW 95,2 MHz zur Pro Artis Sommerakademie, vom 1. September 2009 bis 22. November 2009 im „Herbstradio" in der Berliner Innenstadt auf Frequenz UKW 99,1 MHz mit den Radiopiloten aus der Lottumstraße und dem Klubradio aus dem Haus der Kulturen der Welt im Rahmen der Rewind2020 und des Projekts „Berlin macht Radio". Auch vom 1. bis 28. Februar 2010 sendete Herbstradio auf UKW 99,1 MHz mit den Radiopiloten, Klubradio, und Resonance FM im Rahmen der Berlinale und club transmediale. Vom 22. Mai 2010 an bis 20. Mai 2011 gab es für Pi Radio die erste eigene Radiosendelizenz auf dem Sendeverbund 88vier, gemeinsam mit „alex" und anderen „Freien Radios". In dem Jahr war ich nicht bei Pi-Radio dabei. Diese Sendelizenz wurde ab 23. Mai 2011 für Pi Radio auf ein weiteres Jahr verlängert und endet im Mai diesen Jahres. Ich bin in diesem Jahr mit meiner Reihe „Schlag 8" regelmäßig vertreten gewesen.

Die Medienanstalt Berlin-Brandenburg schreibt die Frequenz 88,4 MHz in diesen Tagen neu aus.

Gesendet wird schon lange nicht mehr von der Segenskirche sondern auf der 88vier von einer Sendestelle am „Hallesches Tor" in Kreuzberg, z.T. sogar nur in Mono, nach Nordosten hin bewusst etwas abgeschwächt, weil von Brandenburg aus auf einer nahen Frequenz ein anderer Senderin den Nordosten Berlins hinein strahlt..Deshalb der Empfang der 88vier im Prenzlauer Berg … ähm … „gelegentlich" etwas problematisch.

Noch ganz am Rande erwähnen möchte ich, dass das Guggenheim-Museum nun garantiert in den Pfefferberg kommt. Die 1937 gegründete Solomon R. Guggenheim Foundation basiert auf der Privatsammlung von Solomon R. Guggenheim mit ihrem Fokus auf nicht-gegenständlicher Kunst. Heute umspannt sie ein weltweites Netzwerk von

Museen und kulturellen Partnerschaften. Neben dem spektakulären Frank Lloyd Wright Gebäude in New York und der Peggy Guggenheim Collection in Venedig entstanden Ausstellungshäuser u. a. in Bilbao und Berlin. Sie kommen nun mit ihrer Ausstellung in den Prenzlauer Berg. Weshalb von linken Aktivisten so viel gegen diese Ausstellungen demonstriert wird, ist mir erst klar geworden, als ich weiter recherchierte, denn die Foundation wird durch die Deutsche Bank gefördert.

Am am 28. April 2012 werden/wurden drei Stolpersteine für jüdischen Geschwister Ruth und Thea Fuss und deren Vater Abraham Fuss werden um 11:30 Uhr vor der Fehrbelliner Straße 81 verlegt.

Die Familie Fuss lebte dort und besaß an dieser Stelle eine eigene Schneiderei. Im ehemaligen jüdischen Kinderheim, dem heutigen Nachbarschaftshaus in der Fehrbelliner Straße 92, lebten Ruth und Thea, nachdem die Eltern nicht mehr für sie sorgen konnten. Vier Schüler_innen des John-Lennon-Gymnasiums in der Zehdenicker Straße haben zusammen mit Inge Franken und dem Nachbarschaftshaus dieses Stolpersteinprojekt organisiert. Die Schülerinnen führen durch das Programm und stellen ihre Dokumentation zum Schicksal der Familie Fuss vor.

*

am 14.1.2007 - **Teutoburger Platz**

Schon vor der deutschen Reichsgründung 1871, bereits ab 1860, also noch zu Zeiten des Königreichs Preußen, wurde damit begonnen, das Viertel rund um den Teutoburger Platz zu bebauen. Es gehört zu genau den Altbauquartieren, die zu jener Zeit ringförmig um den alten Stadtkern Berlins herum entstanden. Nach dem Scheunenviertel (in Mitte) war es das am dichtesten besiedelte Gebiet Berlins. In der Templiner Str. Ecke Schwedter Str. befindet sich noch ein wunderbarer, alter Fachwerkbau aus dieser Zeit, heute schön weiß getüncht mit schwarz hervorgehobenen Balken. In der Christinenstr. in Höhe des Teutoburger Platzes befindet sich gewissermaßen der Hintereingang der früheren Brauerei Pfeffer, die dem Pfefferberg den Namen gab.

Das gesamte Areal des Pfefferbergs steht unter Denkmalschutz, da hier gar einige Gebäude noch aus den 1840-er zu bewundern sind. Über die Brauerei Pfeffer berichtete ich ja an dieser Stelle vor einigen Jahren ausgiebig in der Serie „Brauereien im Prenzlauer Berg".

Heute einzig der Hinweis darauf, dass derzeit auf dem Pfefferberg eine große Anzahl Gewerbetreibender und viele Künstlergruppen arbeiten. Als das Gelände, das sich bis hin zur Schönhauser Allee erstreckt, erstmals bebaut wurde, waren die hügeligen Ausläufer des Barnims bei Brauereibesitzern sehr beliebt, da es zu damaliger Zeit ganz einfach an Kühltechnik für den holden Gerstensaft mangelte und man sich in diese Hügel gewissermaßen hinein graben konnte, um das Bier zu lagern.

Genau auf der entgegengesetzten Seite des Platzes befindet sich in einem Neubau aus den 80-er Jahren des 20. Jahrhunderts, in einer früheren „HO-Kaufhalle" (Was schreib ich hier für einen Quatsch?)

Der HO-Kaufhallenverband wurde bereits Anfang der 80-er Jahre aufgelöst und die Kaufhallen wieder bei „HO WtB" – Waren täglicher Bedarf - eingeordnet.), ein Supermarkt des Tengelmann-Unternehmens. Der „Kaiser's" brannte erst vor wenigen Jahren in einer Silvesternacht völlig aus und wurde danach komplett saniert.

Der Platz selbst erhielt bereits Anno 1875 seinen Namen, zum Gedenken an „die Schlacht im Teutoburger Wald" (auch „Varus-Schlacht"), in der im Jahre 9 n. Chr. die Cherusker unter Arminius das hochgerüstete römische Heer unter dessen Führer Varus vernichtete.

Man weiß bis heute nicht, ob dies überhaupt ein besonderer Glücksfall für die europäische Geschichte gewesen sei, da sich so römischer Lebensstil und Hygiene, in Form von

Bädern, befestigten Straßen, Aquädukten udgl., aber auch in Form von Gerichtsbarkeit und Schrift nicht in ganz Mitteleuropa durchsetzten, was wohl die Folge gewesen wäre, hätten die Römer ganz Germanien besetzt und sich nicht in Folge der verlorenen Varus-Schlacht am Limes weiterhin verschanzt hätten.

Nun gut, neueren Erkenntnissen zufolge fand die Varus-Schlacht wohl jedoch nicht im Teutoburger Wald sondern in der Kalkrieser Senke bei Osnabrück statt, ... aber auch dies hier nur nebenbei.

Der Teutoburger Platz ist ca. 0,6 ha groß, ein drittel davon, ca. 2000 m², nimmt der schon 1910 geschaffene Spielplatz ein. Bereits bis ins Jahr 1973 ist eine Bürgerinitiative und deren Vorläuferin belegt, die noch heute Anlaufstelle für Bürgeranliegen ist und die sich für ihre Rechte gegenüber Vermietern einsetzt.

Vor nunmehr fünfzehn Jahren (ab 1992) wurde damit begonnen, Teile der Betonversiegelungen des Parks auf dem Platz zu entfernen. Bei vielen kulturellen Veranstaltungen wird auch das 1928 erbaute Trafohäuschen der früheren Bewag mit eingebunden.

Die verkehrsgünstige Lage, nur Minuten von den U-Bahnhöfen Senefelder & Rosa-Luxemburg-Platz und somit nur einen Steinwurf vom Alex entfernt, ist ein großes Plus für diese Wohngegend. Auch die Straßenbahn in der Torstr. und am Zionskirchplatz ist nicht weit. In der Schwedter Str. befindet sich eine Zentrale des städtischen Wohnungsbau und –verwaltungsunternehmens WIP, die erst vor wenigen Jahren mit der WIR fusionierte ... auf jeden Fall für Wohnungssuchende eine „heiße" Adresse. Choriner Str. und Torstr. bilden denn auch die „Grenzstreifen" von Prenzlauer Berg zu Mitte.

Die Lottumstr. ist in Teilen noch immer Begegnungsstätte und offenbar Raum für alternatives Wohnen. In dem Gebiet rund um den Teutoburger Platz, zwischen Schwedter, Choriner, Torstr. und Schönhauser Allee befinden sich (auch im Pfefferberg) viele kleine, schnuckelige Cafés und Kneipen. Seltsamer Weise trifft man jedoch recht selten auf Touristen... für Prenzlauer Berg-Verhältnisse doch recht ungewöhnlich.

*

Der Thälmannpark - am 16.11.06

Liebe Leser! Auch heute befasse ich mich mit einem Viertel, das sonst in unserer Zeitung immer ein wenig „hinten herunter fällt", obwohl es sehr zentral gelegen. Es ist „mein" „Naherholungsgebiet" schlecht hin. Setzen wir uns also gemeinsam auf eine Bank am Teich, Sie beobachten die Enten und Spatzen und ich berichte Ihnen dabei, wie der Thälmannpark entstand.

Ursprünglich war auch dieses Gebiet sumpfige Feldmark. Noch lange nach der Fertigstellung des Ostteiles der Berliner Ringbahn 1871 lag diese Gegend vor den Toren der Stadt. Mühlen und Felder prägten das Bild. Die letzte Mühle im Prenzlauer Berg, die in etwa dort stand, wo heute das Planetarium ist, brannte 1900 ab.

Als das Elend in den neu entstandenen Mietskasernen zu Beginn der Industrialisierung größer wurde und auch immer mehr Obdachlose, teilweise ganze Familien, in Not kamen, entschloss sich die Stadt Berlin entlang der Nordmark (heute Fröbel) Straße ein Asyl und Siechenheim zu errichten. Neben den Hauptgebäuden, projektiert von Hermann Blankenstein, der auch den Zentralviehhof entworfen hatte, entstanden zwanzig Barackensäle mit je sechzig Schlafstätten. Ab 1892 kamen weitere Baracken hinzu.

Neben diesem Teil entstand auch die städtische Gasanstalt. Stadtgas, auch „Leuchtgas" genannt, besteht hauptsächlich aus Wasserstoff, Methan und Kohlenmonoxyd. Es wird durch Erhitzen von Steinkohle (oft mit Braunkohle) unter Luftabschluss auf 1200° C erzeugt, mit Wassergas gemischt und entschwefelt. Nebenprodukte sind dabei u.a. Koks, Teer und Benzol. Stadtgas entsteht auch durch

Braunkohlendruckvergasung mit Sauerstoff und Wasserdampf. Stadtgas war damals eine durchaus gebräuchliche Energiequelle nicht nur zum kochen sondern auch in jenen Zeiten vor allem für Licht auf Straßen und in Wohnungen! Bereits 1935/36 sollte die Dreckschleuder „Gasanstalt" abgerissen und ein Park angelegt werden. Dazu kam es jedoch zunächst nicht wirklich. Lediglich das Gasometer an der Danziger/Diesterwegstraße fiel der Abrissbirne zum Opfer. Dieses Stück Park dort ist noch aus den Zeiten des Nationalsozialismus.

Der „Rest" der Gasanstalt tat noch bis 1981 seinen Dienst. Ich entsinne mich mit Grausen an den Kohlenstaub, der die gesamte angrenzende Gegend je nach Windlage bis dahin Millimeter dick einnebelte. Allerdings war die Gasanstalt neben dem Zentralviehhof auch der zweitgrößte Arbeitgeber im „Wohnbezirk" Prenzlauer Berg.

Aber zurück zur Nordmark Straße. Im I.Weltkrieg nahm man im Asyl- und Siechenheim ab 1914 vor allem Flüchtlinge aus Ostpreußen auf. Ab 1916 waren die Gebäude Lager für das Korpseinkleidungsamt und die Lebensmittelverwaltung, bis es nach dem I.Weltkrieg wieder „Obdachlosenasyl" hieß. Dieses wurde 1940 geräumt.

Ein Lager für NS-Zwangsarbeiter, das sogenannte „Ausländerdurchgangslager", wurde nun auf dem Gelände eingerichtet. Diese, zu Sklavendiensten verschleppten Menschen aus allen von der Wehrmacht besetzten Ländern, schufteten in der gesamten Berliner Wirtschaft. Erst nach der Kapitulation Berlins am 2.Mai 1945 und der Rückführung dieser Gefangenen in ihre Heimatländer wurde ein Teil des Obdachlosen- und Siechenheimes zum „Bezirksamt Prenzlauer Berg", heute „Bürgeramt", und ausgesprochen gut und zentral gelegen. Ein anderes Stück, das an der Ecke Diesterwegstraße/Fröbelstr., sowie ein Teil in der Danziger Straße beherbergt das, noch heute so im Volksmund genannte „Nordmark-Krankenhaus". Es gehört derzeit zur Vivantes-Gruppe. Ein unter Denkmalschutz stehendes und liebevoll rekonstruiertes Backsteingebäude auf diesem Krankenhausgelände, an der Ella-Kay-Str. gelegen, gehört verwaltungstechnisch nicht dazu, sondern ist die ambulante, psychotherapeutische Tagesklinik des Weißenseer St. Joseph-Klinikums (in der Gartenstr. gelegen), in Trägerschaft der katholischen Kirche. Im Sommer 2003 bauten mich hier in dieser Tagesklinik zehn Wochen lang die wirklich sehr rührigen Mitarbeiter seelisch wieder auf!

Aber nun nochmals zurück zur Gasanstalt. Wohl kaum jemand wird auch noch wissen, dass der frühere Gleisanschluss der Eisenbahn, den das Gaswerk hatte, einige Jahre lang nach dem Krieg auf russische Breitspur umgenagelt war.

Auf dem X. Parteitag der SED beschloss man die Umgestaltung dieses Gebietes. Nach der Stilllegung des Gaswerkes 1981 stand schnell fest, dass ein Großteil der Gebäude, auch die für den Prenzlauer Berg fast charakteristischen und damals schon unter Denkmalschutz stehenden Gasometer stehen bleiben sollten. Geplant war in ihnen die Einrichtung von Ausstellungsräumen, ein Freilichtkino, ein riesiges Gewächshaus und auch das Planetarium sollten DARIN unter kommen.

Ich saß an einem lauen Sommerabend mit meinem damaligen Nachbarn Mario Nachts auf unserem Balkon bei einem guten Bier, als wir es mehrfach knallen, so richtig rummsen hörten.

Wir wunderten uns nur. Am nächsten morgen auf dem Weg zur Arbeit sah man überall hektische Trupps der Volkspolizei, die eilig an Wände gekritzelte Losungen wie „Gasometer sprengt man nicht!" entlang der Protokollstrecke in der Greifswalder Str. übertünchten. Oben auf dem S-Bahnsteig angekommen, sah ich dann das Elend. Man hatte tatsächlich in einer wörtlich zu nehmenden „Nacht-und-Nebel-Aktion" die Gasometer sowie die Kokerei gesprengt. Wobei die Kokerei nur angeknackst war.

Das Gerücht, die Legende, besagt, dass der Künstler, der das Thälmanndenkmal schuf, die Gasometer wohl angeblich aus dem Blickfeld haben wollte. Am 100. Geburtstag Ernst Thälmanns (Chef der KPD bis 1933), dem 16.April 1986, ich kämpfte zu der Zeit gerade im Grundwehrdienst der NVA gegen die Langeweile, wurden das Denkmal, der Park und das zugehörige Wohngebiet eingeweiht und der S-Bahnhof Greifswalder Str. bis zur Rückbenennung 1993 in „Thälmannpark" umbenannt.

Allein dieser Tatsache ist es auch zu verdanken, dass nur wenige Monate zuvor der End-U-Bahnhof der Linie AII (der heutigen U2) während des Vorhandenseins der Berliner Mauer, von „Thälmannplatz" erst am 15. April 1986 in „Otto-Grotewohl-Straße", und am 3. Oktober 1991 dann in „Mohrenstrasse" umbenannt wurde.

Auf dem Gelände der alten Gasanstalt befindet sich heute, an der Prenzlauer Allee, das Planetarium, zur Greifswalder Str. hin dann eine hügelige Parklandschaft sowie eine Grundschule und eine Schwimmhalle. In den wenigen erhaltenen Verwaltungsgebäuden des Gasanstalt an der Danziger Str., sowie in einem Neubau aus den 80er Jahren, sind heute das „Kulturamt Prenzlauer Berg", die „Wabe" als Konzerthalle, das „Theater unter'm Dach", „ZwiEit", die Kinderkulturetage, die „Galerie Parterre" und künstlerische Werkstätten untergebracht.

Nur ein Stück davon entfernt in einem alten roten Klinkerbau hat der Jugendclub bis heute überlebt. Auch die Ladenpassage im Park gibt es noch, ebenso die Kneipe „Zur Gaslaterne", das Nobelrestaurant neben der „Wabe", der „Rosengarten" jedoch leider nicht mehr.

Bei der Anlage des Parks wurde auf nachfolgende Umweltschäden nicht geachtet. Viele Abfälle der Gasanstalt wurden einfach nur im Boden vergraben.

Teilweise legte man dann direkt darauf sogar Kinderspielplätze an. Heute ist man bemüht, den kontaminierten Boden wieder zu reinigen. Die Container mit den entsprechenden Anlagen werden noch jahrelang zu tun haben.

Das Thälmann-Denkmal sollte schon mehrfach seit der „Wende" abgerissen, entsorgt, werden, jedoch gehört zur Geschichte eines Landes sicherlich auch dazu, dass man seine eigene Geschichte annimmt, um daraus für die Zukunft zu lernen. Insofern sollte das Denkmal einfach erhalten bleiben.

Der Park mit seinem Teich jedenfalls ist von der Bevölkerung angenommen worden.

*

am 17.1.2008
Kiezspaziergang - „Spannungsgeladener" Brief

„Liebe Spritney Bears!
Sicherlich ist es in Kalifornien meist wärmer, als hier, aber das eigentliche Drogenparadies gibt's doch in Deutschland, im Kyffhäuser! Wenn du aber mal wieder so richtig unter Spannung stehen willst, komm doch nach Berlin, denn hier haben wir noch genug alte Umspannwerke, die'ne alte Drogentante wie dich wieder unter Spannung setzen könnten. Sicherlich wäre es für dich auch spannend, wenn du mal auf die Straße gehen kannst, ohne dass dich jemand beachtet, denn wer rechnet mit dir schon in Berlin? ..."

Genauso würde ich einen Brief an Britney S. beginnen. Man müsste mal aus der B. die Spannung herausnehmen, sie umspannen und erden. Als ich vor kurzem durch die Kopenhagener Straße und am alten Umspannwerk vorbei kam, ging mir das plötzlich durch den Kopf. Tote Fenster, die genauso hohl aussahen, wie die Augen eines Drogensüchtigen, brachten mich auf die Idee, einmal nachzuschauen, was wohl aus dem Umspannwerk geworden ist. Der doch recht einschüchternde Gebäudekomplex an der

266

Ecke Kopenhagener / Sonnenburger Straße, im typischen Stil der Industriearchitektur der frühen 20-er Jahre (des 20. Jahrhunderts) gebaut, besticht im inneren durch Zinnen, Türmchen, Keller und dicke, im Sommer kühlende Mauern.

Das sogenannte „Humboldt Umspannwerk" wurde von 1924 bis 1926 von Hans Heinrich Müller im Auftrag der Berliner Elektrizitätswerk Aktiengesellschaft (BEWAG) erbaut. Auf Grund seiner geringen räumlichen Entfernung und seiner zeitlichen Nähe zur Elektrifizierung der Berliner Ringbahn (die Ringbahn wurde von 1926 bis Ende 1929 elektrifiziert), vermutete ich eigentlich, dass dieses Umspannwerk einst auch für die Berliner S-Bahn nötig gewesen sei.

Es läge ja auch logisch recht nahe, die Hochspannung der Kraftwerke nicht nur zu 220 Volt Wechselstrom für die Haushalte, sondern auch noch zu 750 Volt Gleichstrom für die S-Bahn zu „verarbeiten", aber die S-Bahn hat seit je her eine eigene Stromversorgung mit Gleichrichterwerken in der Nähe der meisten S-Bahnhöfe und somit bestätigte sich meine Theorie nicht.

Die BEWAG benutzte den Gebäudekomplex bis 1993. Eine Schrift am ehemaligen Kundencenter in der Hausnummer 57 (das ist der neue Plattenbau in der Kopenhagener Straße direkt daneben[51]) verkündet: „Unser Standort schließt!", wobei unklar ist, von wann diese Schrift stammt. „VEB Energiekombinat Berlin" (?) hieß das DDR-Pedant zur BEWAG. Ich kann mich erinnern, dass ich zweimal selbst dort als Kunde vorstellig wurde.

Der Name BEWAG hielt sich übrigens damals im Sprachgebrauch. Der Volksmund ist da zähe! Die Gewichtseinheit „Pfund" (500 Gramm) gibt's seit etwa 150 Jahren nicht mehr, wird aber noch immer benutzt. Aber gut, zurück zu Energiesparlampen und Glühdirnen. Von 1993 bis 2006 wurde auf dem Gelände des Umspannwerkes

---

51 .... mittlerweile abgerissen und durch einen neuen hässlichen Bau ersetzt

(Kopenhagener Straße Nr. 57 – 63) Kultur in Form von wechselnden Ausstellungen durch verschiedene Träger veranstaltet.

Bei meiner Vor-Ort-Recherche am 10.1.08 begegnete mir ein Vertreter des neuen Besitzers des Areals, der „Humboldt Holding GmbH". Da ich keine Lust mehr habe, mich von irgendwelchen Leutchen instrumentalisieren zu lassen, in dem ich unfreiwillig Werbung für sie mache (die können froh sein, wenn sie von mir überhaupt in einem Satz erwähnt werden!), halte ich die nachfolgende Information entsprechend kurz!

Zitat aus der Homepage der Holding: „...Auch für die Zukunft bietet unser Konzept für das Humboldt Umspannwerk eine Menge Spannendes. So entstehen ... großzügige Loftwohnungen auf 15.000 qm. ...."

Interessanter und spannender fand ich da dann eher die Ecke schräg gegenüber, denn dort wird derzeit und noch immer Kultur wirklich gemacht. „Die Koppe" und „Die Kohlenquelle" bieten Kultur mit Ausschank plus Küche. Von der Brücke über die Ringbahn zur Dänenstraße hin sieht man im Keller beider Häuser Bierkästen lagern und auch viel Sperrmüll und einfach nur Dreck.

Die Fußgängerbrücke Sonnenburger Straße war einst die letzte Verbindung in „Berlin (Hauptstadt der DDR)" über die Ringbahn vor der Berliner Mauer.

Dass eine Brücke mit Heizungsrohren in ca. 50 m Abstand von ihr die Sicht Richtung Bahnhof Gesundbrunnen verdeckt, war deshalb sicher Absicht, fuhr doch die S-Bahn bis 1990 durch Sperrgebiet, Grenzstreifen und Todeszone Richtung Pankow (übrigens diese sogenannte „Ulbrichtkurve" von Schönhauser Allee ohne weiteren Zwischenhalt bis nach Pankow wurde durch die S-Bahn auf separaten Gleisen erst ab dem 10.Dezember 1961 befahren! Allerdings gab es davor schon ab 25.12.1952 das Provisorium der elektrifizierten Gütergleise.). Nun gut, steht man auf der Fußgängerbrücke Sonnenburger Straße oder

direkt in der Dänenstraße, kann man die sanierungs-
bedürftigen, dunklen Höfe der Rückseite der Kopenhagener
Straße sehen, die mit ihren blätternden, schwarzen
Brandmauern noch immer den Charme einer längst
vergangenen Epoche ausstrahlen.

Und so würde ich den Brief an Britney S. auch beenden:
„...Liebe B., ich habe deine Biografie gelesen (Doch!
Wirklich! Muss mir das jetzt peinlich sein?) und glaube, du
hattest einmal Charme und Witz. Aber beide sind
mittlerweile von dir abgeblättert. Wenn du der Meinung bist,
dass der Erfolg zu viel für dich wurde und du mal geerdet
werden willst, komm zu mir in den Prenzlauer Berg. Wir
kriegen das dann schon wieder ihn. Was denkste, wie
spannend das wirkliche Leben ist!
Unterschrift: icke - Kein Fan von dir“

*

Unbekannte Ecken – Die Kolmarer Straße
am 14.3.2016

Tolle Bilder haben wir hier gemacht, oder? Die Kolmarer
verläuft von der Belforter Str. bis zur Knaackstraße wie eine
Rinne in einem Tal, mit dem Wasserturm auf der einen und
dem Prenzlauer Berg-Museum auf der anderen Seite. Ihren
Namen bekam sie 1895 nach der Stadt Kolmar (französisch
„Colmar“). Kolmar ist die Hauptstadt des französischen
Departements Haut-Rhin im oberen Elsaß und gehörte
zwischen dem deutsch-französischen und dem Ende des
Ersten Weltkriegs zum „Deutschen Reich“. Severin
Höhmann ist Bewohner der Straße. Er erzählt mir: „Das
Haus Kolmarer Str. 4 / Mühlauser Str. 1 wurde 2001 – 2002
von der >Selbstbau e.G.< übernommen und dann saniert.“
Die >Selbstbau e.G.< ist eine Mietergenossenschaft, zu der
mittlerweile zahlreiche Gebäude in ganz Berlin, die meisten
allerdings am Prenzlauer Berg, gehören.

Auffällig ist das Eckhaus Kolmarer / Knaackstraße, das seit ca. anderthalb Jahren eingerüstet ist. Auf meiner Kollwitzkiezführung komme ich daran regelmäßig vorbei und habe mitbekommen, auf welch „seltsamen Wegen" die einstigen Mieter das Haus verlassen mussten, dass es danach komplett entkernt wurde und nun alle nicht tragenden Wände erst wieder eingezogen werden.

Severin Höhmann dazu: „Dieses Eckhaus … ist ja schon seit ewigen Zeiten eingerüstet und tatsächlich radikal entmietet worden. Die Eigentumswohnungen kosten dort z.B. ca. 750.000 €.

Für eine knapp 100qm große Dachgeschosswohnung – stolze Preise. Der Bauherr/Eigentümer ist der gleiche, der es mit dem „Horrorhaus" in der Schöneberger Grunewaldstr. in die Schlagzeilen gebracht hat und der auch versucht, das Eckhaus Saarbrücker Str./Kollwitzstr. zu entmieten und in Eigentumswohnungen umzuwandeln."

Wichtig und deshalb mehr, als nur erwähnenswert, ist die ehemalige „Gemeinde Doppelschule" von Ludwig Hoffmann, nach dessen Plänen sie 1902 bis 1904 gebaut wurde. „Gemeinde Doppelschule" hieß: hier gab es nach Geschlechtern getrennten Unterricht.

Ein ehemaliger Schüler erzählte mir jüngst: „Der Aufgang an der Prenzlauer Allee war für die Mädchen, der an der Kolmarer Str. für die Jungs. Zwischen beiden Gebäudeteilen gab es sogenannte >Zaubertüren< durch die das Lehrpersonal wechselte.

Die Aula im obersten Stock und die winzige Turnhalle wurden von beiden genutzt. … Bis einschließlich zum Schuljahr 1953/54 hielt sich die Geschlechtertrennung.

Erst von da an gab es gemischte Klassen. Auf der kleinen, hinteren Ecke des Schulgeländes an der Kolmarer Str. war die Raucherecke des Lehrpersonals."

*

Unbekannte Ecken – August 2015
die Straßburger Straße - am 20.7.2015

In unserer heutigen Reihe geht es mal um eine weniger unbekannte Ecke, denn das ist sie einfach nicht, die Straßburger Straße. ... doppelte Verneinung ... will sagen, die Straßburger Straße ist wohl nicht ganz unbekannt.

In dieser Straße wird derzeit extrem viel gebaut. Über die Berliner Weißbierbrauerei in der Straßburger Str. 6 – 9, auf deren Gelände später die Fahrbereitschaft des ZK der SED stand, können Sie genaueres in dem Brauereiartikel in dieser Ausgabe lesen. Dort entsteht derzeit das eine tolle Neubaugebiet.

Auf der Straßenseite dem direkt gegenüber befindet sich ein ehemaliges Schulungsgebäude des „Magistrats von Groß-Berlin", das zur Zeit als Flüchtlingsheim genutzt wird. „Groß-Berlin" nannte sich die Stadt, als sie sich am 1.Oktober 1920 ihre Vororte eingemeindete.

Bei diesem offiziellen Namen blieb es in Ost-Berlin bis mindestens Mitte der 1980er Jahre, Briefköpfe aus dem Prenzlauer Berg aus dieser Zeit mit „Groß-Berlin" sind mir da noch geläufig. West-Berlin hieß so de facto bis zur deutschen Wiedervereinigung,

Erst 1990 gemeindete sich die Stadt die an Marzahn und Hellersdorf angrenzenden Plattensiedlungen von Ahrensfelde und Hönow nachträglich ein. Übrigens definiert sich das Land Berlin bis heute formaljuristisch bei seinen Gebietsgrenzen über „Groß-Berlin".

Stadtauswärts in der Straßburger Str. über dem Schulgebäude liegt die Königstadtbrauerei, über die ich an anderer Stelle hier bereits berichtet habe. Links hinter der Metzer und bis zur Belforter Straße entsteht derzeit, und das ist die andere große Baustelle der Straße, ein Ärgernis für alle Ureinwohner. Von den drei Reihen der gemauerten 50er-Jahre-Bauten, die erst vor ganz wenigen Jahren sehr aufwendig frisch saniert worden sind, wurde im letzten Jahr jeweils der letzte der Aufgänge einfach mal abgerissen, um dort einen neuen Wohnblock parallel zur Straßburger zu errichten (Wohneigentum entsteht), der das Carrée bis zur Kollwitzstraße hin nun verriegelt. Sehr zum Unmut der bisherigen Anwohner. Auch werden nochmals zwischen die 50-Jahre-Blöcke neue Wohnhäuser dazwischen gesetzt.

Die erste Bebauung im Gebiet der Straßburger Straße geschah 1748 durch fünf Windmühlen (daher auch der Name „Windmühlenberg"). 1770 standen hier schon acht Mühlen und zwei Scheunen. Im 19.Jahrhundert dann die Errichtung der Brauereien auf dem Windmühlenberg. Die im Jahr 1902 gegründete Aschinger AG bezog am 15.September 1906 ihr Verwaltungsgebäude in der Straßburger Straße. Aschinger begann nach dem Zweiten Weltkrieg bereits einen Tag nach der Kapitulation Berlins am 2.Mai 1945, demzufolge am 3.Mai, in der Straßburger Str. wieder mit seiner Produktion. Enteignet wurde Aschinger am 30.April 1947 und in den Volkseigenen Betrieb Aschinger umgewandelt. 1951 übernahm der VEB „Aktivist" und 1968 dann das VEB Backwaren-Kombinat Berlin das Gelände.

*

Unbekannte Ecken - die Gürtelstraße – am 9.11.2015

In dieser Folge gehe ich sehr weit an den Rand unseres Stadtteils. Wenn ich sowohl google-maps als auch papierne Stadtpläne richtig deute, gehört die Gürtelstraße, die hinter der Michelangelostraße stadtauswärts die erste Straße ist, die rechts von der Greifswalder einbiegt, zwischen Greifswalder Str. und Puccinistraße nicht zum Prenzlauer Berg, deren Häuser auf der rechten Straßenseite indes schon! Die „Freie Waldorf-Schule" an der Ecke zur Puccinistraße gehört hingegen zum Prenzlauer Berg, wie auch von hier an die Gürtelstraße bis zu ihrem Ende an der Kniprodestraße. Das Hausnummerierungssystem ist das U-förmige preußische, aber seitenverkehrt. Die Gürtelstraße

272

stellte vor der Gründung Groß-Berlins 1920 die Grenze der einstigen Berliner Feldmark und den Beginn der Landgemeinde Weißensee dar.

Die Straße wird dominiert von der Seniorenstiftung in den Nummern 32, 32a und 33. Ein Haus in der Stavanger Str. 26 gehört gleichfalls dazu. Integriert ist ein Restaurant und ein Streichelzoo. Vorstandsvorsitzender der Stiftung, Wilfried Brexel: „Die Häuser wurden 2000 – 2001 saniert. Das ging nicht ganz ohne Komplikationen.

So hat sich zum Beispiel eine schwere Baumaschine, für deren Straßenbenutzung bei der Überführung von einer Baustelle zur anderen spezielle Papiere notwendig waren, räumlich vertan und landete versehentlich in der Gürtelstraße im Friedrichshain."

Rechter Hand direkt hinter diesem Komplex in der Gürtelstraße ist eine schon vor Jahren geschlossene ehemalige HO-Kaufhalle. Dieser Typ wurde ab den frühen 60er in großer Zahl gebaut. Er hatte 450 qm Verkaufsfläche, mit Wurst-, Fleisch-, Käsebedienung im Laden, dem Kaffee-Tabak-"Bunker" im Eingangsbereich und der Pfand-flaschenannahme in einem zugigen Metallkäfig an der Rückseite des Gebäudes. Etwa 28 Angestellte arbeiteten in so einem Typ. Einmalig hier in der Gürtelstr. sind die vier Flächen blauer Fliesen an der hinteren Seitenwand, die verschiedene Nahrungsmittel darstellen.

In einem äußerlich noch unsaniertem, innerlich hoch modernen Gebäude an der Ecke Puccinistraße ist die schon erwähnte „Freie Waldorf-Schule am Prenzlauer Berg", gegründet am 1.August 2006. Sie ist eine Ganztagsschule mit Hortbetreuung. Es gibt nur je einen Klassenzug von der 1. - 9. Klasse. Gelehrt werden die Fremdsprachen Englisch, Russisch und Spanisch. Die Waldorf-Schule will angeblich die alte HO-Kaufhalle mit übernehmen und darin ihre Aula einrichten. In wie weit diese Pläne schon konkret sind, habe ich nicht erfahren können.

Hinter dem Schulgelände schließt sich linker Hand der jüdische Friedhof aus Weißensee an, rechter Hand Wohnbauten.

Genau dort, wo die Gürtelstraße zum reinen Fußweg wird, befindet sich die „Integrationskita Raupe Nimmersatt". Hier wird Inklusion gelebt. „Dieses Haus ist ein Haus der kleinen Forscher" steht auf einem Schild des „Bundesministeriums für Bildung und Forschung" am Haupteingang. Die Kita ist mit dem Gütesiegel „Felix" vom Deutschen Chorverband ausgezeichnet, weil sie die musikalische Entwicklung der drei- bis sechsjährigen fördert.

Nach der Schließung des Penny-Markts am Ende des Gürtelstraßenfußwegs an der Kniprodestraße vor ein paar Wochen, hat sich die Nahversorgung mit Grundnahrungsmitteln für die Anwohner dieser Gegend insgesamt sehr verschlechtert, da sich die nächsten Supermärkte erst am Antonplatz, in der Ostseestraße, im Mühlenbergcenter oder an der Storkower Straße befinden.

*

Unbekannte Ecken - Februar 2016 - **Am Weingarten**
am 15.1.2016

Es kommt ja erstens immer anders, als man zweitens denkt. Und so dachte ich bei der „neuen" „unbekannten Ecke" erst einmal an das Diplomatenviertel (das kommt einige Ausgaben später), fuhr dabei zum Einkauf hinter das Jobcenter und sah dann dort die von uns schon berichtete Straßenumbenennung. Erst seit dem 30.August 2015 heißt dieser Teil des Syringenplatzes „Am Weingarten".

Die Straße „Syringenplatz" verlief ursprünglich in V-Form. Um den Menschen die Orientierung zu erleichtern, um die Straßenkennzeichnung etwas eindeutiger zu machen und sicherlich auch um die Weinschaugärten an der Kleingartenanlage „Neu Berlin" etwas, neudeutsch, zu promoten, wurde ein Schenkel dieser Straße letztes Jahr umbenannt. Syringe steht im Griechischen für Flieder. Es war ursprünglich der Platz H 1 des Hobrechtschen Bebauungsplanes. Am 30. Januar 1933 wurden die Straßen Nr. 24 und der nordöstliche Teil der Straße Nr. 18 b des Bebauungsplanes ebenfalls in Syringenplatz benannt. Diese Umbenennung in „Am Weingarten" ist selbst bei google-earth noch nicht zu finden (und google weiß doch sonst immer alles!). Fährt man vom Syringenplatz aus in „Am Weingarten" ein, hat man rechts diesen mit Vegetation wild bewucherten eigentlich Platz. Links ist Kaufland mit seinen auch an dieser Seite noch gelegenen Parkplätzen.

Das zieht sich bis zur Storkower Str. 133 – dem Jobcenter Pankow. Rechts ist nun die „Grundschule im Blumen-viertel". Dem schließt sich links die Flüchtlingsunterkunft an. Tino Schopf vom „Unterstützerkreis" erzählte mir: „Diese Notunterkunft gibt es seit dem 8.September. Quasi über Nacht zog Vattenfall aus.

Es waren sogar noch die Namensschilder der ehemaligen Mitarbeiter an den Türen, so schnell sind die hier raus." Auch wenn so ein Bürogebäude, teils mit den typisch hierarchischen Strukturen so einer Einrichtung und so auch mit Durchgangszimmer (Büro der Sekretärin, Büro der Chef-sekretärin, Büro des Chefs/der Chefin) nicht immer ideal ist, so ist es doch besser, als der große Raum einer Sporthalle.

Dem gegenüber mündet die Sigridstraße in „Am Weingarten". Deren Hausnummern 3, 4, 5 und 5A wurden der neuen Straße zugeschlagen. Als reiner asphaltierter Fußweg, Radler sind unerwünscht, geht es dann weiter bis zum Eingang der KGA Neu Berlin. Links ein ca. zwanzig Meter breiter Streifen wilder Urwaldvegetation und dahinter das Gewerbegebiet Storkower Straße. Rechts nun der Weinschaugarten.

Dank an dieser Stelle an Sylke P. für den Spaziergang hier entlang. Durch das Amt für Umwelt und Natur Pankow wurden im Jahre 2000 insgesamt 400 Weinstöcke ausgesetzt, die mittlerweile stabile Erträge bringen. Die Wiener Weingüter Cobenzl und Zahel setzten das „Wiener Weingart'l" mit einem klassischen Gemischten Satz am Wasserturm in Prenzlauer Berg, das mit zu dieser Einrichtung gehört. Aktuelle Termine für Besichtigungen dieses Areals standen bei Redaktionsschluss noch nicht auf der Internetseite des betreibenden Vereins.

*

Fortsetzung in Band 3

*

Daten:
Zusammenstellung 9. – 19.5.2024
vorsichtiger Nachschliff mit grober Rechtschreibprüfung und einfügen von Fußnoten: 2.6. - 10.6.2024
optischer Nachschliff: 15.6. - 7.7.2024
Datenübermittlung an Verlag + Umwandlung in PDF: 4./5.8.2024

Strichcode

9 783759 724182